Außenwirtschaftsrecht
Kriegswaffenkontrollrecht

Textsammlung mit Einführung

bearbeitet von Dr. Elmar Matthias Hucko,
Ministerialrat im Bundesministerium der Justiz

4. überarbeitete Auflage

Stand: September 1993

Bundesanzeiger

CIP-Kurztitelaufnahme der Deutschen Bibliothek
Außenwirtschaftsrecht:
Textsammlung mit Einf./Hucko – 4., überarb. Auflage.
Köln : Bundesanzeiger, 1993.
  ISBN : 3-88784-497-1
NE : Hucko, Elmar Matthias [Hrsg.]

4., überarbeitete Auflage
© 1993 Bundesanzeiger Verlagsges. mbH., Köln
Alle Rechte vorbehalten. Auch die fotomechanische Vervielfältigung des Werkes (Fotokopie/Mikrokopie) oder von Teilen daraus bedarf der vorherigen Zustimmung des Verlages.
Satz: Fotosatz Froitzheim, Bonn
Druck: Druckerei Locher GmbH., Köln
Printed in Germany
ISBN 3-88784-497-1

Inhalt

	Seite
Einführung	5
Außenwirtschaftsgesetz (AWG)	23
EG-Zollkodex mit Durchführungsvorschriften	52
Außenwirtschaftsverordnung (AWV)	66
Übergangsregelung der 29. Verordnung zur Änderung der Außenwirtschaftsverordnung	127
EG-Verordnung Nr. 3541/92 zum Verbot der Erfüllung irakischer Ansprüche	128
Zuständigkeitsregelungen	
Verordnung zur Regelung von Zuständigkeiten im Außenwirtschaftsverkehr	132
Verordnung zur Regelung von Zuständigkeiten im Außenwirtschaftsverkehr mit Erzeugnissen der Ernährungs- und Landwirtschaft	134
Länderlisten	135
Leistungsverzeichnis	150
Gesetz über die Kontrolle von Kriegswaffen	157
Kriegswaffenliste	172
Erste Verordnung zur Durchführung des Gesetzes über die Kontrolle von Kriegswaffen	180
Zweite Verordnung zur Durchführung des Gesetzes über die Kontrolle von Kriegswaffen	181
Dritte Verordnung zur Durchführung des Gesetzes über die Kontrolle von Kriegswaffen	188
Erste Verordnung über Allgemeine Genehmigungen nach dem Kriegswaffenkontrollgesetz	189
Zweite Verordnung über Allgemeine Genehmigungen nach dem Kriegswaffenkontrollgesetz	190
Politische Grundsätze der Bundesregierung für den Export von Kriegswaffen und sonstigen Rüstungsgütern	190
Grundsätze der Bundesregierung zur Prüfung der Zuverlässigkeit von Exporteuren von Kriegswaffen und Rüstungsgütern	194
Bekanntmachung des Bundesamtes für Wirtschaft über die Benennung des Ausfuhrverantwortlichen und die Beantragung von Ausfuhrgenehmigungen nach den Bestimmungen des Außenwirtschaftsgesetzes (AWG) vom 30. Januar 1991	196
Allgemeine Genehmigungen des Bundesausfuhramtes Nr. 1, 6 und 8 zum Intra-COCOM-, Intra-Schengen- und Intra-EG-Handel	208
Allgemeine Genehmigung des Bundesausfuhramtes Nr. 4 zu § 5c und § 45b AWV	224

Einführung

Von Dr. Elmar Matthias Hucko
Ministerialrat im Bundesministerium der Justiz

I. Historischer Rückblick

Ein Blick zurück auf die historischen Grundlagen steht der Darstellung jeder Materie gut an. Deshalb sei dieser Blick auch hier erlaubt.

Von einem Außenwirtschaftsrecht im eigentlichen Sinne kann man in unserer Geschichte erst von dem Zeitraum ab sprechen, in welchem sich Territorialstaaten und „Volkswirtschaften" bildeten, also beginnend mit dem vierzehnten und fünfzehnten Jahrhundert. Zuvor, also in der vorstaatlichen Zeit des Mittelalters, waren Handelsfragen im wesentlichen private Angelegenheiten der städtischen Kaufleute gewesen. Der Fernhandel regelte sich damals durch das Aushandeln von individuellen oder korporativen Privilegien zwischen den städtischen Kaufmannschaften und den Machthabern dort, wo man sich niederlassen und Handel treiben wollte. Typisches Beispiel solchen rechtlichen Geflechts ist die Hanse. Es gab damals Stadtwirtschaften, und es gab eine Weltwirtschaft; die Stadtwirtschaften machten in ihrer Gesamtheit und im gegenseitigen Austausch die Weltwirtschaft aus. Eine „Volkswirtschaft" gab es noch nicht.

Erst als sich im Prozeß des Auseinanderfallens des mittelalterlichen Reichs neue territoriale Fürstenstaaten mit zentraler Verwaltung bildeten, rückten erstmals Staat und Wirtschaft in ein unmittelbares Verhältnis zueinander und erwachte in den großräumigen Flächenstaaten das Bewußtsein, in ihren Grenzen eine „Volkswirtschaft" zu verkörpern. Dieses Novum bedeutete einerseits ein Plus, andererseits ein Minus. Zur ertrotzten rechtlichen Autonomie der neuen Territorialstaaten trat als Plus die Möglichkeit der Steigerung von Macht und Einfluß durch die geballte Kraft einer territorialen Wirtschaft. Andererseits bedeutete der neue Wirtschaftsraum des Territoriums zugleich auch dessen Abschottung an seinen Grenzen. Mit der Weltwirtschaft war es damit zunächst einmal vorbei.

Dies war die Geburtsstunde der Außenwirtschaftspolitik und eines Außenwirtschaftsrechts; denn beides handelt davon, wie ein Staat den Wirtschaftsverkehr über seine Grenzen hinweg, also Export und Import, regelt.

Die neue wirtschaftspolitische Macht, die aus der Verfügung über Landesgrenzen erwächst, haben die Staaten im Laufe der Jahrhunderte unterschiedlich ausgeübt, je nachdem, was sie aus der jeweiligen Einschätzung der Dinge für sich für nützlich und bekömmlich hielten. Allgemein beliebt und üblich war es seit den Zeiten des Merkantilismus bis auf den heutigen Tag, in Maßnahmen des Verbots des grenzüberschreitenden Wirtschaftsverkehrs oder in Zöllen das Heil für die eigene Volkswirtschaft und für die eigene Staatskasse (Kriegskasse) zu suchen. Gerüstet mit diesen Waffen der Schutzzölle und Verbote begaben sich die Staaten dann zumeist in zwischenstaatliche „Abrüstungsverhandlungen", um für den eigenen Export und die eigene Handelsbilanz das Beste herauszuholen. Solchen Verhandlungen, die es seit dem fünfzehnten Jahrhundert in großer Zahl gab, entsprangen schon damals die noch heute gebräuchlichen „Meistbegünstigungsklauseln".

So war es auch in Deutschland, oder besser gesagt in den deutschen Staaten. Dort fand der Merkantilismus die Form des Kameralismus. Das Wachsen der fürstlichen Schatzkammern hielt man am besten für gewährleistet durch eine Handelspolitik der Abschottung nach außen zum Schutz für das heimische Gewerbe, zur Abwehr des Imports für überflüssig gehaltener Luxusgüter und zur Erzielung fürstlicher Einnahmen durch Zölle.

Vor allem in der langen Phase des Wiederaufbaus nach den Verheerungen des 30jährigen Krieges war diese Abschottung der deutschen Staaten durchaus verständlich. Denn die westeuropäischen Nachbarn hatten diese 30 Jahre sinnvoller genutzt und sich zu weit überlegenen Kolonial- und Handelsmächten entwickelt. Englands Wirtschaftsmacht erschien der Welt damals wie die der USA im Jahre 1945, und ohne eine Politik der geschlossenen Grenzen wären die deutschen Staaten mutmaßlich zu Wirtschaftssatelliten ihrer Nachbarn geworden.

In den Mitteln war diese restriktive Außenhandelspolitik dabei nicht zimperlich. So sperrte man beispielsweise im achtzehnten Jahrhundert kurzerhand die Elbe für den Handel aus Böhmen.

Es lag auf der Linie dieser traditionellen Einstellung, daß der Kaufmann in Deutschland noch bis weit in das neunzehnte Jahrhundert hinein ein geringes Ansehen genoß. Bei zünftiger Betrachtung hatte er nichts gelernt, und zu etwas nütze war er eigentlich auch nicht. Denn der Import, mit dem er sich vornehmlich beschäftigte, schien aus doppeltem Grunde überflüssig. Das Lebensnotwendige kaufte ein Deutscher gehörigerweise daheim, und ein Mehr als das Notwendige galt als Luxus, zu dessen unerwünschtem Kauf man am besten gar nicht versucht wurde.

Einen Wandel der Anschauungen brachte erst das Zeitalter des Liberalismus. Er war in Deutschland die erste Idee seit der Reformation, die, wenn auch in der ersten Hälfte des neunzehnten Jahrhunderts noch zurückgehalten durch unsere Romantik, eine Volksbewegung auslöste. Eines der Ziele war die Befreiung des Wirtschaftslebens von den staatlichen Hemmnissen und Bevormundungen, wozu vor allem auch die Durchlässigkeit der Grenzen für den Handel zählte. Verwirklicht wurden diese liberalen Ideen zunächst in den innerdeutschen Beziehungen, in der Überwindung der vielfältigen Teilung Deutschlands, das seit 1815 bekanntlich 39 Staaten mit handelshemmenden Grenzen zählte. Ja, selbst innerhalb der Einzelstaaten gab es noch Untergrenzen; so waren Preußens Provinzen durch Ein- und Ausfuhrverbote voneinander getrennt.

Diese Verhältnisse im Inneren Deutschlands änderten sich mit dem preußischen Zollgesetz von 1818, mit dem deutschen Zollverein von 1834 und schließlich mit der Gründung des Deutschen Reiches von 1871 von Grund auf.

Aber auch auf die Außenwirtschaftsbeziehungen Deutschlands zum europäischen Ausland wirkte sich der Liberalismus aus. Die Freihandelslehre, von dem Exportland England nicht ohne Eigennutz seit den 30er Jahren propagiert, fiel nach langem Zögern der Staaten des Kontinents schließlich doch auf fruchtbaren Boden und führte ab 1860 zu einem System zwischenstaatlich vereinbarter Importerleichterungen und Meistbegünstigungsklauseln. Diesem System der westeuropäischen Handelsverträge schlossen sich Preußen 1861, der Zollverein 1865 und Österreich-Ungarn 1867 an.

Schon gegen Ende der 70er Jahre gab es jedoch eine Rückkehr zu einer gemäßigten Schutzzollpolitik, die darauf abzielte, Freihandel und Schutzzoll miteinander zu versöhnen, d. h. die eigene Volkswirtschaft zu stabilisieren und zugleich dennoch zur Harmonisierung der internationalen Handelsbeziehungen beizutragen. Für Deutschland findet diese neue Außenhandelspolitik im Zolltarif von 1879 ihren rechtlichen Ausdruck.

In der Folgezeit wurden weiterhin klassische Handelsverträge in beachtlicher Zahl abgeschlossen, in denen die Inländerbehandlung, der generelle Verzicht auf Ein- und Ausfuhrverbote und die absolute Meistbegünstigungsklausel vereinbart wurden. Doch die Inländerbehandlung garantierte nur einen relativen Freihandel, weil die Behandlung der Inländer im Belieben der innerstaatlichen Gesetzgebung verblieb. Insgesamt gesehen war aber die Zeit von den 90er Jahren bis zum Beginn des ersten Weltkrieges eine Periode der Freiheit des deutschen Außenhandels. In unserer gesamten Wirtschaftsgeschichte war es der Zeitraum mit den geringsten Reglementierungen; eine ähnliche Freiheit ist erst wieder Ende der 50er Jahre unseres Jahrhunderts erreicht worden. Die um die Jahrhundertwende unter dem Begriff eines „marktkonformen Interventionismus" betriebene Politik des Reichs war nicht auf Reglementierung an und für sich gerichtet, sondern auf Harmonisierung der Unterschiede der Behandlung des Handels von Staat zu Staat. Das Bemühen der Staaten, dem internationalen Handel freiere Entfaltungsmöglichkeiten zu geben, fand einerseits Ausdruck in der Einführung der Goldwährung (im Deutschen Reich ab 1876) und zum anderen im Abschluß einer Vielzahl internationaler Abkommen, ohne die ein Handelsaustausch nicht möglich gewesen wäre. Beispielhaft erwähnt seien hier der Weltpostverein (1878), die Pariser Konvention zum Schutz des gewerblichen Eigentums (1883) sowie das Haager Abkommen über Fragen des Internationalen Privat- und Prozeßrechts (1896 und 1902).

Dieser Zeit des relativ freien Außenhandels setzte der Beginn des ersten Weltkriegs ein jähes Ende. Es begann eine neue Phase der staatlichen Reglementierung, die sich über fast ein halbes Jahrhundert erstrecken sollte. Ziel war zunächst vor allem der Devisenverkehr zur Vermeidung von Kapitalflucht und Spekulation. Mit der Aufhebung der Goldeinlösungspflicht der Reichsbank, der Statuierung der Unverbindlichkeit auch aller privaten Goldzahlungsvereinbarungen, der monopolistischen Zusammenfassung des Devisenhandels bei einigen Banken, der Festsetzung von Zwangskursen und einem Genehmigungsvorbehalt für alle Devisengeschäfte war es mit dem freien Zahlungsverkehr zu Ende. Die notwendige Folge war auch eine Drosselung des Außenhandels.

Das gesetzgeberische Instrumentarium war primitiv: Im Devisenrecht waren es das Allgemeinverbot mit Ausnahmeerlaubnis sowie die Zentralisierung der Bewirtschaftung. Im Außenhandel bedurfte es dessen nicht einmal, da die Devisenrestriktionen den Handel ohnehin lahmlegten. So regelte das Reich für das Export- und Importgeschäft jeweils nur das, was geregelt werden mußte, durch spezielle Rechtsnorm. Im Reichsgesetzblatt des Jahres 1914 findet sich als Beispiel die Verordnung, betreffend das Verbot der Einfuhr und der Ausfuhr von Tauben vom 31. Juli 1914. Man weiß: Die Taube symbolisiert nicht nur den Frieden, sie hat auch nachrichtendienstliche Begabungen.

Erst im Jahre 1917 wurde die gesamte Einfuhr von einer Bewilligung abhängig gemacht. Eine umfassende Ausfuhrkontrolle gab es erst ab 1919.

Die Zeit der Weimarer Republik konnte notgedrungen keine Periode des freien Außenwirtschaftsverkehrs sein. Die vielfältigen Ursachen dafür sind bekannt. Seit dem Beginn des ersten Weltkrieges waren aber auch die Ideale des frühen Liberalismus, die in den Friedensjahren des Kaiserreichs die gesamte Weltwirtschaftsordnung so stark beeinflußt hatten, weltweit abhanden gekommen. Das liberale Zeitalter alter Prägung war jetzt endgültig zu Ende. Die Außenwirtschaft unterlag von nun an einer je nach dem Lauf der Dinge nuancierten staatlichen Befehlsgewalt. Das änderte sich auch nicht unter dem Regime der Nationalsozialisten, obwohl die wirtschaftliche Not in den Jahren nach deren „Machtergreifung" allmählich überwunden wurde. Dem „Führerprinzip" entsprechend ist die politische Lenkung und Gestaltung der Volkswirtschaft eine der kennzeichnenden Tatsachen dieser Zeit. Schon vor dem Beginn des zweiten Weltkriegs führten diese planwirtschaftliche Tendenz, ein neues Autarkiestreben, Preis- und Lohnstoppgesetze sowie ständig perfektionierte Bewirtschaftungen zu einem so reglementierten und auch reduzierten Außenhandel, daß die folgende Kriegswirtschaft nur noch graduelle Verschärfungen mit sich brachte.

II. Das Außenwirtschaftsgesetz

1. Das Besatzungsrecht

Das Ende des zweiten Weltkrieges brachte Deutschland zwar die Befreiung von der nationalsozialistischen Diktatur, eine Befreiung des Außenhandels von obrigkeitlicher Bevormundung gab es indes zunächst und auf längere Zeit noch nicht.

Für die sowjetische Besatzungszone und spätere DDR versteht sich dies aus der Natur der Sache. Aber auch die Westzonen wurden unter ihren neuen alliierten Obrigkeiten keineswegs in die außenwirtschaftliche Freiheit entlassen. Die Welt sah sich nach Kriegsende zunächst gleichsam in einem Wirtschaftskrieg aller gegen alle mit Einfuhrbeschränkungen und Exportkontrollen, Devisenbewirtschaftung und Repartierungen, Zwangskursen und Verrechnungsmechanismen. Eine solche gegenseitige Abschottung hatte es selbst in den Zeiten des Merkantilismus auch nicht annähernd gegeben.

Diesem internationalen Rahmen und den Besonderheiten im zerstörten und geteilten Deutschland entsprach es, daß die westlichen Alliierten in ihren Besatzungszonen zunächst einmal jeden Außenhandel verboten und sich die Genehmigung von Ausnahmen vorbehielten.

Diese Rechtslage änderte sich auch mit der Gründung der Bundesrepublik Deutschland im Jahre 1949 zunächst noch nicht grundlegend. Die gesetzliche Grundlage für die außenwirtschaftlichen Beziehungen der Bundesrepublik bildete bis zum Inkrafttreten des Außenwirtschaftsgesetzes das „Gesetz Nr. 53 (Neufassung) Devisenbewirtschaftung und Kontrolle des Güterverkehrs", das die amerikanische Militärregierung erlassen hatte, das gleichnamige Gesetz der britischen Militärregierung und die Verordnung Nr. 235 des französischen Hohen Kommissars. Diese im späteren Gesetz Nr. 33 des Rates der Alliierten Hohen Kommission zusammenfassend „Devisenbewirtschaftungsgesetze" genannten Bestimmungen waren am 19. September 1949 in Kraft getreten. Für Berlin gab es gleichlautende Regelungen, die als „Verordnung über Devisenbewirtschaftung und Kontrolle des Güterverkehrs" vom 1. August 1950 an galten.

Diese Bewirtschaftungsgesetze der Alliierten waren formell bis zum Inkrafttreten des AWG nicht geändert worden. Das in ihrem Artikel 1 ausgesprochene generelle Verbot war indessen in weitem Umfang durch eine Vielzahl von Rechtsvorschriften aufgelockert worden. Schon zu dem ursprünglich erlassenen Gesetz Nr. 53 waren vielfältige „Allgemeine Genehmigungen" ergangen, und diese galten allesamt auch für die späteren Devisenbewirtschaftungsgesetze.

2. Motive und Gang der Gesetzgebung

Ein Außenwirtschaftsrecht, das in vielerlei Normen der Besatzungsmächte und nationaler Behörden zersplittert, dessen Regel zur Ausnahme und dessen Ausnahme zur Regel geworden waren, wurde Mitte der 50er Jahre verständlicherweise nicht mehr als zureichend empfunden. Vor allem aber entsprach das generelle Verbot des Außenhandels, wie es das Besatzungsrecht an seinen Anfang gestellt hatte, mittlerweile nicht mehr dem Zeitgeist. Wieder einmal war nämlich – für die westliche und nicht kommunistische Welt – die Parole des freien Welthandels ausgegeben. Diesmal von den USA und wiederum wie ein Jahrhundert davor nicht ganz selbstlos, weil jetzt die USA die stärkste Wirtschaftsmacht der Welt und auf der Suche nach neuen Märkten waren. Ein besonders gelehriger Schüler der USA war die Bundesrepublik Deutschland.

Die neue Richtung kommt in der allgemeinen Begründung des Entwurfs des Außenwirtschaftsgesetzes, den die Bundesregierung am 5. Juni 1959 beschloß, gut zum Ausdruck. Dort heißt es:

„Der Grundsatz des Verbotes mit Erlaubnisvorbehalt, der die Devisenbewirtschaftungsgesetze und damit zugleich alle auf ihnen beruhenden Vorschriften kennzeichnet, ist wirtschaftspolitisch nicht mehr tragbar. Die marktwirtschaftliche Orientierung der Wirtschaftspolitik in der Bundesrepublik verlangt es auch auf dem Gebiete der Außenwirtschaft, daß Eingriffe in die Entscheidungsfreiheit des einzelnen nur dann vorgenommen werden, wenn dies aus zwingenden Gründen geboten ist. Für die Ordnung der außenwirtschaftlichen Beziehungen kann deshalb nicht das Verbotsprinzip mit der Möglichkeit der Erlaubniserteilung bestehenbleiben; an seiner Stelle muß vielmehr der Grundsatz der Freiheit mit dem Vorbehalt von Beschränkungen, sofern und soweit solche notwendig werden sollten, Gesetzesrecht werden. Die Abwendung von dem die Devisenbewirtschaftungsgesetze beherrschenden Prinzip erfordert eine gesetzliche Neuregelung.

Der neue Ausgangspunkt des Außenwirtschaftsgesetzes hat erhebliche Bedeutung. Nach den Devisenbewirtschaftungsgesetzen gilt noch immer trotz der vielfältigen Auflockerungen der Grundsatz, daß alle Geschäfte mit dem Ausland unzulässig, unwirksam und strafbar sind, wenn sie nicht ausdrücklich in allgemeiner Form oder durch einzelnen Verwaltungsakt genehmigt worden sind. Nach dem Außenwirtschaftsgesetz soll dagegen der Grundsatz gelten, daß alle Geschäfte mit dem Ausland zulässig sind, falls sie nicht ausdrücklich Beschränkungen unterworfen worden sind."

Die Gesetzgebungsarbeit zum Außenwirtschaftsgesetz dauerte vier Jahre. 1957 hatte der federführend zuständige Bundesminister für Wirtschaft mit den Vorarbeiten begonnen, und zum 1. September 1961 trat das Gesetz in Kraft.

Es hat seitdem, wenn man die Einfuhrliste als Teil des Gesetzes mitberücksichtigt, weit über 100 Änderungen erfahren, woraus ersichtlich wird, wie intensiv der Staat den Außenhandel nach wie vor in seiner Obhut hat. Die Mehrzahl der zahlreichen Änderungen unseres Außenwirtschaftsrechts ist jedoch heute durch Vorgaben der Europäischen Gemeinschaften in Brüssel veranlaßt.

3. Der Geltungsbereich des Außenwirtschaftsgesetzes

Der Außenwirtschaftsverkehr der Bundesrepublik regelt sich zwar zum wesentlichen Teil, aber nicht ausschließlich nach dem AWG. Nach § 1 Abs. 2 AWG bleiben nämlich unberührt Vorschriften in anderen Gesetzen und Rechtsverordnungen, zwischenstaatliche Vereinbarungen, denen die gesetzgebenden Körperschaften in der Form eines Bundesgesetzes zugestimmt haben, sowie Rechtsvorschriften der Organe zwischenstaatlicher Einrichtungen, denen die Bundesrepublik Deutschland Hoheitsrechte übertragen hat.

Von all diesen Normen ist vor allem das Gesetz über die gemeinsamen Marktorganisationen in der Fassung der Bekanntmachung vom 27. August 1986 (BGBl. I S. 1397), zuletzt geändert durch Gesetz vom 29. September 1989 (BGBl. I S. 1742), zu erwähnen, das die verbindlichen Ein- und Ausfuhrregelungen der EG für Agrarprodukte in unser nationales Recht umsetzt.

Stark beeinflußt ist unser Außenwirtschaftsrecht durch die Rechtsetzungsakte der EG, die als Verordnungen bei uns unmittelbar gelten und als Richtlinien den deutschen Gesetz- oder Verordnungsgeber zur Umsetzung zwingen. Die Bundesregierung überträgt diese Vorschriften der EG regelmäßig in unser Außenwirtschaftsrecht, zumeist durch entsprechende Änderungen der Außenwirtschaftsverordnung, der Ein- oder Ausfuhrliste. Nur so wird sichergestellt, daß Verstöße gegen die EG-Vorschriften unseren Bußgeld- und Strafdrohungen unterliegen.

Für den Export von Kriegswaffen findet neben dem AWG auch das Kriegswaffenkontrollgesetz Anwendung. Für den Bereich der ABC-Waffen enthält es strikte Exportverbote, für die sonstigen Kriegswaffen einen Genehmigungsvorbehalt. Die Genehmigungsvorbehalte des KWKG erfassen zwar eigenartigerweise die Ausfuhr von Kriegswaffen nicht unmittelbar; § 3 KWKG macht aber die Beförderung von Kriegswaffen im Bundesgebiet von einer Genehmigung abhängig, und da bei jedem Export bis zur Grenze befördert werden muß, ist ein Export ohne Genehmigung nicht zulässig und nach § 22a Abs. 1 Nr. 4 KWKG als Verbrechen strafbar.

4. Die Systematik des Außenwirtschaftsgesetzes

Das AWG wird in seinem § 1 eingeleitet mit dem Grundsatz der Freiheit des Außenwirtschaftsverkehrs. Diese Freiheit unterliegt nur den Einschränkungen, die das AWG selbst oder auf seiner Grundlage erlassene Rechtsverordnungen vorsehen.

Dies ist das Prinzip, und es gibt in der Tat heute einen weitgehend freien Außenhandel. Nicht gering sind allerdings die Beschränkungen, die sich gemäß § 1 Abs. 2 AWG aus anderen Normen und zwischenstaatlichen Vereinbarungen ergeben. Zahlreich sind vor allem die Reglementierungen, die aus der EG-Mitgliedschaft folgen und die auf § 5 AWG gestützt sind. Die vielfältigen Genehmigungsvorbehalte der Einfuhrliste und die über 100 Änderungen der Einfuhrliste seit 1961 gehen ganz überwiegend auf Vorgaben der EG zurück, die die Bundesrepublik in ihr nationales Recht umzusetzen hatte. Die meisten der in den letzten Jahren eingeführten Reglementierungen dienen der Abschirmung der Erzeugung in den Staaten der EG, wobei der Stahl- und Textilsektor besondere Protektion erhält. Man sieht: Die Problemstellung ist in der Geschichte des Außenhandels ziemlich konstant, und was vor einem halben Jahrtausend ein Anliegen der Territorialfürsten war, liegt heute den Organen der EG am Herzen. Die von der EG ausgehenden Beschränkungen unseres Außenhandels treffen im Ergebnis natürlich nur den Austausch mit nicht der EG angehörenden Staaten. Um diese Beschränkungen zu kontrollieren, bedarf es allerdings auch im Außenhandel mit den anderen EG-Staaten einer Reihe von Verfahrensvorschriften.

Das AWG selbst regelt generell keine unmittelbar wirkenden Beschränkungen des Außenwirtschaftsverkehrs, es ermächtigt vielmehr die Bundesregierung und, wo nur internationale Vorgaben umzusetzen sind (§ 5), den Bundesminister für Wirtschaft zum Erlaß von Verordnungen, die solche Beschränkungen vorsehen (§ 2 in Verbindung mit §§ 5 bis 24 AWG)

Die §§ 5 bis 24 AWG enthalten die nach Artikel 80 Abs. 1 Satz 2 Grundgesetz erforderliche Konkretisierung von Inhalt, Zweck und Ausmaß der gestatteten Verordnungen. Das reicht von der Erfüllung zwischenstaatlicher Vereinbarungen bis zur Beschränkung des Verkehrs mit Gold zum Schutz der Kaufkraft der Deutschen Mark oder des Gleichgewichts der Zahlungsbilanz.

Die Kompetenzregelung für den Erlaß von Rechtsverordnungen ist in § 27 Abs. 1 AWG enthalten.

Nur in § 10 AWG ist eine Direktregelung enthalten. Sie bezieht sich auf die Einfuhr von Waren und verweist auf die Maßgabe der Einfuhrliste.

5. Die Einfuhrliste

Die Einfuhrliste ist eine Anlage zum AWG und damit dessen Bestandteil. In ihr sind alle denkbaren Waren nach der Systematik des Verzeichnisses für die Außenhandelsstatistik aufgeführt und durch Zeichen danach gekennzeichnet, ob ihre Einfuhr ohne Genehmigung zulässig ist oder nicht oder ob sie einer Einfuhrlizenz nach Maßgabe des Rechts der Europäischen Wirtschaftsgemeinschaft bedarf.

Daneben enthält die Einfuhrliste noch Länderlisten. Die Länderliste A/B, die im Jahre 1976 aus den früheren Länderlisten A und B zusammengefaßt worden ist, und alle wirtschaftlich in Betracht kommenden politisch selbständigen Staaten mit Ausnahme der ehemaligen Staatshandelsländer enthält, sowie die Länderliste C, in der die ehemaligen Staatshandelsländer aufgeführt sind.

Die Information über die Genehmigungsfreiheit ergibt sich aus der Warenliste in Verbindung mit den Länderlisten. Wie diese als besonders einfach gedachte Regelung zu verstehen ist, erläutert ein ausführlicher Abschnitt zur Anwendung der Einfuhrliste an deren Beginn.

Die gesetzgeberische Methode der Verwendung der Einfuhrliste ist zwar benutzerfreundlich, aber auch angesichts der über 400 Seiten der Einfuhrliste, die alle paar Monate geändert werden muß, recht papieraufwendig.

Das System funktioniert nun so: Will ein „Gebietsansässiger" zum Beispiel eine Menge Toilettenpapier aus Schweden einführen, so schlägt er die Einfuhrliste in Abschnitt X auf, der sich mit Papier befaßt und findet unter den Warennummern 48181010 und 48181090 Toilettenpapier und in den Spalten daneben nichts, was bedeutet, daß die Einfuhr des Toilettenpapiers keiner Genehmigung bedarf.

Will derselbe Gebietsansässige nun aber Büstenhalter aus Kuba einführen, so findet er bei der dafür vorgesehenen Warennummer 62121000 einen Hinweis, daß die Einfuhr genehmigungsbedürftig ist.

Obwohl die Einfuhrliste als Anhang des AWG dessen Bestandteil ist, kann sie kraft der Ermächtigung in § 10 Abs. 2 AWG durch Rechtsverordnung ohne Zustimmung des Bundesrates (§ 27 Abs. 1 Satz 2 AWG) geändert werden.

Die Verordnungen zur Änderung der Einfuhrliste werden jeweils im Bundesanzeiger bekanntgemacht. Die Einfuhrlisten auf dem neuesten Stand erscheinen als Beilagen zum Bundesanzeiger und können auch als Sonderdruck beim Verlag bezogen werden.

6. Die Ausfuhr

Während also das AWG in Verbindung mit der Einfuhrliste direkte Regelungen für die Einfuhr trifft, ergeben sich die Beschränkungen für die Ausfuhr aus der Außenwirtschaftsverordnung (AWV) in Verbindung mit der Ausfuhrliste, die eine Anlage zu AWV ist. Nähere Ausführungen dazu folgen in einem gesonderten Abschnitt.

7. Zuständigkeiten

§ 28 AWG bestimmt, welche Behörde für welche Genehmigung im Außenwirtschaftsverkehr zuständig ist. Der in § 28 Abs. 1 AWG aufgestellte Grundsatz der Zuständigkeit der von den Landesregierungen bestimmten Behörden ist durch die folgenden Absätze und die aufgrund des § 28 Abs. 3 erlassene Verordnung zur Regelung von Zuständigkeiten im Außenwirtschaftsverkehr vom 18. Juli 1977 (BGBl. I S. 1308) weitgehend durchbrochen, so daß heute in der Praxis die zentrale Erteilung der Genehmigungen die Regel ist. Für das Gros der im Außenwirtschaftsverkehr erforderlichen Genehmigungen sind nach der erwähnten Zuständigkeitsverordnung von 1977 das Bundesamt für Wirtschaft und das Bundesausfuhramt sowie das Bundesamt für Ernährung und Forstwirtschaft zuständig.

8. Straf- und Bußgeldvorschriften

Alle außenwirtschaftlichen Genehmigungsvorbehalte und der damit zusammenhängende Verhaltenskodex sind zum Zwecke der besseren Durchsetzung nach § 33 AWG mit Bußgeldern und zum Teil auch nach § 34 AWG mit Strafen bewehrt. Das heißt: Wer sich als Im-

oder Exporteur daran nicht hält, begeht eine Ordnungswidrigkeit oder Straftat und muß mit entsprechender Ahndung rechnen.

Die beiden Vorschriften der §§ 33 und 34 AWG waren ursprünglich dergestalt aufeinander aufgebaut, daß die Zuwiderhandlungen grundsätzlich Ordnungswidrigkeiten darstellten und nur für einen kleinen Teilbereich der Zuwiderhandlungen (§ 33 Abs. 1 AWG) beim Hinzutreten besonderer Qualifikation strafbare Handlungen waren. Nach der Novelle von 1992 stellen illegale Exporte besonders sensitiver Waren, Fertigungsunterlagen und Technologien in jedem Falle Straftaten dar.

Um es am praktischen Beispiel zu demonstrieren: Führt der oben erwähnte Gebietsansässige die Büstenhalter aus Kuba ohne Genehmigung ein, so handelt er nach § 33 Abs. 2 Nr. 1 AWG ordnungswidrig und kann nach § 33 Abs. 6 AWG mit einer Geldbuße bis zu 1 Mio. DM belegt werden. Eine strafbare Handlung ist ein solcher Import nicht.

Der zum 1. Januar 1993 in Kraft getretene neue § 33 Abs. 3 AWG erleichtert die Bußgeldbewehrung von Rechtsakten der EG. Es reicht die bloße Bezugnahme auf diese Rechtsakte in einer deutschen Rechtsverordnung aus; inhaltliche Wiederholung des materiellen Inhalts der EG-Regelung ist damit nicht mehr angebracht.

III. Die Außenwirtschaftsverordnung

Die Außenwirtschaftsverordnung (AWV) war in ihrer ersten Fassung zeitgleich mit dem AWG am 1. September 1961 in Kraft getreten. Bis zum Jahre 1986 war sie durch 59 Änderungsverordnungen erheblich umgestaltet worden. Deshalb schien es der Bundesregierung zweckmäßig, die Verordnung nach so langer Zeit redaktionell zu überarbeiten und neu zu fassen.

Die neue Außenwirtschaftsverordnung vom 18. Dezember 1986 (BGBl. I S. 2671) ist am 1. Januar 1987 in Kraft getreten und hat die alte Verordnung abgelöst. Sie hat inzwischen bereits zahlreiche Novellierungen erfahren.

Zum Inhalt der AWV ist zu bemerken, daß die Bundesregierung hier von den Ermächtigungen zur Beschränkung des Außenwirtschaftsverkehrs Gebrauch macht, die das AWG ihr gewährt.

So wird insbesondere die Ausfuhr von Waren zum Schutz der Sicherheit und der auswärtigen Beziehungen und zur Erfüllung zwischenstaatlicher Vereinbarungen (EG) einem Genehmigungsvorbehalt unterstellt (§§ 5–6 c AWV). Auch zur Warendurchfuhr und für den Transithandel sind solche Vorschriften enthalten (§§ 38–40 AWV). Im übrigen regelt die AWV im wesentlichen eine Reihe administrativer Einzelheiten und Formalien für den Außenwirtschaftsverkehr. In § 70 sind Zuwiderhandlungen gegen diese Vorschriften der Verordnung als Ordnungswidrigkeiten ausgewiesen, die nach § 33 AWG geahndet werden können.

Die Ausfuhrliste

Die Außenwirtschaftsverordnung bedient sich zur Regelung der diversen Genehmigungsvorbehalte der Technik der Verweisung auf eine Ausfuhrliste, die als Anlage Teil der Verordnung ist.

Anders als die Einfuhrliste, die alle denkbaren Waren aufführt, beschränkt sich die Ausfuhrliste auf die Waren, für die eine der Vorschriften der Außenwirtschaftsverordnung einen Genehmigungsvorbehalt enthält. Ihr Umfang ist deshalb auch wesentlich geringer.

In Teil I der Ausfuhrliste stehen zum Beispiel Waffen, Munition und Rüstungsmaterial, Materialien, Anlagen, Ausrüstungen und Software für kerntechnische Zwecke, sonstige

Waren, Software und Technologien von strategischer Bedeutung sowie Chemieanlagen und Chemikalien und Anlagen zur Erzeugung biologischer Stoffe. Ein Teil dieser Waren unterfällt auch dem Kriegswaffenkontrollgesetz.

Die Ausfuhrliste wird jeweils als Beilage zum Bundesanzeiger veröffentlicht und kann als Sonderdruck beim Bundesanzeiger-Verlag nachbestellt werden.

Das Leistungsverzeichnis

Auf der Grundlage von § 26 AWG ordnet die Außenwirtschaftsverordnung eine Reihe von Meldepflichten im Außenwirtschaftsverkehr an, vornehmlich zu dem Zweck, laufend die Zahlungsbilanz der Bundesrepublik Deutschland erstellen zu können. Die Statistiker benötigen die Angaben in einer ihren Zwecken gemäßen Ordnung. Um dies zu gewährleisten, konkretisiert die Außenwirtschaftsverordnung in § 59 Abs. 4 und § 69 Abs. 4 die Meldepflichten in der Weise, daß die Kennzahlen des Leistungsverzeichnisses anzugeben sind, das der Außenwirtschaftsverordnung als Anlage LV beigefügt ist.

IV. Das COCOM

COCOM ist die Kurzbezeichnung für das Coordinating Committee for Multilateral Strategic Export Controls mit Sitz in Paris.

Im Zuge des Kalten Krieges kam es auf Initiative der USA formlos zu der Absprache der NATO-Staaten (außer Island), Australiens und Japans, die Ausfuhr von Waffen und anderen strategisch wichtigen Waren in kommunistische Staaten zu beschränken. Zur Abstimmung dieser gemeinsamen Embargopolitik wurde das besagte COCOM eingerichtet.

Das COCOM hat Listen der Waren aufgestellt, die vom Embargo erfaßt werden sollen, und paßt diese Listen laufend dem technischen Wandel an. Die Beschlüsse werden einstimmig gefaßt und von den COCOM-Mitgliedstaaten durchweg eingehalten. Die Beratungen und die Embargo-Listen des COCOM waren früher geheim, allerdings nicht offiziell eingestuft, so daß der Begriff der Diskretion die Angelegenheit wohl besser trifft.

Umgesetzt werden die COCOM-Listen von den Mitgliedstaaten durch Übernahme in das jeweilige nationale Außenwirtschaftsrecht. Bei uns sind dazu auf der Grundlage von § 7 AWG alle Positionen der COCOM-Listen in die Ausfuhrliste (Anlage AL zur Außenwirtschaftsverordnung) eingearbeitet worden mit der Folge von Beschränkungen der Ausfuhr, der Durchfuhr, des Transithandels und des Technologietransfers.

Die Einhaltung der Beschränkungen wird durch Kontrollverfahren mit Endverbleibsnachweis überwacht (§ 17 AWV). Über Genehmigungsanträge entscheidet das Bundesausfuhramt, das die Anträge bei Waren der COCOM-Liste über das Bundesministerium für Wirtschaft und das Auswärtige Amt an das COCOM zur Prüfung und Zustimmung weiterleitet.

Der Kalte Krieg ist zu Ende und die Sowjetunion aufgelöst; aber das COCOM lebt und arbeitet weiter. Warum? Der Grund liegt in der Sorge vor allem der USA um die Dauerhaftigkeit der Entspannung und den weiteren Gang der Entwicklung. Die objektiven Daten weisen nach wie vor eine hohe zum Angriff befähigende Bewaffnung auf dem Gebiet der ehemaligen Sowjetunion aus. Daneben ist auf China und seine Politik der Weiterverbreitung von Raketen und Nukleartechnologie zu achten. Auch Nordkorea scheint sich zum weltweiten Waffenhändler berufen zu fühlen.

Der Aspekt der Verhinderung der Weiterverbreitung von Atomwaffen, biologischen und chemischen Waffen sowie von sonstigen Waffen auf hohem technischen Niveau (Raketen) beginnt inzwischen, den ursprünglichen Zweck des COCOM zu überlagern.

Unter dem Motto „Höhere Zäune um weniger Güter" haben sich die Mitgliedstaaten des COCOM im Mai 1991 auf eine um etwa 65 % gekürzte Kernliste von Embargogütern verständigt, die nur noch die unzweifelhaft strategisch bedeutungsvollen Güter enthalten soll: Supercomputer zum Beispiel und Hochgeschwindigkeits-, Mikrowellen- und Faseroptiksysteme sowie Werkzeugmaschinen mit einer größeren Genauigkeit als sechs Tausendstel Millimeter.

Aus der früheren Konfrontation ist jetzt eine organisierte Kooperation geworden. Die COCOM-Partnerstaaten und die bisherigen Zielländer der Kontrollen haben ein COCOM-Kooperationsforum gebildet, das nach gemeinsamen Lösungen der anstehenden Probleme sucht. Bei der ersten Tagung dieses neuen Forums am 23./24. November 1992 wurde zum einen beschlossen, die noch bestehenden COCOM-Restriktionen in dem Maße abzubauen, in dem es den östlichen Ländern durch den Aufbau eigener Exportkontrollsysteme gelingt, Gewähr dafür zu bieten, daß aus westlichen Ländern eingeführte Dual-use-Güter nicht in kritische Drittländer abfließen und nur im zivilen Bereich Verwendung finden; vereinbart wurde zum anderen, daß die westlichen Länder ihren östlichen Partnern beim Aufbau effektiver nationaler Exportkontrollsysteme technische Hilfe leisten.

Ungarn ist als erster Staat des ehemaligen Warschauer Paktes vollständig von der Liste der COCOM-Zielländer gestrichen worden. Die Entscheidung über den Export COCOM-kontrollierter Güter nach Polen, in die Tschechische Republik und in die Slowakische Republik ist weitgehend den nationalen Behörden der Exportländer übertragen worden.

V. Politische Grundsätze der Bundesregierung für den Export von Kriegswaffen und sonstigen Rüstungsgütern

Kriegswaffenkontrollgesetz (§ 6) und Außenwirtschaftsgesetz (§ 3) räumen der Bundesregierung bei der Entscheidung über Exportgenehmigungen für Kriegswaffen und andere Rüstungsgüter ein ziemlich weites Ermessen ein. Über die Art und Weise, wie die Bundesregierung davon Gebrauch macht, gibt es seit langem immer wieder politische Auseinandersetzungen. Dabei geht es im Kern um den Zielkonflikt zwischen weltweitem Friedenswillen und dem wirtschaftlichen Interesse an Exportaufträgen auch dieser Art.

Vor dem Hintergrund solcher Diskussionen hat die Bundesregierung der sozial-liberalen Koalition im Jahre 1982 politische Grundsätze über den Export von Kriegswaffen und sonstigen Rüstungsgütern beschlossen und im Bulletin vom 5. Mai 1982 publiziert, an die sie sich für ihre Genehmigungspraxis selbst gebunden hat.

Auch die von CDU, CSU und FDP gebildete Bundesregierung hat durch wiederholte öffentliche Erklärungen die Selbstbindung dieser Grundsätze übernommen.

VI. Das Kriegswaffenkontrollgesetz

Unter dem Eindruck der Schrecken der nationalsozialistischen Diktatur und des von Deutschland begonnenen zweiten Weltkriegs verstand sich das Grundgesetz engagiert antifaschistisch und antimilitaristisch. Eine der Bestimmungen, die das zum Ausdruck bringen ist Artikel 26:

> (1) Handlungen, die geeignet sind und in der Absicht vorgenommen werden, das friedliche Zusammenleben der Völker zu stören, insbesondere die Führung eines Angriffskrieges vorzubereiten, sind verfassungswidrig. Sie sind unter Strafe zu stellen.
>
> (2) Zur Kriegsführung bestimmte Waffen dürfen nur mit Genehmigung der Bundesregierung hergestellt, befördert und in Verkehr gebracht werden. Das Nähere regelt ein Bundesgesetz.

Dieses das Nähere regelnde Bundesgesetz ist das Kriegswaffenkontrollgesetz vom 20. April 1961 (BGBl. I S. 444), aus demselben Jahre, dem auch das AWG entstammt.

Was unter den Begriff der Kriegswaffe fällt, ist in der Kriegswaffenliste abschließend aufgeführt, die dem Gesetz als Anlage beigegeben ist. Diese Liste ist zuletzt durch Verordnung vom 19. April 1991 (BGBl. I S. 913) auf den neuesten Stand gebracht worden.

So recht eigentlich zählt das Kriegswaffenkontrollgesetz nicht zum Außenwirtschaftsrecht; denn es reglementiert in enger Anlehnung an die Wortwahl des Artikels 26 Grundgesetz im wesentlichen nur die Herstellung, die Beförderung und das Inverkehrbringen von Kriegswaffen. Dennoch erscheint es nicht unangebracht, dieses Gesetz in einer Vorschriftensammlung zum Außenwirtschaftsverkehr mit aufzuführen, weil es bei jedem Kriegswaffenexport zur Anwendung kommt und bei illegalen Exporten sogar im Vergleich mit dem AWG die strengeren Strafdrohungen enthält.

Zur Anwendung kommt das Kriegswaffenkontrollgesetz beim Export solcher Waffen, weil dabei stets eine Beförderung im Bundesgebiet in Frage steht, die nach § 3 KWKG der Genehmigung bedarf. Werden konventionelle Kriegswaffen ohne jegliche Genehmigung oder unter Vorspiegelung unzutreffenden Endverbleibs ausgeführt, so kommt als die gravierendste Strafnorm § 22a Abs. 1 Nr. 4 KWKG zur Anwendung, der wegen seiner Strafdrohung von mindestens einem Jahr Freiheitsstrafe einen Verbrechenstatbestand enthält.

VII. Die Verschärfungen des Kriegswaffenkontrollgesetzes und des Außenwirtschaftsgesetzes seit 1990

Seit Mitte der 80er Jahre verfolgt die Bundesregierung mit Sorge, wie Länder der Dritten Welt, insbesondere im Nahen und Mittleren Osten, sich um ihre militärische Aufrüstung mit Hilfe deutscher Unternehmen bemühen. Kein Problem sind dabei für Deutschland die Exporte regulärer Kriegswaffen, als da sind Panzer, Kampfflugzeuge, Kanonen und Maschinengewehre. Was diese reinen Waffen angeht, haben wir uns wenig vorzuwerfen. Diese Waffen sind vom Beginn der Herstellung an unter Kontrolle, und Exportgenehmigungen werden nach den oben erwähnten Grundsätzen der Bundesregierung von 1982 nur sehr restriktiv erteilt. Die Kriegswaffenexporte aus unserem Lande machen nur einen Bruchteil derer aus Frankreich oder Großbritannien aus. Der vor dem Golfkrieg hochgerüstete Irak hatte aus Deutschland keine Waffen erhalten.

Unser Problem sind nicht die Kriegswaffen, sondern die sog. dual-use-Güter, also solche Gegenstände, Technologien und Kenntnisse, die in der Regel zivilen Zwecken dienen, die aber auch für die Herstellung von Waffen, insbesondere ABC-Waffen oder Raketen verwendet werden können. Das klassische Beispiel ist der Export einer Pestizid-Fabrik, die sich dann vor Ort nach einigen Jahren als Giftgasfabrik entpuppt, so geschehen in den 80er Jahren in Samarra im Irak.

Hatten wir es in den vergangenen 30 Jahren damit zu tun, zu verhindern, daß der Warschauer Pakt unkontrolliert strategisch wichtige Technologie erhielt, so gilt unsere Sorge jetzt mehreren Staaten der Dritten Welt. Irak und Libyen haben bereits durch Lieferungen deutscher Unternehmen Chemiewaffen fabrizieren können. Andere Staaten sind daran ebenfalls interessiert. Vor allem aber besteht in mehreren Staaten der Dritten Welt der fanatisch verfolgte Wunsch, sich eine eigene Atomwaffe zu bauen. Auch dazu konzentrieren sich die Beschaffungsaktivitäten auf Deutschland.

Ein weiterer Schwerpunkt der Gefahr bezieht sich auf die Raketentechnologie. Denn es ist klar, ein Land wie Libyen kann mit seinen Giftgasgranaten nicht viel anfangen, insbesondere Israel nicht bedrohen, wenn es keine weitreichenden Raketen besitzt.

Seit dem Bekanntwerden der illegalen Lieferung einer Giftgasfabrik nach Rabta in Libyen Anfang 1989 haben wir unsere Rechtsnormen und unser Kontrollverfahren mehrfach verschärft und sogar ein spezielles Bundesausfuhramt gegründet, das sich auf die Verhinderung illegalen Technologietransfers konzentrieren soll.

Hier die Liste der gesetzlichen Verschärfungen unseres Kriegswaffen- und Außenwirtschaftsrechts seit 1990:

- Fünftes Gesetz zur Änderung des Außenwirtschaftsgesetzes vom 20. Juli 1990 (BGBl. I S. 1457)
- Sechstes Gesetz zur Änderung des Außenwirtschaftsgesetzes vom 20. Juli 1990 (BGBl. I S. 1460)
- Gesetz zur Verbesserung der Überwachung des Außenwirtschaftsverkehrs und zum Verbot von Atomwaffen, biologischen und chemischen Waffen vom 5. November 1990 (BGBl. I S. 2428)
- Gesetz zur Änderung des Außenwirtschaftsgesetzes, des Strafgesetzbuches und anderer Gesetze vom 28. Februar 1992 (BGBl. I S. 372)

Daneben wurde die Außenwirtschaftsverordnung immer wieder verschärfend nachgebessert.

Nachfolgend ein streiflichtartiger Überblick über die Schwerpunkte all dieser Verschärfungen:

Von den Novellen des Jahres 1990 war die wesentlichste das Gesetz zum Verbot von ABC-Waffen. Bis dahin war die Herstellung von ABC-Waffen im KWKG nicht verboten, sondern nur genehmigungspflichtig, wenn auch wegen der völkerrechtlichen Selbstbindung der Bundesrepublik Genehmigungen ausgeschlossen waren. Diese Rechtslage hatte Lücken aufgewiesen: Täter einer Straftat konnte nur der sein, der einer Genehmigung bedurft hätte, also der Fabrikant. Nicht bestraft werden konnten dagegen andere Personen, die bei einer Waffenproduktion benötigt werden, wie z. B. angestellte Techniker. Diese kamen allenfalls als Täter einer Beihilfehandlung in Betracht.

Aus diesen Lücken hat der Gesetzgeber die Konsequenzen gezogen.

- Die Herstellung von ABC-Waffen ist jetzt im Inland schlechthin verboten, d. h. eine formelle Genehmigungsmöglichkeit gibt es nicht mehr (§§ 17 und 18 KWKG).
- Neue Strafvorschriften (§§ 19 und 20 KWKG) erfassen alle personen, die an der Herstellung mitwirken, also auch abhängig Beschäftigte des Fabrikanten. Auch das leichtfertige Fördern solcher Waffenproduktionen ist strafbar.
- Von großer praktischer Bedeutung sind die neuen Fahrlässigkeitsdelikte des § 19 Abs. 4 und des § 20 Abs. 3 KWKG, auf die der Staatsanwalt ausweichen kann, wenn ein Vorsatz nicht nachzuweisen ist. Schon das leichtfertige Fördern der Herstellung von ABC-Waffen steht jetzt unter schwerer Strafdrohung. Ein solches Fördern kann in vielerlei Handlungen liegen, z. B. in der Lieferung von Kacheln oder Klimaanlagen für eine Giftgasfabrik.
- Die Geltung der neuen Strafvorschriften ist auch auf Taten Deutscher im Ausland erstreckt (§ 21 KWKG). Das ist eine im Vergleich mit allen anderen westlichen Industriestaaten besonders weitgehende Maßnahme; denn mit Ausnahme der USA lassen diese Staaten ihre Bürger insoweit im Ausland strafrechtlich unbehelligt.

Durch das Fünfte Gesetz zur Änderung des Außenwirtschaftsgesetzes wurde der § 7 Abs. 3 eingefügt. Er brachte die Ermächtigung, Rechtsgeschäfte und Handlungen Deutscher im Ausland zu beschränken. Damit können jetzt auch deutsche Hilfeleistungen an konventionellen Waffenproduktionen im Ausland kontrolliert werden. § 45b Abs. 3 und § 45c Abs. 2

AWV, die bestimmte Geschäfte und Handlungen Deutscher im Ausland genehmigungspflichtig machen, haben diese Ermächtigungen ausgefüllt.

Bedeutsam waren auch die Verschärfungen durch das Gesetz zur Änderung des Außenwirtschaftsgesetzes, des Strafgesetzbuches und anderer Gesetze vom 28. Februar 1992 (BGBl. I S. 372).

Seine einschneidendste Neuerung ist die Ermächtigung zur Überwachung des Fernmeldeverkehrs. Zur Verhütung schwerwiegender Straftaten nach dem AWG und KWKG kann das Zollkriminalamt nach richterlicher Anordnung Telefone abhören, wenn Tatsachen auf die Begehung solcher Taten hindeuten. Die Neuregelung ist in den §§ 39 bis 43 AWG enthalten und zunächst bis Ende 1994 befristet. Die Neufassung des § 34 AWG brachte eine erneute Verschärfung. Für Verstöße gegen ein UNO-Embargo wurde ein eigener Tatbestand geschaffen.

Der Bundesminister für Wirtschaft hat eine bisher fehlende Ermächtigung zu Einzeleingriffen in den Außenwirtschaftsverkehr erhalten (§ 2 Abs. 2 AWG).

Und schließlich ist ins Strafgesetzbuch jetzt die Möglichkeit der Brutto-Abschöpfung der Vermögensvorteile aus illegalen Rüstungsexporten eingefügt. Die Täter können ihre Aufwendungen also nicht mehr abziehen.

Von den zahlreichen Änderungen der Außenwirtschaftsverordnung sind vor allem die neuen Genehmigungspflichten für an sich harmlose Waren und Dienstleistungen, die auf keiner Liste stehen, erwähnenswert. So soll es der neue § 5c AWV ermöglichen, auch die Exporte an sich harmloser Gegenstände, die auf keiner Liste stehen, zu verhindern, wenn sie in Waffen oder Waffenfabriken eingebaut werden sollen und der Ausführer dies weiß. Das können z.B. normale Schrauben sein, wenn sie in Raketen eingebaut werden sollen. Für bestimmte in der Länderliste H erfaßte Länder besteht insoweit jetzt eine Genehmigungspflicht.

Ergänzt wird diese Regelung für Dienstleistungen an Waffen, Munition und Rüstungsmaterial in Staaten außerhalb der OECD durch den neugefaßten § 45 b AWV.

Der neue § 5 d AWV erweitert diese Genehmigungspflicht für an sich harmlose Gegenstände, wenn diese für eine kerntechnische Anlage in einigen besonders sensiblen Ländern bestimmt sind und der Ausführer von diesem Zusammenhang Kenntnis hat. Diese Kenntnis kann ihm durch einen behördlichen Hinweis entstehen. Der Grund für diese Regelung: Die Gefahr der mittelbaren Begünstigung der Entwicklung der Atombombe in diesen Ländern.

Der neue § 45c AWV ergänzt diese Prohibition für den Bereich der Dienstleistungen, auch für solche Deutscher im Ausland.

Mit dem 1993 in die Außenwirtschaftsverordnung aufgenommenen § 5e wird gezielt für einen einzigen Empfänger im Ausland, nämlich ein syrisches Forschungsinstitut, jegliche Ausfuhr einer Genehmigungspflicht unterworfen.

Zur Verbesserung der Exportkontrollen hat der Bund ein selbständiges Bundesausfuhramt geschaffen, dem die Genehmigungen und Überwachungsaufgaben auf diesem sensiblen Gebiet obliegen. Durch Zulagen im Rahmen des Besoldungsrechts erhofft man sich die Gewinnung des erforderlichen qualifizierten Personals.

VIII. Grundsätze der Bundesregierung zur Prüfung der Zuverlässigkeit von Exporteuren von Kriegswaffen und rüstungsrelevanten Gütern

Diese Grundsätze hat die Bundesregierung im November 1990 beschlossen. Sie sollen wirkungsvoll zur Verhinderung illegaler Ausfuhren beitragen. Aufgrund der bekanntgewordenen Fälle illegaler Technologie-Transfers ist es notwendig geworden, bei der Antragsbearbeitung verstärkt die Frage der Zuverlässigkeit der Unternehmen im Außenwirtschaftsverkehr zu überprüfen.

Mit den „Grundsätzen" wird im wesentlichen festgelegt, daß

- in Anträgen für Exporte von Kriegswaffen und rüstungsrelevanten Gütern das antragstellende Unternehmen einen „Ausfuhrverantwortlichen" in der Unternehmensleitung benennen muß,
- bei Anhaltspunkten für Verstöße gegen einschlägige Vorschriften bis zur Klärung des Sachverhalts von einer Entscheidung über Exportanträge abgesehen wird,
- bei festgestellter Unzuverlässigkeit der Antrag abgelehnt wird, es sei denn, der „Ausfuhrverantwortliche" wird abgelöst und es werden durch personelle oder organisatorische Maßnahmen Zweifel an der Zuverlässigkeit des Unternehmens ausgeräumt. Das Bundesamt für Wirtschaft hat hierzu nähere Einzelheiten bekanntgemacht, die für die Exportwirtschaft bedeutsam und deshalb am Ende dieser Textsammlung dargereicht sind.

IX. Embargos und Anti-Boykott-Regelung

Die Außenwirtschaftsverordnung enthält inzwischen in den §§ 69a ff. eine Reihe von Vorschriften, mit denen internationale Embargos in unserem Recht vollzogen werden. Dem Embargo gegen den Irak (§§ 69a bis 69f) folgten ein Embargo gegen Libyen (§ 69g) und das Embargo gegen Serbien und Montenegro (§§ 69h bis 69k). Das allgemeine Waffenembargo gegen alle Staaten auf dem Gebiet des ehemaligen Jugoslawiens hat die Bundesregierung durch bloße Nichterteilung der ohnehin erforderlichen Genehmigungen für diese Waren umgesetzt.

Der UNO-Resolution Nr. 841 vom 16. Juni 1993 folgend, haben die EG durch Verordnung Nr. 1608/93 vom 24. Juni 1993 (BAnz. S. 6797) ein Embargo für Erdöl und Erdölprodukte gegen Haiti verhängt. Das Bundesministerium für Wirtschaft hat zudem durch Anordnung vom 15. Juli 1993 (BAnz. S. 6798) den Kapital- und Zahlungsverkehr mit Haiti einer Genehmigungspflicht unterworfen. Wegen der wohl nur vorübergehenden Bedeutung dieser Beschränkungen wurde vom Abdruck der Texte in dieser Sammlung abgesehen.

Die neue Strafdrohung des § 34 Abs. 4 AWG bewehrt die Rechtsakte der EG zur Durchführung bestimmter Embargos der UNO nach Bekanntmachung im Bundesgesetzblatt oder im Bundesanzeiger mit hoher Strafdrohung. Das macht die Aufnahme solcher Embargos in die Außenwirtschaftsverordnung entbehrlich. Die in diese Textsammlung mit aufgenommene Verordnung (EWG) Nr. 3541/92 vom 7. Dezember 1992 zum Verbot der Erfüllung irakischer Ansprüche ist deshalb nur im Bundesanzeiger bekanntgemacht worden.

Zum 1. Mai 1993 ist die Anti-Boykott-Regelung des § 4a AWV in Kraft getreten. Danach ist die Abgabe einer Erklärung im Außenwirtschaftsverkehr, durch die sich ein Gebietsansässiger an einem Boykott gegen einen anderen Staat beteiligt, verboten. Auch wenn dies in dieser allgemeinen Formulierung nicht ausdrücklich genannt ist, meint die Regelung die Beteiligung deutscher Unternehmen an dem von arabischen Staaten praktizierten Boykott gegen Israel. Für die Abwicklung alter Verträge und bindende Angebote enthalten die 24. Verordnung zur Änderung der Außenwirtschaftsverordnung und die Verordnung zur Änderung der 24. Verordnung zur Änderung der Außenwirtschaftsverordnung Übergangsvorschriften, welche die Anti-Boykott-Regelung noch nicht zum Zuge kommen lassen.

Zur Erläuterung der in der Anwendung nicht ganz einfachen Anti-Boykott-Regelung hat das Bundesministerium für Wirtschaft den Runderlaß Außenwirtschaft Nr. 31/92 vom 4. September 1992 erlassen (BAnz. S. 7849).

X. Der EG-Binnenmarkt

Mit der Verwirklichung des EG-Binnenmarktes zum 1. Januar 1993 hat sich das Außenwirtschaftsrecht grundlegend geändert, und es wird sich noch wesentlich ändern.

EG-rechtlich ist der Handel zwischen den Mitgliedstaaten keine Ausfuhr mehr und unterliegt damit seit dem 1. Januar 1993 an den Binnengrenzen der Gemeinschaft keinen zollamtlichen und keinen außenwirtschaftsrechtlichen Formalitäten. Dieser Wegfall der Grenzkontrollen innerhalb des gemeinsamen Marktes erfordert Neuregelungen in zweifacher Hinsicht:

Zunächst bedurfte es neuer EG-rechtlicher Verfahrensregelungen für die zollrechtliche Behandlung von Waren bei der Ausfuhr aus dem Zollgebiet der EG. Zweitens aber sind sich die Mitgliedstaaten der EG darüber einig, daß für den so überaus wichtigen Bereich der Güter mit doppeltem, nämlich zivilem wie militärischem Verwendungszweck, für alle Staaten gemeinsame materielle Normen geschaffen werden müssen, nach denen die Ausfuhr aus der Gemeinschaft sich zu richten hat.

Die Verfahrensregelungen der EG lagen termingerecht zum 1. Januar 1993 vor: Die Artikel 161, 182 und 183 des Zollkodex (Verordnung [EWG] Nr. 2913/92 des Rates vom 12. Oktober 1992 zur Festlegung des Zollkodex der Gemeinschaften – ABl. EG Nr. L 302 S. 1) und die dazu ergangenen Durchführungsvorschriften der Verordnung (EWG) Nr. 3269/92 der Kommission vom 10. November 1992 (ABl. EG Nr. L 326 S. 11).

Diese Normen haben bei uns unmittelbare Geltung. Sie haben die Verfahrensregelungen der Außenwirtschaftsverordnung zu einem wesentlichen Teil mit Wirkung vom 1. Januar 1993 verdrängt. Darauf hat das Bundesministerium für Wirtschaft durch Runderlaß Außenwirtschaft Nr. 38/92 vom 11. Dezember 1992 (BAnz. S. 950) im einzelnen hingewiesen. Inzwischen sind die Verfahrensregelungen der Außenwirtschaftsverordnung durch die 29. Änderungsverordnung vom 4. August 1993 (BAnz. S. 7333) dem EG-Recht angepaßt worden.

Für die zollrechtlichen Förmlichkeiten gilt ab 1. Januar 1993 folgendes: Bei der Ausfuhr nach Drittländern ist grundsätzlich eine Ausfuhranmeldung bei der für den Sitz des Ausführers oder bei der für den Ort des Verpackens oder Verladens zur Ausfuhr zuständigen Zollstelle (Ausfuhrzollstelle) vorzulegen. Anhand dieser Ausfuhranmeldung, die insbesondere eine Beschreibung der auszuführenden Waren enthält, prüft die Zollstelle, soweit möglich unter Einsatz der Datenbank KOBRA (Kontrolle bei der Ausfuhr), ob die Ausfuhr genehmigungsfrei zulässig oder verboten ist bzw. einer Genehmigung bedarf. Die Zollstelle kann dazu die Waren beschauen und ggfs. zusätzliche Unterlagen (z.B. eine Negativbescheinigung des Bundesausfuhramtes) verlangen. Ist die Ausfuhr nach dem Ergebnis der zollamtlichen Prüfung zulässig, so gibt die Zollstelle die Ware zur Ausfuhr aus der EG frei. Sie bestätigt dies auf einer Ausfertigung der Ausfuhranmeldung, welche die Sendung bis zur letzten Zollstelle an der Außengrenze der Gemeinschaft begleitet und dort zur Kontrolle vorzulegen ist. Die zur Ausfuhr überlassenen Waren sind dieser Zollstelle an der Außengrenze zu gestellen. Die Ausgangszollstelle vergewissert sich, ob die gestellten Waren den angemeldeten Waren entsprechen und überwacht und bescheinigt den körperlichen Ausgang der Waren aus dem Zollgebiet durch einen Vermerk auf dem Exemplar Nr. 3 des Einheitspapiers. Von dieser Prozedur gibt es eine Reihe von Ausnahmen und Erleichterungen, die im einzelnen in der Durchführungsverordnung geregelt sind.

Die materiellen Regelungen der Bundesrepublik zum Außenwirtschaftsverkehr gelten auch nach dem 1. Januar 1993 fort, wenn auch an unseren Grenzen zu anderen EG-Staaten keine Kontrollen mehr stattfinden. Es bleibt also bei der Genehmigungspflicht der Ausfuhr von Waren des Teils I Abschnitte A, B und C der Ausfuhrliste (Rüstungsmaterial, Kernenergieliste, dual-use-Güter) in Mitgliedstaaten der EG. „Ausführer" im Sinne der deutschen

Genehmigungsvorschriften ist bis auf weiteres auch derjenige, der Waren in einen anderen EG-Staat verbringt. Das bisher angewandte Genehmigungsverfahren besteht grundsätzlich fort.

Praktische Erleichterungen hat es freilich bereits gegeben durch Allgemeine Genehmigungen. Dazu Näheres in der folgenden Ziffer.

Um für den Bereich der dual-use-Güter die Beschränkungen im innergemeinschaftlichen Handel möglichst überflüssig zu machen und abzubauen, wird der Rat der EG 1993 eine Verordnung mit gemeinsamen Normen erlassen, nach denen die Mitgliedstaaten die Ausfuhr besagter Güter dann EG-weit wirksam überwachen.

Auf eine gemeinsame Liste, die im wesentlichen unserer geltenden Ausfuhrliste gleicht, haben sich die Mitgliedstaaten bereits geeinigt. Die Ausfuhr der Güter dieser Liste wird künftig in allen EG-Staaten einer vorherigen Genehmigung nach gemeinsamen Kriterien bedürfen. Auch die Ausfuhr von Gütern, die nicht in der gemeinsamen Liste stehen, wird genehmigungspflichtig sein, wenn sie für konventionelle, chemische, biologische oder nukleare Waffen oder für Träger solcher Waffen bestimmt sind.

Nach den Wünschen der Bundesregierung soll die EG-Verordnung nur eine europäische Rahmenregelung schaffen, die es Deutschland ermöglicht, weitergehende Regeln für die Ausfuhr über unsere Grenzen beizubehalten oder zu schaffen.

Sobald die EG-Verordnung über die Ausfuhr von dual-use-Gütern vorliegen wird, ist eine weitere Anpassung unseres Außenwirtschaftsrechts geboten.

XI. Die Allgemeinen Genehmigungen

Wo die Außenwirtschaftsverordnung Genehmigungsvorbehalte enthält, da kann die Genehmigung auch in Form einer Allgemeinverfügung erteilt werden (§ 1 Abs. 2 AWV).

Von dieser Möglichkeit hat das Bundesausfuhramt mehrfach Gebrauch gemacht, um in weniger gravierenden Fällen des Exports in befreundete Staaten sich und den betroffenen Unternehmen die Arbeit zu erleichtern.

Von diesen Allgemeinen Genehmigungen sind besonders bedeutsam

- die Allgemeine Genehmigung Nr. 1 zum Intra-COCOM-Handel (GIC),
- die Allgemeine Genehmigung Nr. 6 zum Intra-Schengen-Handel (ASG),
- die Allgemeine Genehmigung Nr. 8 zum Intra-EG-Handel (EGG) sowie
- die Allgemeine Genehmigung Nr. 4 zu den Genehmigungspflichten nach § 5c und § 45b AWV.

Wer eine genehmigungspflichtige Ausfuhr in einen COCOM-Partnerstaat (NATO ohne Island plus Australien und Japan), in einen anderen EG-Mitgliedstaat oder in ein Land des Schengener-Abkommens (Benelux, Frankreich, Italien, Portugal, Spanien) tätigen will, schaut zweckmäßigerweise in die jeweils passende Allgemeine Genehmigung; denn dort könnte er feststellen, daß seine Ausfuhr bereits genehmigt ist und nur noch einige Formalitäten (Erklärungen, Meldungen) zu erledigen sind.

Bei der Wahl, welche Verfahrenserleichterung in Anspruch genommen werden soll, muß folgendes bedacht werden:

a) Die GIC betrifft den größten Länderkreis (vgl. Anlage 1 zur GIC). Sie trifft eine Regelung bezüglich des Teils I Abschnitt C der Ausfuhrliste und ist an die Zuteilung einer GIC-Anmeldenummer bzw. an eine Meldepflicht bezüglich der getätigten Ausfuhren im nachhinein gekoppelt.

b) Die ASG betrifft den kleinsten Länderkreis (vgl. Anlage 1 zur ASG). Sie trifft ebenfalls eine Regelung bezüglich des Teils I Abschnitt C der Ausfuhrliste, hat hierbei jedoch die kleinste Ausnahmeliste (vgl. Anlage 2 zur ASG). Sie ist ebenso wie die GIC an die Vergabe einer ASG-Anmeldenummer und an eine Meldepflicht im nachhinein gekoppelt.

c) Die EGG betrifft mehr Empfängerländer als die ASG, jedoch weniger als die GIC (vgl. Anlage 1 zur EGG). Vor allem aber trifft sie eine Regelung nicht nur bezüglich des Teils I Abschnitt C der Ausfuhrliste, sondern auch bezüglich des Teils I Abschnitt B und ist nicht an die Vergabe einer EGG-Anmeldenummer oder eine Meldepflicht gekoppelt.

(Nr. 4423.) Verordnung, betreffend das Verbot der Einfuhr und der Ausfuhr von Tauben. Vom 31. Juli 1914.

Wir Wilhelm, von Gottes Gnaden Deutscher Kaiser, König von Preußen ꝛc.

verordnen im Namen des Reichs, nach erfolgter Zustimmung des Bundesrats, was folgt:

§ 1.

Die Einfuhr und die Ausfuhr von Tauben über die Grenzen des Reichs ist bis auf weiteres verboten.

§ 2.

Der Reichskanzler ist ermächtigt, Ausnahmen von diesem Verbote zu gestatten und die erforderlichen Kontrollmaßregeln zu treffen.

§ 3.

Gegenwärtige Verordnung tritt mit dem Tage ihrer Verkündung in Kraft.

Urkundlich unter Unserer Höchsteigenhändigen Unterschrift und beigedrucktem Kaiserlichen Insiegel.

Gegeben Neues Palais, den 31. Juli 1914.

(L. S.) Wilhelm.

von Bethmann Hollweg.

Auszug aus dem Reichsgesetzblatt von 1914

Außenwirtschaftsgesetz

Vom 28. April 1961
(BGBl. I S. 481, zuletzt geändert durch Artikel 20 des Gesetzes
vom 21. Dezember 1992 [BGBl. I S. 2150])

INHALTSÜBERSICHT

ERSTER TEIL
RECHTSGESCHÄFTE UND HANDLUNGEN

Erster Abschnitt
Allgemeine Vorschriften

	§
Grundsatz	1
Art und Ausmaß von Beschränkungen und Handlungspflichten	2
Erteilung von Genehmigungen	3
Begriffsbestimmungen	4
Zweigniederlassungen und Betriebsstätten	4a
Rechtsgeschäfte für Rechnung Gebietsfremder	4b
Rechtsgeschäfte für Rechnung Gebietsansässiger	4c

Zweiter Abschnitt
Allgemeine Beschränkungsmöglichkeiten

Erfüllung zwischenstaatlicher Vereinbarungen	5
Abwehr schädigender Einwirkungen aus fremden Wirtschaftsgebieten	6
Abwehr schädigender Geld- und Kapitalzuflüsse aus fremden Wirtschaftsgebieten	6a
Schutz der Sicherheit und der auswärtigen Interessen	7

Dritter Abschnitt
Warenverkehr

Warenausfuhr	8
Ausfuhrverträge	9
Wareneinfuhr	10
Wareneinfuhr durch Gebietsfremde	10a
Lieferfristen bei der genehmigungsfreien Einfuhr	11
Genehmigungsbedürftige Einfuhr	12
Verwendungsbeschränkungen bei der Wareneinfuhr	13
Sicherung der Einfuhr lebenswichtiger Waren	14

Vierter Abschnitt
Dienstleistungsverkehr

Aktive Lohnveredelung	15
Herstellungs- und Vertriebsrechte	16
Audiovisuelle Werke	17
Seeschiffahrt	18
Luftfahrt	19

Binnenschiffahrt	20
Schadensversicherungen	21

Fünfter Abschnitt
Kapitalverkehr

Kapitalausfuhr	22
Kapital- und Geldanlagen Gebietsfremder	23

Sechster Abschnitt
Gold

Verkehr mit Gold	24

ZWEITER TEIL
ERGÄNZENDE VORSCHRIFTEN

Deutsche Bundesbank	25
Verfahrens- und Meldevorschriften	26
Besondere Meldepflichten	26a
Erlaß von Rechtsverordnungen	27
Genehmigungsstellen	28
Heranziehung zur Depotpflicht	28a
Weisungsbefugnis	29
Genehmigungen	30
Rechtsunwirksamkeit	31
Urteil und Zwangsvollstreckung	32

DRITTER TEIL
STRAF-, BUSSGELD- UND ÜBERWACHUNGSVORSCHRIFTEN

Ordnungswidrigkeiten	33
Straftaten	34
Auslandstaten Deutscher	35
Einziehung	36
Befugnisse der Zollbehörden	37
Straf- und Bußgeldverfahren	38
Beschränkungen des Brief-, Post- und Fernmeldegeheimnisses	39
Richterliche Anordnung	40
Durchführungsvorschriften	41
Verschwiegenheitspflichten	42
Abgeltung von Leistungen	43
Allgemeine Auskunftspflicht	44
Übermittlung von Informationen durch das Bundesausfuhramt	45
Übermittlung von Informationen durch das Bundesamt für Wirtschaft	45a
Überwachung des Fracht-, Post- und Reiseverkehrs	46
Kosten	46a

VIERTER TEIL
SCHLUSSVORSCHRIFTEN

Aufhebung von Vorschriften	47
Änderung und Ergänzung von Gesetzen	48
Anpassungsvorschrift	49
Überleitungsvorschrift	50
Befristung	51
Inkrafttreten	52

ANLAGE
Einfuhrliste

I. Anwendung der Einfuhrliste
II. Länderlisten
III. Warenliste

Der Bundestag hat mit Zustimmung des Bundesrates das folgende Gesetz beschlossen:

ERSTER TEIL
Rechtsgeschäfte und Handlungen

Erster Abschnitt
Allgemeine Vorschriften

§ 1
Grundsatz

(1) Der Waren-, Dienstleistungs-, Kapital-, Zahlungs- und sonstige Wirtschaftsverkehr mit fremden Wirtschaftsgebieten sowie der Verkehr mit Auslandswerten und Gold zwischen Gebietsansässigen (Außenwirtschaftsverkehr) ist grundsätzlich frei. Er unterliegt den Einschränkungen, die dieses Gesetz enthält oder die durch Rechtsverordnung auf Grund dieses Gesetzes vorgeschrieben werden.

(2) Unberührt bleiben Vorschriften in anderen Gesetzen und Rechtsverordnungen, zwischenstaatliche Vereinbarungen, denen die gesetzgebenden Körperschaften in der Form eines Bundesgesetzes zugestimmt haben, sowie Rechtsvorschriften der Organe zwischenstaatlicher Einrichtungen, denen die Bundesrepublik Deutschland Hoheitsrechte übertragen hat.

§ 2
Art und Ausmaß von Beschränkungen und Handlungspflichten

(1) Soweit in diesem Gesetz Beschränkungen zugelassen sind, kann durch Rechtsverordnung vorgeschrieben werden, daß Rechtsgeschäfte und Handlungen allgemein oder unter bestimmten Voraussetzungen

1. einer Genehmigung bedürfen oder

2. verboten sind.

(2) Der Bundesminister für Wirtschaft kann im Einvernehmen mit dem Auswärtigen Amt und dem Bundesminister der Finanzen die notwendigen Beschränkungen von Rechtsgeschäften oder Handlungen im Außenwirtschaftsverkehr anordnen, um eine im einzelnen Falle bestehende Gefahr für die in § 7 Abs. 1 genannten Rechtsgüter abzuwenden. Bei Maßnahmen, welche die Bereiche des Kapital- und Zahlungsverkehrs oder den Verkehr mit Auslandswerten und Gold betreffen, ist auch das Benehmen mit der Deutschen Bundesbank herzustellen. Die Anordnung tritt sechs Monate nach ihrem Erlaß außer Kraft, sofern die Beschränkung nicht durch Rechtsverordnung vorgeschrieben wird.

(3) Beschränkungen sind nach Art und Umfang auf das Maß zu begrenzen, das notwendig ist, um den in der Ermächtigung angegebenen Zweck zu erreichen. Sie sind so zu gestalten, daß in die Freiheit der wirtschaftlichen Betätigung so wenig wie möglich eingegriffen wird. Beschränkungen dürfen abgeschlossene Verträge nur berühren, wenn der angestrebte Zweck erheblich gefährdet wird.

(4) Beschränkungen sind aufzuheben, sobald und soweit die Gründe, die ihre Anordnung rechtfertigen, nicht mehr vorliegen.

(5) Soweit nach diesem Gesetz selbständige Handlungspflichten begründet werden können, gelten die Absätze 2 und 3 entsprechend.

§ 3
Erteilung von Genehmigungen

(1) Bedürfen Rechtsgeschäfte oder Handlungen nach einer Vorschrift dieses Gesetzes oder einer zu diesem Gesetz erlassenen Rechtsverordnung einer Genehmigung, so ist die Genehmigung zu erteilen, wenn zu erwarten ist, daß die Vornahme des Rechtsgeschäfts oder der Handlung den Zweck, dem die Vorschrift dient, nicht oder nur unwesentlich gefährdet. In anderen Fällen kann die Genehmigung erteilt werden, wenn das volkswirtschaftliche Interesse an der Vornahme des Rechtsgeschäfts oder der Handlung die damit verbundene Beeinträchtigung des bezeichneten Zwecks überwiegt.

(2) Die Erteilung der Genehmigungen kann von sachlichen und persönlichen Voraussetzungen, insbesondere der Zuverlässigkeit des Antragstellers, abhängig gemacht werden. Ist im Hinblick auf den Zweck, dem die Vorschrift dient, die Erteilung von Genehmigungen nur in beschränktem Umfange möglich, so sind die Genehmigungen in der Weise zu erteilen, daß die gegebenen Möglichkeiten volkswirtschaftlich zweckmäßig ausgenutzt werden können. Gebietsansässige, die durch eine Beschränkung in der Ausübung ihres Gewerbes besonders betroffen werden, können bevorzugt berücksichtigt werden.

§ 4
Begriffsbestimmungen

(1) Im Sinne dieses Gesetzes sind
1. Wirtschaftsgebiet:

    der Geltungsbereich dieses Gesetzes;
    Zollanschlüsse gelten als Teil des Wirtschaftsgebietes;

2. fremde Wirtschaftsgebiete:

    alle Gebiete außerhalb des Wirtschaftsgebiets;
    für das Verbringen von Sachen und Elektrizität gelten die Zollausschlüsse an der deutsch-schweizerischen Grenze als Teil fremder Wirtschaftsgebiete;

3. Gebietsansässige:

    natürliche Personen mit Wohnsitz oder gewöhnlichem Aufenthalt im Wirtschaftsgebiet, juristische Personen und Personenhandelsgesellschaften mit Sitz oder Ort der Leitung im Wirtschaftsgebiet; Zweigniederlassungen Gebietsfremder im Wirtschaftsgebiet gelten als Gebietsansässige, wenn sie hier ihre Leitung haben und für sie eine gesonderte Buchführung besteht; Betriebsstätten Gebietsfremder im Wirtschaftsgebiet gelten als Gebietsansässige, wenn sie hier ihre Verwaltung haben;

4. Gebietsfremde:

    natürliche Personen mit Wohnsitz oder gewöhnlichem Aufenthalt in fremden Wirtschaftsgebieten, juristische Personen und Personenhandelsgesellschaften mit Sitz oder Ort der Leitung in fremden Wirtschaftsgebieten; Zweigniederlassungen Gebietsansässiger in fremden Wirtschaftsgebieten gelten als Gebietsfremde, wenn sie dort ihre Leitung haben und für sie eine gesonderte Buchführung besteht; Betriebsstätten Gebietsansässiger in fremden Wirtschaftsgebieten gelten als Gebietsfremde, wenn sie dort ihre Verwaltung haben.

(2) Im Sinne dieses Gesetzes sind ferner
1. Auslandswerte:

    unbewegliche Vermögenswerte in fremden Wirtschaftsgebieten; Forderungen in Deutscher Mark gegen Gebietsfremde; auf ausländische Währung lautende Zahlungsmittel, Forderungen und Wertpapiere;

2. Waren:

beweglich Sachen, die Gegenstand des Handelsverkehrs sein können, und Elektrizität; ausgenommen sind Wertpapiere und Zahlungsmittel;

3. Ausfuhr:

das Verbringen von Sachen und Elektrizität aus dem Wirtschaftsgebiet nach fremden Wirtschaftsgebieten;

4. Einfuhr:

das Verbringen von Sachen und Elektrizität aus fremden Wirtschaftsgebieten in das Wirtschaftsgebiet; als Einfuhr gilt auch das Verbringen aus einem Zollfreigebiet, Zollausschluß oder Zollverkehr in den freien Verkehr des Wirtschaftsgebiets, wenn die Sachen aus fremden Wirtschaftsgebieten in das Zollfreigebiet, den Zollausschluß oder den Zollverkehr verbracht worden waren;

5. Durchfuhr:

die Beförderung von Sachen aus fremden Wirtschaftsgebieten durch das Wirtschaftsgebiet, ohne daß die Sachen in den freien Verkehr des Wirtschaftsgebiets gelangen;

6. Gold:

Feingold und Legierungsgold in Form von Barren oder Halbmaterial sowie außer Kurs gesetzte oder nicht mehr kursfähige Goldmünzen ohne anerkannten Sammlerwert;

7. Wertpapiere:

alle Wertpapiere im Sinne des § 1 Abs. 1 des Gesetzes über die Verwahrung und Anschaffung von Wertpapieren (Depotgesetz) vom 4. Februar 1937 (Reichsgesetzblatt I S. 171); als Wertpapiere gelten auch Anteile an einem Wertpapiersammelbestand oder an einer Sammelschuldbuchforderung; Rechte auf Lieferung oder Zuteilung von Wertpapieren stehen den Wertpapieren gleich;

8. inländische Wertpapiere:

Wertpapiere, die ein Gebietsansässiger oder vor dem 9. Mai 1945 eine Person mit Wohnsitz oder Sitz im Gebiet des Deutschen Reichs nach dem Stande vom 31. Dezember 1937 ausgestellt hat;

9. ausländische Wertpapiere:

Wertpapiere, die ein Gebietsfremder ausgestellt hat, soweit sie nicht nach Nummer 8 inländische Wertpapiere sind.

§ 4a

Zweigniederlassungen und Betriebsstätten

(1) Im Sinne dieses Gesetzes gelten

1. gebietsansässige Zweigniederlassungen und Betriebsstätten Gebietsfremder sowie gebietsfremde Zweigniederlassungen und Betriebsstätten Gebietsansässiger als rechtlich selbständig; mehrere gebietsansässige Zweigniederlassungen und Betriebsstätten desselben Gebietsfremden gelten als ein Gebietsansässiger,

2. Handlungen, die von oder gegenüber solchen Zweigniederlassungen oder Betriebsstätten vorgenommen werden, als Rechtsgeschäfte, soweit solche Handlungen im Verhältnis zwischen natürlichen oder juristischen Personen oder Personenhandelsgesellschaften Rechtsgeschäfte wären.

(2) Rechtsverordnungen, die auf Grund einer in diesem Gesetz enthaltenen Ermächtigung ergehen, können vorschreiben, daß

1. gebietsansässige Zweigniederlassungen und Betriebsstätten desselben Gebietsfremden abweichend von Absatz 1 Nr. 1 Halbsatz 2 jeweils für sich als Gebietsansässige,
2. mehrere gebietsfremde Zweigniederlassungen und Betriebsstätten desselben Gebietsansässigen abweichend von Absatz 1 Nr. 1 Halbsatz 1 als ein Gebietsfremder,
3. Zweigniederlassungen und Betriebsstätten abweichend von § 4 Abs. 1 Nr. 3 und 4 nicht als Gebietsansässige oder Gebietsfremde

gelten, soweit dies erforderlich ist, um den in der Ermächtigung bestimmten Zweck zu erreichen.

§ 4 b
Rechtsgeschäfte für Rechnung Gebietsfremder

Rechtsverordnungen, die auf Grund einer in diesem Gesetz enthaltenen Ermächtigung ergehen, können vorschreiben, daß

1. Beschränkungen für Rechtsgeschäfte Gebietsfremder oder zwischen Gebietsfremden und Gebietsansässigen, die in einer auf Grund dieses Gesetzes erlassenen Rechtsverordnung angeordnet sind, auch für Rechtsgeschäfte gelten, die zum Gegenstand haben, daß unmittelbar oder mittelbar zwischen einem Gebietsansässigen und einem Dritten für Rechnung oder im Auftrag eines Gebietsfremden ein Rechtsgeschäft vorgenommen wird, das zwischen Gebietsfremden und Gebietsansässigen oder für Gebietsfremde beschränkt wäre,
2. das Handeln für Rechnung oder im Auftrag eines Gebietsfremden im Sinne der Nummer 1 dem Dritten durch den Gebietsansässigen oder über eine andere bei dem Zustandekommen des Rechtsgeschäfts mitwirkende Person vor der Vornahme des Rechtsgeschäfts mitzuteilen ist,
3. das dem Dritten gegenüber vorgenommene Rechtsgeschäft den Beschränkungen unterliegt, die gelten würden, wenn es ein Gebietsfremder vorgenommen hätte, sofern der Dritte die Mitteilung nach Nummer 2 erhalten oder von dem Handeln für Rechnung oder im Auftrag eines Gebietsfremden vor der Vornahme des Rechtsgeschäfts auf andere Weise Kenntnis erlangt hat,
4. im Falle einer nach § 6 a angeordneten Depotpflicht ein Gebietsansässiger, der für Rechnung oder im Auftrag eines Gebietsfremden einem anderen Gebietsansässigen unmittelbar oder mittelbar einen Kredit im Sinne des § 6 a Abs. 1 gewährt, dafür Sorge zu tragen hat, daß dem anderen Gebietsansässigen die Herkunft der Mittel vor Aufnahme des Kredits mitgeteilt wird,

soweit dies erforderlich ist, um den in der Ermächtigung bestimmten Zweck zu erreichen. Unterbleibt eine auf Grund des Satzes 1 Nr. 4 angeordnete Mitteilung, so werden die Verbindlichkeiten aus dem Kredit für die Depotpflicht dem Gebietsansässigen als Verbindlichkeiten gegenüber dem Gebietsfremden zugerechnet.

§ 4 c
Rechtsgeschäfte für Rechnung Gebietsansässiger

Rechtsverordnungen, die auf Grund einer in diesem Gesetz enthaltenen Ermächtigung ergehen, können ferner vorschreiben, daß Beschränkungen für Rechtsgeschäfte zwischen Gebietsansässigen und Gebietsfremden, die in einer auf Grund dieses Gesetzes erlassenen Rechtsverordnung angeordnet sind, auch für Rechtsgeschäfte gelten, die zum Gegenstand haben, daß unmittelbar oder mittelbar zwischen einem Gebietsfremden und einem Dritten für Rechnung oder im Auftrag eines Gebietsansässigen ein Rechtsgeschäft vorgenommen wird, das zwischen Gebietsansässigen und Gebietsfremden beschränkt wäre, soweit dies erforderlich ist, um den in der Ermächtigung bestimmten Zweck zu erreichen.

Zweiter Abschnitt
Allgemeine Beschränkungsmöglichkeiten

§ 5
Erfüllung zwischenstaatlicher Vereinbarungen

Zur Erfüllung zwischenstaatlicher Vereinbarungen, denen die gesetzgebenden Körperschaften in der Form eines Bundesgesetzes zugestimmt haben, können Rechtsgeschäfte und Handlungen im Außenwirtschaftsverkehr beschränkt und bestehende Beschränkungen aufgehoben werden.

§ 6
Abwehr schädigender Einwirkungen aus fremden Wirtschaftsgebieten

(1) Rechtsgeschäfte und Handlungen im Außenwirtschaftsverkehr können beschränkt werden, um schädlichen Folgen für die Wirtschaft oder einzelne Wirtschaftszweige im Wirtschaftsgebiet vorzubeugen oder entgegenzuwirken, wenn solche Folgen durch Maßnahmen in fremden Wirtschaftsgebieten drohen oder entstehen, die

1. den Wettbewerb einschränken, verfälschen oder verhindern oder
2. zu Beschränkungen des Wirtschaftsverkehrs mit dem Wirtschaftsgebiet führen.

(2) Rechtsgeschäfte und Handlungen im Außenwirtschaftsverkehr können ferner beschränkt werden, um Auswirkungen von in fremden Wirtschaftsgebieten herrschenden, mit der freiheitlichen Ordnung der Bundesrepublik Deutschland nicht übereinstimmenden Verhältnissen auf das Wirtschaftsgebiet vorzubeugen oder entgegenzuwirken.

§ 6a
Abwehr schädigender Geld- und Kapitalzuflüsse aus fremden Wirtschaftsgebieten

(1) Wird die Wirksamkeit der Währungs- und Konjunkturpolitik durch Geld- und Kapitalzuflüsse aus fremden Wirtschaftsgebieten derart beeinträchtigt, daß das gesamtwirtschaftliche Gleichgewicht gefährdet ist, so kann durch Rechtsverordnung vorgeschrieben werden, daß Gebietsansässige einen bestimmten Vom-Hundert-Satz der Verbindlichkeiten aus den von ihnen unmittelbar oder mittelbar bei Gebietsfremden aufgenommenen Darlehen oder sonstigen Krediten während eines bestimmten Zeitraums zinslos auf einem Konto bei der Deutschen Bundesbank in Deutscher Mark zu halten haben (Depotpflicht). Als Kredite im Sinne des Satzes 1 gelten alle Rechtsgeschäfte und Handlungen, die wirtschaftlich eine Kreditaufnahme darstellen. Geht ein Gebietsansässiger gegenüber einem Gebietsfremden eine Verbindlichkeit durch Ausstellung, Annahme oder Indossierung eines Wechsels ein, so gilt eine im Zusammenhang hiermit von dem Gebietsfremden erbrachte Geldleistung für die Dauer der Laufzeit des Wechsels als Kredit.

(2) Absatz 1 Satz 1 gilt nicht für Verbindlichkeiten, für die Mindestreserven bei der Deutschen Bundesbank unterhalten werden müssen.

(3) Durch Rechtsverordnung wird bestimmt, welche Arten von Verbindlichkeiten, die in unmittelbarem Zusammenhang mit der handelsüblichen Abwicklung von Waren- und Dienstleistungsgeschäften zwischen Gebietsansässigen und Gebietsfremden stehen, von der

Depotpflicht ausgenommen werden. Weitere Verbindlichkeiten können durch Rechtsverordnung von der Depotpflicht ausgenommen werden, soweit hierdurch eine Gefährdung der nach Absatz 1 Satz 1 zu wahrenden Belange nicht zu erwarten ist.

(4) Die Höhe des in Absatz 1 Satz 1 genannten Vom-Hundert-Satzes (Depotsatz) wird jeweils durch Rechtsverordnung festgelegt. Der Depotsatz darf hundert nicht überschreiten.

(5) Der Depotpflichtige kann die zur Erfüllung seiner Depotpflicht bei der Deutschen Bundesbank eingezahlten Beträge nicht zurückverlangen und den Rückzahlungsanspruch nicht übertragen, solange seine Depotpflicht besteht.

§ 7
Schutz der Sicherheit und der auswärtigen Interessen

(1) Rechtsgeschäfte und Handlungen im Außenwirtschaftsverkehr können beschränkt werden, um

1. die Sicherheit der Bundesrepublik Deutschland zu gewährleisten,
2. eine Störung des friedlichen Zusammenlebens der Völker zu verhüten, oder
3. zu verhüten, daß die auswärtigen Beziehungen der Bundesrepublik Deutschland erheblich gestört werden.

(2) Nach Absatz 1 können insbesondere beschränkt werden

1. die Ausfuhr oder Durchfuhr von

   a) Waffen, Munition und Kriegsgerät,

   b) Gegenständen, die bei der Entwicklung, Erzeugung oder dem Einsatz von Waffen, Munition und Kriegsgerät nützlich sind, oder

   c) Konstruktionszeichnungen und sonstigen Fertigungsunterlagen für die in Buchstaben a und b bezeichneten Gegenstände,

   vor allem wenn die Beschränkung der Durchführung einer in internationaler Zusammenarbeit vereinbarten Ausfuhrkontrolle dient:

2. die Ausfuhr von Gegenständen, die zur Durchführung militärischer Aktionen bestimmt sind;
3. die Einfuhr von Waffen, Munition und Kriegsgerät;
4. Rechtsgeschäfte über gewerbliche Schutzrechte, Erfindungen, Herstellungsverfahren und Erfahrungen in bezug auf die in Nummer 1 bezeichneten Waren und sonstigen Gegenstände.

(3) Zu den in Absatz 1 genannten Zwecken können auch Rechtsgeschäfte und Handlungen Deutscher in fremden Wirtschaftsgebieten beschränkt werden, die sich auf Waren und sonstige Gegenstände nach Absatz 2 Nr. 1 einschließlich ihrer Entwicklung und Herstellung beziehen, wenn der Deutsche

1. Inhaber eines Personaldokumentes der Bundesrepublik Deutschland ist oder
2. verpflichtet wäre, einen Personalausweis zu besitzen, falls er eine Wohnung im Geltungsbereich dieses Gesetzes hätte.

Dies gilt vor allem, wenn die Beschränkung der in internationaler Zusammenarbeit vereinbarten Verhinderung der Verbreitung von Waren und sonstigen Gegenständen nach Absatz 2 Nr. 1 dient.

Dritter Abschnitt
Warenverkehr

§ 8
Warenausfuhr

(1) Die Ausfuhr von Waren kann beschränkt werden, um einer Gefährdung der Deckung des lebenswichtigen Bedarfs im Wirtschaftsgebiet oder in Teilen des Wirtschaftsgebietes im gesamtwirtschaftlichen Interesse vorzubeugen oder entgegenzuwirken. Die Beschränkungen sind nur zulässig, wenn der Bedarf auf andere Weise nicht, nicht rechtzeitig oder nur mit unverhältnismäßigen Mitteln gedeckt werden kann.

(2) Die Ausfuhr von ernährungs- und landwirtschaftlichen Erzeugnissen kann beschränkt werden, um erheblichen Störungen der Ausfuhr durch Lieferung minderwertiger Erzeugnisse vorzubeugen oder entgegenzuwirken. Dabei können durch Rechtsverordnung Mindestanforderungen für die Güte der Erzeugnisse vorgeschrieben werden.

(3) Die Ausfuhr von Waren, die in das Wirtschaftsgebiet verbracht worden sind, kann beschränkt werden, um im Rahmen der Zusammenarbeit in einer zwischenstaatlichen wirtschaftlichen Organisation sicherzustellen, daß die Regelungen der Mitgliedstaaten über die Wareneinfuhr aus Gebieten außerhalb der Organisation wirksam durchgeführt werden können.

§ 9
Ausfuhrverträge

(1) Bei Rechtsgeschäften, durch die sich ein Gebietsansässiger zur Lieferung einer Ware nach fremden Wirtschaftsgebieten verpflichtet (Ausfuhrverträge), kann die Vereinbarung von Zahlungs- oder Lieferungsbedingungen, die für den Abnehmer günstiger als die handels- und branchenüblichen Bedingungen sind, beschränkt werden, um erheblichen Störungen der Ausfuhr in das Käuferland vorzubeugen oder entgegenzuwirken.

(2) Im Ausfuhrgeschäft soll der Ausführer unter Berücksichtigung der außenwirtschaftlichen Belange der Allgemeinheit die Preise so gestalten, daß schädliche Auswirkungen, insbesondere Abwehrmaßnahmen des Käufer- oder Verbraucherlandes, vermieden werden.

§ 10
Wareneinfuhr

(1) Die Einfuhr von Waren durch Gebietsansässige ist nach Maßgabe der Einfuhrliste ohne Genehmigung zulässig. Im übrigen bedarf die Einfuhr von Waren der Genehmigung.

(2) Die Einfuhrliste kann durch Rechtsverordnung geändert werden.

(3) Durch Änderung der Einfuhrliste sind Einfuhrbeschränkungen aufzuheben, soweit die nach den §§ 5 bis 7 zu berücksichtigenden Zwecke oder ein berechtigtes Schutzbedürfnis der Wirtschaft oder einzelner Wirtschaftszweige im Wirtschaftsgebiet oder in Teilen des Wirtschaftsgebietes der Aufhebung der Beschränkungen auch unter Berücksichtigung handelspolitischer Erfordernisse nicht mehr entgegenstehen. Das Schutzbedürfnis ist berechtigt, wenn ohne die Beschränkung Waren in derart erhöhten Mengen und unter solchen Bedingungen eingeführt würden, daß ein erheblicher Schaden für die Erzeugung gleichartiger oder zum gleichen Zweck verwendbarer Waren im Wirtschaftsgebiet eintritt oder einzutreten droht, und wenn dieser Schaden im Interesse der Allgemeinheit abgewendet werden muß. Ist die Einfuhr durch andere Rechtsvorschriften beschränkt, so soll im allgemeinen von der Änderung der Einfuhrliste abgesehen werden, auch wenn die Voraussetzungen des Satzes 1 gegeben sind.

(4) Durch Änderung der Einfuhrliste dürfen Einfuhrbeschränkungen nur angeordnet werden, soweit dies zur Wahrung der in Absatz 3 genannten Belange geboten ist.

(5) Durch Rechtsverordnung kann vorgesehen werden, daß die Einfuhr keiner Genehmigung bedarf,

1. wenn die Waren nicht in den freien Verkehr des Wirtschaftsgebiets verbracht werden oder
2. wenn durch Begrenzung der Warenmenge, des Warenwertes, durch Beschränkung des Verwendungszwecks oder auf andere Weise eine Gefährdung der nach Absatz 3 zu wahrenden Belange ausgeschlossen wird.

Dies gilt insbesondere für die Einfuhr in einen Freihafen, für die Einfuhr im Zollveredelungsverkehr, zur Zollagerung, im Reiseverkehr, im kleinen Grenzverkehr, für Zwecke des Schiffsbedarfs, zur nichtgewerbsmäßigen Verwendung sowie für die Einfuhr von Übersiedlungs- und Erbschaftsgut.

§ 10 a
Wareneinfuhr durch Gebietsfremde

(1) Bei der Einfuhr von Waren stehen gebietsfremde Gemeinschaftsansässige den Gebietsansässigen gleich, sofern die Einfuhr durch Gebietsansässige ohne Genehmigung zulässig ist.

(2) Gebietsfremde Gemeinschaftsansässige im Sinne des Absatzes 1 sind natürliche Personen mit Wohnsitz oder gewöhnlichem Aufenthalt sowie juristische Personen und Personenhandelsgesellschaften mit Sitz oder Ort der Leitung in dem Teil des Gebietes der Europäischen Wirtschaftsgemeinschaft, der nicht zum Wirtschaftsgebiet gehört; Zweigniederlassungen Gebietsfremder, die nicht gebietsfremde Gemeinschaftsansässige sind, sowie Zweigniederlassungen Gebietsansässiger in dem Teil des Gebiets der Europäischen Wirtschaftsgemeinschaft, der nicht zum Wirtschaftsgebiet gehört, gelten als gebietsfremde Gemeinschaftsansässige, wenn sie hier ihre Leitung haben und für sie eine gesonderte Buchführung besteht; Betriebsstätten Gebietsfremder, die nicht gebietsfremde Gemeinschaftsansässige sind, sowie Betriebsstätten Gebietsansässiger in dem Teil des Gebiets der Europäischen Wirtschaftsgemeinschaft, der nicht zum Wirtschaftsgebiet gehört, gelten als gebietsfremde Gemeinschaftsansässige, wenn sie hier ihre Verwaltung haben. Als Gebiet der Europäischen Wirtschaftsgemeinschaft gilt der europäische Geltungsbereich des Vertrages zur Gründung der Europäischen Wirtschaftsgemeinschaft einschließlich der französischen überseeischen Departements.

(3) Durch Rechtsverordnung kann vorgesehen werden, daß auch nicht-gemeinschaftsansässige Gebietsfremde bei der Einfuhr von Waren den Gebietsansässigen gleichstehen, sofern die Einfuhr durch Gebietsansässige ohne Genehmigung zulässig ist. Absatz 2 Satz 1 findet entsprechende Anwendung.

§ 11
Lieferfristen bei der genehmigungsfreien Einfuhr

Bei der genehmigungsfreien Einfuhr kann die Vereinbarung und Inanspruchnahme von Lieferfristen beschränkt werden, um die in § 10 Abs. 3 genannten Belange zu wahren.

§ 12
Genehmigungsbedürftige Einfuhr

(1) Für Waren, deren Einfuhr der Genehmigung bedarf, sind unter Berücksichtigung der handels- und sonstigen wirtschaftspolitischen Erfordernisse Einfuhrgenehmigungen zu erteilen, soweit dies unter Wahrung der in § 10 Abs. 3 genannten Belange möglich ist.

(2) Bei der Erteilung von Einfuhrgenehmigungen handeln die zuständigen Stellen nach Richtlinien, die der Bundesminister für Wirtschaft und der Bundesminister für Ernährung, Landwirtschaft und Forsten im beiderseitigen Einvernehmen und im Benehmen mit dem Bundesminister der Finanzen sowie der Deutschen Bundesbank erlassen. Auf der Grundlage dieser Richtlinien sollen die für die Erteilung von Einfuhrgenehmigungen zuständigen Stellen im Bundesanzeiger die Einzelheiten bekanntgeben, die bei den Anträgen auf Erteilung der Genehmigung zu beachten sind (Ausschreibung).

§ 13
Verwendungsbeschränkungen bei der Wareneinfuhr

Ist die Einfuhr von Waren unter der Voraussetzung zugelassen oder unter der Auflage genehmigt, daß die Ware nur in bestimmter Weise verwendet werden darf, so hat der Veräußerer diese Verwendungsbeschränkung bei der Veräußerung jedem Erwerber der Ware nachweisbar mitzuteilen. Der Einführer und der Erwerber dürfen die Ware nur in der vorgeschriebenen Weise verwenden.

§ 14
Sicherung der Einfuhr lebenswichtiger Waren

Rechtsgeschäfte mit Gebietsfremden über Waren, deren Bezug zur Deckung des lebenswichtigen Bedarfs im Wirtschaftsgebiet oder in Teilen des Wirtschaftsgebiets zwischenstaatlich vereinbart worden ist, können beschränkt werden, um die Einfuhr dieser Waren und ihren Verbleib im Wirtschaftsgebiet zu sichern. Zu demselben Zweck können Rechtsgeschäfte über die Bearbeitung und Verarbeitung solcher Waren in fremden Wirtschaftsgebieten beschränkt werden.

Vierter Abschnitt
Dienstleistungsverkehr

§ 15
Aktive Lohnveredelung

Rechtsgeschäfte, durch die sich ein Gebietsansässiger verpflichtet, im Wirtschaftsgebiet Waren eines Gebietsfremden zu bearbeiten oder zu verarbeiten (aktive Lohnveredelung), können beschränkt werden, um einer Gefährdung der Deckung des lebenswichtigen Bedarfs im Wirtschaftsgebiet oder in Teilen des Wirtschaftsgebiets entgegenzuwirken. § 8 Abs. 1 Satz 2 findet entsprechende Anwendung.

§ 16
Herstellungs- und Vertriebsrechte

Rechtsgeschäfte über die Vergabe von Herstellungs- und Vertriebsrechten für Erzeugnisse mit geographischer Ursprungsbeziehung in ein fremdes Wirtschaftsgebiet können beschränkt werden, wenn die Interessen des Ursprungsgebiets erheblich beeinträchtigt werden. Dies gilt auch für das Einbringen solcher Herstellungs- und Vertriebsrechte in ein Unternehmen in einem fremden Wirtschaftsgebiet.

§ 17
Audiovisuelle Werke

Rechtsgeschäfte über

1. den Erwerb von Vorführungs- und Senderechten an audiovisuellen Werken von Gebietsfremden, wenn die Werke zur Vorführung oder Verbreitung im Wirtschaftsgebiet bestimmt sind, und

2. die Herstellung von audiovisuellen Werken in Gemeinschaftsproduktion mit Gebietsfremden

können beschränkt werden, um der Filmwirtschaft des Wirtschaftsgebiets ausreichende Auswertungsmöglichkeiten auf dem inneren Markt zu erhalten. Die Beschränkungen sind nur zulässig, wenn ohne sie ein erheblicher Schaden für die Filmwirtschaft des Wirtschaftsgebiets eintritt oder einzutreten droht und wenn dieser Schaden im Interesse der Allgemeinheit abgewendet werden muß.

§ 18
Seeschiffahrt

Wenn der internationale Seeverkehr durch Maßnahmen beeinträchtigt wird, die eine wettbewerbsmäßige Beteiligung der deutschen Handelsflotte an der Beförderung von Gütern behindern, können der Abschluß von Frachtverträgen zur Beförderung von Gütern durch Seeschiffe fremder Flagge und das Chartern solcher Seeschiffe durch Gebietsansässige beschränkt werden, um erheblichen nachteiligen Auswirkungen auf die wirtschaftliche Lage der deutschen Handelsflotte entgegenzuwirken.

§ 19
Luftfahrt

Wenn der zwischenstaatliche Luftverkehr durch Maßnahmen beeinträchtigt wird, die eine wettbewerbsgemäße Beteiligung der deutschen Flugzeuge an der Beförderung von Personen und Gütern behindern, können der Abschluß von Verträgen zur Beförderung von Personen und Gütern durch Flugzeuge, die nicht in der deutschen Luftfahrzeugrolle eingetragen sind, und das Chartern solcher Flugzeuge durch Gebietsansässige beschränkt werden, um erheblichen nachteiligen Auswirkungen auf die wirtschaftliche Lage des deutschen Luftverkehrs entgegenzuwirken.

§ 20
Binnenschiffahrt

Rechtsgeschäfte zwischen Gebietsansässigen und Gebietsfremden, die

1. das Mieten von Binnenschiffen, die nicht in einem Binnenschiffsregister im Wirtschaftsgebiet eingetragen sind,

2. die Beförderung von Gütern mit solchen Binnenschiffen oder

3. das Schleppen durch solche Binnenschiffe

im Güterverkehr innerhalb des Wirtschaftsgebiets zum Gegenstand haben, können beschränkt werden, um Störungen der im Interesse der Allgemeinheit zu wahrenden Ordnung zwischen den Verkehrsträgern zu verhindern.

§ 21
Schadensversicherungen

Rechtsgeschäfte über Schiffskasko-, Schiffshaftpflicht-, Transport- und Luftfahrtversicherungen zwischen Gebietsansässigen und Versicherungsunternehmen mit Sitz in einem fremden Wirtschaftsgebiet, in dem gebietsansässige Unternehmen dieser Versicherungszweige in der Ausübung ihrer Tätigkeit behindert werden, können beschränkt werden, um erheblichen nachteiligen Auswirkungen auf die wirtschaftliche Lage der betroffenen Versicherungszweige entgegenzuwirken.

Fünfter Abschnitt
Kapitalverkehr

§ 22
Kapitalausfuhr

(1) Rechtsgeschäfte zwischen Gebietsansässigen und Gebietsfremden können beschränkt werden, wenn sie

1. den entgeltlichen Erwerb von Grundstücken in fremden Wirtschaftsgebieten und von Rechten an solchen Grundstücken,
2. den entgeltlichen Erwerb ausländischer Wertpapiere durch Gebietsansässige,
3. den entgeltlichen Erwerb von Wechseln, die ein Gebietsfremder ausgestellt oder angenommen hat, durch Gebietsansässige,
4. die Unterhaltung von Guthaben bei Geldinstituten in fremden Wirtschaftsgebieten durch Gebietsansässige oder
5. die Gewährung von Darlehen und sonstigen Krediten sowie die Gewährung von Zahlungsfristen an Gebietsfremde

zum Gegenstand haben.

(2) Ferner kann für Inhaber- und Orderschuldverschreibungen, die ein Gebietsfremder ausgestellt hat und in denen die Zahlung einer bestimmten Geldsumme versprochen wird, das öffentliche Anbieten zum Verkauf im Wirtschaftsgebiet beschränkt werden.

(3) Beschränkungen nach Absatz 1 sind zulässig, um das Gleichgewicht der Zahlungsbilanz sicherzustellen. Beschränkungen nach Absatz 2 sind zulässig, wenn sie erforderlich sind, um erheblichen nachteiligen Auswirkungen auf den Kapitalmarkt vorzubeugen oder entgegenzuwirken.

§ 23
Kapital- und Geldanlagen Gebietsfremder

(1) Rechtsgeschäfte zwischen Gebietsansässigen und Gebietsfremden können beschränkt werden, wenn sie

1. den entgeltlichen Erwerb von Grundstücken im Wirtschaftsgebiet und von Rechten an solchen Grundstücken durch Gebietsfremde,
2. den entgeltlichen Erwerb von Schiffen, die im Schiffsregister eines Gerichts im Wirtschaftsgebiet eingetragen sind, und von Rechten an solchen Schiffen durch Gebietsfremde,

3. den entgeltlichen Erwerb von Unternehmen mit Sitz im Wirtschaftsgebiet und Beteiligungen an solchen Unternehmen durch Gebietsfremde,
4. den entgeltlichen Erwerb inländischer Wertpapiere durch Gebietsfremde,
5. den entgeltlichen Erwerb von Wechseln, die ein Gebietsansässiger ausgestellt oder angenommen hat, durch Gebietsfremde,
6. die unmittelbare oder mittelbare Aufnahme von Darlehen und sonstigen Krediten durch Gebietsansässige sowie den entgeltlichen Erwerb von Forderungen gegenüber Gebietsansässigen durch Gebietsfremde oder
7. die Führung und Verzinsung von Konten Gebietsfremder bei Geldinstituten im Wirtschaftsgebiet

zum Gegenstand haben. Als Kredite im Sinne des Satzes 1 Nr. 6 gelten alle Rechtsgeschäfte und Handlungen, die wirtschaftlich eine Kreditaufnahme darstellen.

(2) Ferner können beschränkt werden

1. die Gründung von Unternehmen mit Sitz im Wirtschaftsgebiet durch Gebietsfremde oder unter Beteiligung von Gebietsfremden an der Gründung oder
2. die Ausstattung von Unternehmen, Zweigniederlassungen und Betriebsstätten im Wirtschaftsgebiet mit Vermögenswerten (Betriebsmittel und Anlagewerte) durch Gebietsfremde.

(3) Beschränkungen nach Absatz 1 und 2 sind zulässig, um einer Beeinträchtigung der Kaufkraft der Deutschen Mark entgegenzuwirken oder das Gleichgewicht der Zahlungsbilanz sicherzustellen.

Sechster Abschnitt
Gold

§ 24
Verkehr mit Gold

(1) Rechtsgeschäfte zwischen Gebietsansässigen und Gebietsfremden über Gold sowie die Ausfuhr und Einfuhr von Gold können beschränkt werden, um einer Beeinträchtigung der Kaufkraft der Deutschen Mark entgegenzuwirken oder das Gleichgewicht der Zahlungsbilanz sicherzustellen.

(2) Beschränkungen des Verkehrs mit Gold nach den §§ 8 bis 13 bleiben unberührt.

ZWEITER TEIL
Ergänzende Vorschriften

§ 25
Deutsche Bundesbank

Die Beschränkungen, die dieses Gesetz enthält oder die durch Rechtsverordnung auf Grund dieses Gesetzes vorgeschrieben werden, gelten nicht für Rechtsgeschäfte und Handlungen, welche die Deutsche Bundesbank im Rahmen ihres Geschäftskreises vornimmt oder welche ihr gegenüber vorgenommen werden.

§ 26
Verfahrens- und Meldevorschriften

(1) Durch Rechtsverordnung können Vorschriften über das Verfahren bei der Vornahme von Rechtsgeschäften oder Handlungen im Außenwirtschaftsverkehr erlassen werden, soweit solche Vorschriften zur Durchführung dieses Gesetzes oder von Regelungen der in Satz 2 genannten Art oder zur Überprüfung der Rechtsgeschäfte oder Handlungen auf ihre Rechtmäßigkeit im Sinne dieses Gesetzes oder solcher Regelungen erforderlich sind. Regelungen im Sinne des Satzes 1 sind

1. die Bestimmungen der Verträge zur Gründung der Europäischen Gemeinschaften,

2. die Bestimmungen in Verträgen, einschließlich der zu ihnen gehörigen Akte mit Protokollen, die auf Grund der in Nummer 1 genannten Verträge zustande gekommen sind oder zu deren Erweiterung, Ergänzung oder Durchführung oder zur Begründung einer Assoziation, Präferenz oder Freihandelszone abgeschlossen und im Bundesgesetzblatt, im Bundesanzeiger oder im Amtsblatt der Europäischen Gemeinschaften veröffentlicht und als in Kraft getreten bekanntgegeben sind,

3. Rechtsakte des Rates oder der Kommission der Europäischen Gemeinschaften auf Grund oder im Rahmen der in den Nummern 1 und 2 genannten Verträge.

Durch Rechtsverordnung können ferner Aufzeichnungs- und Aufbewahrungspflichten vorgeschrieben werden, soweit sie zur Überwachung der Rechtsgeschäfte oder Handlungen auf ihre Rechtmäßigkeit im Sinne dieses Gesetzes oder von Regelungen der in Satz 2 genannten Art oder der Erfüllung von Meldepflichten nach den Absätzen 2 und 3 erforderlich sind und soweit sie nicht bereits nach handels- oder steuerrechtlichen Vorschriften bestehen.

(2) Durch Rechtsverordnung kann angeordnet werden, daß Rechtsgeschäfte und Handlungen im Außenwirtschaftsverkehr, insbesondere aus ihnen erwachsende Forderungen und Verbindlichkeiten sowie Vermögensanlagen und die Leistung oder Entgegennahme von Zahlungen, unter Angabe des Rechtsgrundes zu melden sind, wenn dies erforderlich ist, um

1. festzustellen, ob die Voraussetzungen für die Aufhebung, Erleichterung oder Anordnung von Beschränkungen vorliegen,

2. laufend die Zahlungsbilanz der Bundesrepublik Deutschland erstellen zu können,

3. die Wahrnehmung der außenwirtschaftspolitischen Interessen zu gewährleisten,

4. Verpflichtungen aus zwischenstaatlichen Vereinbarungen erfüllen zu können oder

5. die Durchführung und Einhaltung einer auf Grund des § 6a Abs. 1 Satz 1 vorgeschriebenen Depotpflicht zu gewährleisten.

(3) Durch Rechtsverordnung kann ferner angeordnet werden, daß der Stand und ausgewählte Positionen der Zusammensetzung des Vermögens Gebietsansässiger in fremden Wirtschaftsgebieten und Gebietsfremder im Wirtschaftsgebiet zu melden sind, soweit dies zur Verfolgung der in Absatz 2 Nr. 1 bis 4 angegebenen Zwecke erforderlich ist. Vermögen im Sinne des Satzes 1 ist auch die mittelbare Beteiligung an einem Unternehmen. Gehört zu dem meldepflichtigen Vermögen eine unmittelbare oder mittelbare Beteiligung an einem Unternehmen, so kann angeordnet werden, daß auch der Stand und ausgewählte Positionen der Zusammensetzung des Vermögens des Unternehmens zu melden sind, an dem die Beteiligung besteht.

(4) Art und Umfang der Meldepflichten sind auf das Maß zu begrenzen, das notwendig ist, um den in den Absätzen 2 und 3 angegebenen, jeweils verfolgten Zweck zu erreichen. Die §§ 7, 10 und 11 des Bundesstatistikgesetzes sind in den Fällen des Absatzes 2 Nr. 1 bis 4 und des Absatzes 3 entsprechend anzuwenden.

§ 26 a
Besondere Meldepflichten

(1) Durch Rechtsverordnung kann angeordnet werden, daß dem Bundesausfuhramt die Vornahme von Rechtsgeschäften oder Handlungen zu melden ist, die sich auf Waren und Technologien im kerntechnischen, biologischen oder chemischen Bereich des Teils I der Ausfuhrliste (Anlage AL zur Außenwirtschaftsverordnung) beziehen, soweit dies zur Verfolgung der in den §§ 5 und 7 Abs. 1 angegebenen Zwecke, insbesondere zur Überwachung des Außenwirtschaftsverkehrs, erforderlich ist. Das Bundesausfuhramt darf die auf Grund einer Rechtsverordnung nach Satz 1 erhobenen Informationen zu den in Satz 1 genannten Zwecken mit anderen bei ihm gespeicherten Daten abgleichen.

(2) Die auf Grund einer Rechtsverordnung nach Absatz 1 erhobenen Informationen sind geheimzuhalten. Sie können an den Bundesminister für Wirtschaft und die für die Überwachung des Außenwirtschaftsverkehrs zuständigen Behörden übermittelt werden, soweit es die in Absatz 1 genannten Zwecke erfordern. Für andere als die in Absatz 1 genannten Zwecke dürfen sie nicht verwendet werden. § 45 bleibt unberührt.

(3) Art und Umfang der Meldepflicht sind auf das Maß zu begrenzen, das notwendig ist, um den in Absatz 1 angegebenen Zweck zu erreichen.

§ 27
Erlaß von Rechtsverordnungen

(1) Die in diesem Gesetz vorgesehenen Rechtsverordnungen erläßt die Bundesregierung; Rechtsverordnungen, die der Erfüllung von Verpflichtungen aus zwischenstaatlichen Vereinbarungen dienen (§ 5), erläßt jedoch der Bundesminister für Wirtschaft im Einvernehmen mit den Bundesministern des Auswärtigen und der Finanzen. Die Rechtsverordnungen bedürfen nicht der Zustimmung des Bundesrates. Der Zustimmung des Bundesrates bedürfen jedoch Rechtsverordnungen nach § 28 Abs. 3 Satz 1. Bei Vorschriften, welche die Bereiche des Kapital- und Zahlungsverkehrs oder den Verkehr mit Auslandswerten und Gold betreffen, ist das Benehmen mit der Deutschen Bundesbank herzustellen. Die Bundesregierung kann die Ermächtigung zum Erlaß von Rechtsverordnungen nach § 6a Abs. 4 Satz 1 auf die Deutsche Bundesbank mit der Maßgabe übertragen, daß Rechtsverordnungen der Deutschen Bundesbank nur im Einvernehmen mit dem zuständigen Bundesminister ergehen.

(2) Die Rechtsverordnungen sind unverzüglich nach ihrer Verkündung dem Bundestag und, soweit die Zustimmung des Bundesrates nicht erforderlich ist, auch dem Bundesrat mitzuteilen. Der Bundesrat kann binnen vier Wochen gegenüber dem Bundestag Stellung nehmen. Die Rechtsverordnungen sind unverzüglich aufzuheben, soweit es der Bundestag binnen vier Monaten nach ihrer Verkündung verlangt. Sätze 1 bis 3 finden keine Anwendung auf Rechtsverordnungen nach § 6a Abs. 4 Satz 1 und auf Rechtsverordnungen, durch welche die Bundesregierung oder der Bundesminister für Wirtschaft in Wahrnehmung von Rechten oder in Erfüllung von Verpflichtungen aus zwischenstaatlichen Vereinbarungen, denen die gesetzgebenden Körperschaften in der Form eines Bundesgesetzes zugestimmt haben, Beschränkungen des Warenverkehrs mit fremden Wirtschaftsgebieten aufgehoben oder angeordnet hat.

§ 28
Genehmigungsstellen

(1) Für die Erteilung von Genehmigungen auf Grund dieses Gesetzes und der zu diesem Gesetz erlassenen Rechtsverordnungen sind, soweit in den folgenden Absätzen nicht anders bestimmt ist, die von den Landesregierungen bestimmten Behörden zuständig.

(2) Ausschließlich zuständig sind

1. die Deutsche Bundesbank im Bereich des Kapital- und Zahlungsverkehrs sowie des Verkehrs mit Auslandswerten und Gold nach den §§ 5 bis 7, 22 Abs. 1, §§ 23 und 24,

2. der Bundesminister der Finanzen im Bereich des Kapitalverkehrs nach § 22 Abs. 2.

(2 a) Für den Waren- und Dienstleistungsverkehr nach den §§ 5, 6, 7 bis 16 im Rahmen der gemeinsamen Marktorganisationen der Europäischen Wirtschaftsgemeinschaft für Rohtabak und für Flachs und Hanf ist das Bundesamt für Wirtschaft ausschließlich zuständig.

(2 b) Der Bundesminister für Ernährung, Landwirtschaft und Forsten wird ermächtigt, im Einvernehmen mit dem Bundesminister für Wirtschaft durch Rechtsverordnung, die nicht der Zustimmung des Bundesrates bedarf, für den Waren- und Dienstleistungsverkehr nach den §§ 5, 6, 7 bis 16 mit anderen als den in Absatz 2a genannten Erzeugnissen der Ernährungs- und Landwirtschaft und mit Erzeugnissen, für die in Ergänzung oder Sicherung einer gemeinsamen Marktorganisation Regelungen der in § 26 Abs. 1 Satz 2 bezeichneten Art getroffen worden sind, das Bundesamt für Ernährung und Forstwirtschaft oder die Bundesanstalt für landwirtschaftliche Marktordnung als ausschließlich zuständig zu bestimmen. § 27 ist nicht anzuwenden.

(3) Soweit für die Erteilung von Genehmigungen in bestimmten Bereichen des Außenwirtschaftsverkehrs eine zentrale Bearbeitung erforderlich ist, kann durch Rechtsverordnung abweichend von Absatz 1 bestimmt werden, daß

1. das Bundesausfuhramt im Bereich des Waren- und Dienstleistungsverkehrs nach § 5 in Fällen von außen- oder sicherheitspolitischer Bedeutung sowie nach § 7,

2. das Bundesamt für Wirtschaft im Bereich des Waren- und Dienstleistungsverkehrs nach den §§ 6, 6a, 8 bis 17 und 21 sowie in Fällen des § 5 ohne außen- oder sicherheitspolitische Bedeutung,

3. der Bundesminister für Verkehr im Bereich des Dienstleistungsverkehrs auf dem Gebiet des Verkehrswesens nach den §§ 5 bis 7 und 18 bis 20

zuständig sind. Durch Rechtsverordnung können die Zuständigkeiten des Bundesministers für Verkehr gemäß Nummer 2* auf nachgeordnete Behörden übertragen werden.

§ 28 a
Heranziehung zur Depotpflicht

(1) Kommt ein nach § 6a der Depotpflicht Unterliegender seiner Verpflichtung aus einer auf Grund des § 6a erlassenen Rechtsverordnung nicht nach, so wird er von der Deutschen Bundesbank durch Bescheid zur Erfüllung seiner Verpflichtung herangezogen. Für die Vollstreckung des Bescheides finden die §§ 1 bis 5 des Verwaltungs-Vollstreckungsgesetzes vom 27. April 1953 (Bundesgesetzbl. I S. 157) entsprechende Anwendung.

(2) Widerspruch und Anfechtungsklage gegen den in Absatz 1 Satz 1 genannten Bescheid haben keine aufschiebende Wirkung.

§ 29
Weisungsbefugnis

Die Bundesregierung wird ermächtigt, den obersten Landesbehörden Einzelanweisungen über die Ausführung dieses Gesetzes und der zu diesem Gesetz erlassenen Rechtsverordnungen in den Fällen zu erteilen, die dem Umfang nach von erheblicher Bedeutung sind oder in denen die Entscheidung von grundsätzlicher Natur ist. Die Weisungen dürfen nur

---

*) Offenbare Unrichtigkeit; gemeint ist Nummer 3.

erteilt werden, um die gleichmäßige Behandlung der Rechtsgeschäfte und Handlungen sicherzustellen oder um die gleichmäßige Beurteilung von Zuwiderhandlungen herbeizuführen.

§ 30
Genehmigungen

(1) Genehmigungen können mit Nebenbestimmungen versehen werden. Die Genehmigungen sind nicht übertragbar, wenn in ihnen nicht etwas anderes bestimmt wird.

(2) Die Genehmigung, die Ablehnung eines Antrags auf Erteilung einer Genehmigung, die Rücknahme und der Widerruf einer Genehmigung bedürfen der Schriftform.

(3) Widerspruch und Anfechtungsklage haben keine aufschiebende Wirkung.

§ 31
Rechtsunwirksamkeit

Ein Rechtsgeschäft, das ohne die erforderliche Genehmigung vorgenommen wird, ist unwirksam. Es wird durch nachträgliche Genehmigung vom Zeitpunkt seiner Vornahme an wirksam. Durch die Rückwirkung werden Rechte Dritter, die vor der Genehmigung an dem Gegenstand des Rechtsgeschäfts begründet worden sind, nicht berührt.

§ 32
Urteil und Zwangsvollstreckung

(1) Ist zur Leistung des Schuldners eine Genehmigung erforderlich, so kann das Urteil vor Erteilung der Genehmigung ergehen, wenn in die Urteilsformel ein Vorbehalt aufgenommen wird, daß die Leistung oder Zwangsvollstreckung erst erfolgen darf, wenn die Genehmigung erteilt ist. Entsprechendes gilt für andere Vollstreckungstitel, wenn die Vollstreckung nur auf Grund einer vollstreckbaren Ausfertigung des Titels durchgeführt werden kann. Arreste und einstweilige Verfügungen, die lediglich der Sicherung des zugrunde liegenden Anspruchs dienen, können ohne Vorbehalte ergehen.

(2) Ist zur Leistung des Schuldners eine Genehmigung erforderlich, so ist die Zwangsvollstreckung nur zulässig, wenn und soweit die Genehmigung erteilt ist. Soweit Vermögenswerte nur mit Genehmigung erworben oder veräußert werden dürfen, gilt dies auch für den Erwerb und die Veräußerung im Wege der Zwangsvollstreckung.

DRITTER TEIL
Straf-, Bußgeld- und Überwachungsvorschriften

§ 33
Ordnungswidrigkeiten

(1) Ordnungswidrig handelt, wer vorsätzlich oder fahrlässig einer nach § 7 in Verbindung mit § 2 erlassenen Rechtsverordnung zuwiderhandelt, soweit sie für einen bestimmten Tatbestand auf diese Bußgeldvorschrift verweist.

(2) Ordnungswidrig handelt auch, wer vorsätzlich oder fahrlässig

1. ohne die nach § 10 Abs. 1 Satz 2 erforderliche Genehmigung Waren einführt,
2. entgegen § 13 Satz 1 dem Erwerber eine Verwendungsbeschränkung nicht mitteilt und dadurch bewirkt, daß die Ware entgegen der Beschränkung verwendet wird,
3. als Einführer oder Erwerber die Ware entgegen einer Verwendungsbeschränkung verwendet (§ 13 Satz 2) oder

4. einer vollziehbaren Auflage nach § 30 Abs. 1 Satz 1 zuwiderhandelt.

(3) Ordnungswidrig handelt auch, wer vorsätzlich oder fahrlässig einer

1. nach den §§ 4b, 4c, 6, 6a, 8 Abs. 3, § 9 Abs. 1, §§ 11, 14 bis 24 oder

2. nach den §§ 5, 8 Abs. 1 oder 2

in Verbindung mit § 2 erlassenen Rechtsverordnung zuwiderhandelt, soweit sie für einen bestimmten Tatbestand auf diese Bußgeldvorschrift verweist.

(4) Ordnungswidrig handelt auch, wer vorsätzlich oder fahrlässig einen in Rechtsakten der Europäischen Gemeinschaften geregelten Beschränkung des Außenwirtschaftsverkehrs zuwiderhandelt, soweit eine Rechtsverordnung nach Satz 2 für einen bestimmten Tatbestand auf diese Bußgeldvorschrift verweist. Durch Rechtsverordnung können die Tatbestände bezeichnet werden, die als Ordnungswidrigkeiten nach Satz 1 mit Geldbuße geahndet werden können, soweit dies zur Durchführung der Rechtsakte der Europäischen Gemeinschaften erforderlich ist.

(5) Ordnungswidrig handelt ferner, wer

1. unrichtige oder unvollständige Angaben tatsächlicher Art macht oder benutzt, um für sich oder einen anderen eine Genehmigung oder eine Bescheinigung zu erschleichen, die nach diesem Gesetz oder einer zu seiner Durchführung erlassenen Rechtsverordnung erforderlich ist,

2. einer nach den §§ 26 oder 26a erlassenen Rechtsverordnung zuwiderhandelt, soweit sie für einen bestimmten Tatbestand auf diese Bußgeldvorschrift verweist,

3. entgegen § 44 eine Auskunft nicht, nicht richtig oder nicht vollständig erteilt, geschäftliche Unterlagen nicht vorlegt oder eine Prüfung nicht duldet oder entgegen § 46 Abs. 1 die dort bezeichneten Sachen nicht darlegt, eine Untersuchung oder Prüfung nicht duldet, entgegen § 46 Abs. 2 eine Erklärung nicht abgibt oder entgegen § 46 Abs. 3 eine Sendung nicht gestellt oder

4. die Nachprüfung (§ 44) von Umständen, die nach diesem Gesetz oder einer zu seiner Durchführung erlassenen Rechtsverordnung erheblich sind, dadurch verhindert oder erschwert, daß er Bücher und Aufzeichnungen, deren Führung oder Aufbewahrung ihm nach handels- oder steuerrechtlichen Vorschriften obliegt, nicht oder nicht ordentlich führt, nicht aufbewahrt oder verheimlicht.

(6) Die Ordnungswidrigkeit kann in den Fällen der Absätze 1, 2, 3 und 4 Nr. 1 mit einer Geldbuße bis zu einer Million Deutsche Mark, in den Fällen des Absatzes 4 Nr. 2 bis 4 mit einer Geldbuße bis zu fünfzigtausend Deutsche Mark geahndet werden.

(7) Der Versuch einer Ordnungswidrigkeit kann in den Fällen der Absätze 1, 2 Nr. 1 und des Absatzes 3 Nr. 2 geahndet werden.

§ 34
Straftaten

(1) Mit Freiheitsstrafe bis zu fünf Jahren oder mit Geldstrafe wird bestraft, wer ohne Genehmigung in Teil I Abschnitt A, B, C Nr. 1 C 991, D oder E der Ausfuhrliste (Anlage AL zur Außenwirtschaftsverordnung) genannte Waren, Unterlagen zur Fertigung dieser Waren oder Unterlagen über die in Teil I Abschnitt A und B der Ausfuhrliste in einzelnen Nummern benannten Technologien, technischen Daten und technischen Verfahren ausführt. Ebenso wird bestraft, wer Waren, deren Ausfuhr verboten ist, oder Unterlagen zur Fertigung solcher Waren, ausführt.

(2) Mit Freiheitsstrafe bis zu fünf Jahren oder mit Geldstrafe wird bestraft, wer eine in § 33 Abs. 1 oder 4 bezeichnete Handlung begeht, die geeignet ist,

1. die äußere Sicherheit der Bundesrepublik Deutschland,
2. das friedliche Zusammenleben der Völker oder
3. die auswärtigen Beziehungen der Bundesrepublik Deutschland erheblich

zu gefährden, wenn die Tat nicht in Absatz 1 oder 4 mit Strafe bedroht ist.

(3) Ebenso wird bestraft, wer in den Fällen des Absatzes 1 oder 2 die Ausfuhr dadurch fördert, daß er die auszuführende Ware oder Unterlagen zu ihrer Fertigung oder wesentliche Bestandteile davon zur Verfügung stellt.

(4) Mit Freiheitsstrafe nicht unter zwei Jahren wird bestraft, wer einer Vorschrift dieses Gesetzes oder einer auf Grund dieses Gesetzes erlassenen Rechtsverordnung oder einem im Bundesgesetzblatt oder im Bundesanzeiger veröffentlichten Rechtsakt der Europäischen Gemeinschaften zur Beschränkung des Außenwirtschaftsverkehrs, die der Durchführung einer vom Sicherheitsrat der Vereinten Nationen nach Kapitel VII der Charta der Vereinten Nationen beschlossenen wirtschaftlichen Sanktionsmaßnahme dienen, zuwiderhandelt. In minder schweren Fällen ist die Strafe Freiheitsstrafe von drei Monaten bis zu fünf Jahren.

(5) In den Fällen der Absätze 1 und 2 ist der Versuch strafbar.

(6) In besonders schweren Fällen der Absätze 1 und 2 ist die Strafe Freiheitsstrafe nicht unter zwei Jahren. Ein besonders schwerer Fall liegt in der Regel vor, wenn der Täter

1. die Gefahr eines schweren Nachteils für die äußere Sicherheit der Bundesrepublik Deutschland herbeiführt oder
2. gewerbsmäßig oder als Mitglied einer Bande, die sich zur fortgesetzten Begehung solcher Straftaten verbunden hat, unter Mitwirkung eines anderen Bandenmitglieds handelt.

(7) Handelt der Täter in den Fällen der Absätze 1, 2 oder 4 fahrlässig, so ist die Strafe Freiheitsstrafe bis zu drei Jahren oder Geldstrafe.

(8) Ohne Genehmigung im Sinne des Absatzes 1 handelt auch, wer auf Grund einer durch unrichtige oder unvollständige Angaben erschlichenen Genehmigung handelt. Satz 1 gilt in den Fällen der Absätze 2 und 4 entsprechend.

§ 35
Auslandstaten Deutscher

§ 34 gilt, unabhängig vom Recht des Tatorts, auch im Ausland, wenn der Täter Deutscher ist.

§ 36
Einziehung

(1) Ist eine Ordnungswidrigkeit nach § 33 oder eine Straftat nach § 34 begangen worden, so können

1. Gegenstände, auf die sich die Ordnungswidrigkeit oder die Straftat bezieht, und
2. Gegenstände, die zu ihrer Begehung oder Vorbereitung gebraucht worden oder bestimmt gewesen sind,

eingezogen werden.

(2) § 74a des Strafgesetzbuches und § 23 des Gesetzes über Ordnungswidrigkeiten sind anzuwenden.

§ 37
Befugnisse der Zollbehörden

(1) Die Staatsanwaltschaft und die Verwaltungsbehörde können bei Straftaten und Ordnungswidrigkeiten nach den §§ 33 und 34 dieses Gesetzes oder nach § 19 Abs. 1 bis 3, § 20 Abs. 1 und 2, jeweils auch in Verbindung mit § 21 oder 22 a Abs. 1 Nr. 4, 5 und 7 des Gesetzes über die Kontrolle von Kriegswaffen Ermittlungen (§ 161 Satz 1 der Strafprozeßordnung) auch durch die Hauptzollämter oder die Zollfahndungsstellen vornehmen lassen.

(2) Die Hauptzollämter und die Zollfahndungsstellen sowie deren Beamte haben auch ohne Ersuchen der Staatsanwaltschaft oder der Verwaltungsbehörde Straftaten und Ordnungswidrigkeiten der in Absatz 1 bezeichneten Art zu erforschen und zu verfolgen, wenn diese das Verbringen von Sachen betreffen. Dasselbe gilt, soweit Gefahr im Verzug ist. § 163 der Strafprozeßordnung und § 53 des Gesetzes über Ordnungswidrigkeiten bleiben unberührt.

(3) In den Fällen der Absätze 1 und 2 haben die Beamten der Hauptzollämter und der Zollfahndungsstellen die Rechte und Pflichten der Polizeibeamten nach den Bestimmungen der Strafprozeßordnung und des Gesetzes über Ordnungswidrigkeiten. Sie sind insoweit Hilfsbeamte der Staatsanwaltschaft.

(4) In diesen Fällen können die Hauptzollämter und Zollfahndungsstellen sowie deren Beamte im Bußgeldverfahren Beschlagnahmen, Durchsuchungen, Untersuchungen und sonstige Maßnahmen nach den für Hilfsbeamte der Staatsanwaltschaft geltenden Vorschriften der Strafprozeßordnung vornehmen; unter den Voraussetzungen des § 111 l Abs. 2 Satz 2 der Strafprozeßordnung können auch die Hauptzollämter die Notveräußerung anordnen.

§ 38
Straf- und Bußgeldverfahren

(1) Soweit für Straftaten nach § 34 das Amtsgericht sachlich zuständig ist, ist örtlich zuständig das Amtsgericht, in dessen Bezirk das Landgericht seinen Sitz hat. Die Landesregierung kann durch Rechtsverordnung die örtliche Zuständigkeit des Amtsgerichts abweichend regeln, soweit dies mit Rücksicht auf die Wirtschafts- oder Verkehrsverhältnisse, den Aufbau der Verwaltung oder andere örtliche Bedürfnisse zweckmäßig erscheint. Die Landesregierung kann diese Ermächtigung auf die Landesjustizverwaltung übertragen.

(2) Im Strafverfahren gelten die §§ 49, 63 Abs. 2, 3 Satz 1 und § 76 Abs. 1, 4 des Gesetzes über Ordnungswidrigkeiten über die Beteiligung der Verwaltungsbehörde im Verfahren der Staatsanwaltschaft und im gerichtlichen Verfahren entsprechend.

(3) Verwaltungsbehörde im Sinne dieses Gesetzes und des § 36 Abs. 1 Nr. 1 des Gesetzes über Ordnungswidrigkeiten ist die Oberfinanzdirektion als Bundesbehörde. Der Bundesminister der Finanzen kann durch Rechtsverordnung, die nicht der Zustimmung des Bundesrates bedarf, die örtliche Zuständigkeit der Oberfinanzdirektion als Verwaltungsbehörde gemäß Satz 1 abweichend regeln, soweit dies mit Rücksicht auf die Wirtschafts- oder Verkehrsverhältnisse, den Aufbau der Verwaltung oder andere örtliche Bedürfnisse zweckmäßig erscheint.

(4) An Stelle der Verwaltungsbehörde kann das Hauptzollamt einen Bußgeldbescheid erlassen, wenn das Verbringen einer Sache eine Ordnungswidrigkeit nach § 33 Abs. 1, Abs. 2 Nr. 1 oder Abs. 3 in Verbindung mit einer auf Grund der §§ 5, 6, 7 oder 8 ergangenen Rechtsverordnung darstellt; die in diesem Bußgeldbescheid festgesetzte Geldbuße darf den Betrag von zweitausend Deutsche Mark nicht übersteigen. Das Hauptzollamt kann bei den in Satz 1 Halbsatz 1 bezeichneten Ordnungswidrigkeiten auch die Verwarnung nach § 56 des Gesetzes über Ordnungswidrigkeiten erteilen; § 57 Abs. 1 des Gesetzes über Ordnungswidrigkeiten gilt entsprechend.

(5) Die Verwaltungsbehörde gibt vor Abschluß eines auf diesem Gesetz beruhenden Verfahrens der zuständigen Landesbehörde für Wirtschaft Gelegenheit zur Stellungnahme.

§ 39
Beschränkungen des Brief-, Post- und Fernmeldegeheimnisses

(1) Zur Verhütung von Straftaten nach dem Außenwirtschaftsgesetz oder dem Kriegswaffenkontrollgesetz ist das Zollkriminalamt berechtigt, dem Brief-, Post- oder Fernmeldegeheimnis unterliegende Sendungen zu öffnen und einzusehen sowie den Fernmeldeverkehr zu überwachen und aufzuzeichnen. Das Grundrecht des Brief-, Post- und Fernmeldegeheimnisses (Artikel 10 des Grundgesetzes) wird insoweit eingeschränkt.

(2) Beschränkungen nach Absatz 1 dürfen nur angeordnet werden gegenüber

1. Personen, bei denen Tatsachen die Annahme rechtfertigen, daß sie Straftaten von erheblicher Bedeutung nach § 34 Abs. 1 bis 6, auch in Verbindung mit § 35, dieses Gesetzes oder § 19 Abs. 1 bis 3, § 20 Abs. 1 und 2, jeweils auch in Verbindung mit § 21, oder § 22a Abs. 1 Nr. 4, 5 und 7 des Gesetzes über die Kontrolle von Kriegswaffen planen,

2. einer natürlichen oder juristischen Person oder einer Personenvereinigung, wenn eine der in Nummer 1 bezeichneten Personen für sie tätig ist und eine Maßnahme nach Nummer 1 nicht ausreicht, oder

3. anderen Personen, von denen auf Grund bestimmter Tatsachen anzunehmen ist, daß sie für eine in Nummer 1 bezeichnete Person bestimmte oder von ihr herrührende Mitteilungen entgegennehmen oder weitergeben oder daß eine solche Person ihren Anschluß benutzt.

Die Maßnahme nach Nummer 2 darf nur angeordnet werden, soweit tatsächliche Anhaltspunkte die Annahme rechtfertigen, daß die Person an dem Postverkehr der natürlichen oder juristischen Person oder Personenvereinigung teilnimmt oder deren Fernmeldeanschluß benutzt.

(3) Die Anordnung ist nur zulässig, wenn die Erforschung des Sachverhalts auf andere Weise aussichtslos oder wesentlich erschwert wäre und die Maßnahme nicht außer Verhältnis zur Bedeutung des aufzuklärenden Sachverhalts steht. Die Maßnahmen dürfen auch durchgeführt werden, wenn Dritte unvermeidbar betroffen werden.

(4) Vor dem Antrag auf Anordnung ist die Staatsanwaltschaft zu unterrichten. Ebenso ist die Staatsanwaltschaft von der richterlichen Entscheidung, von einer Entscheidung des Bundesministers der Finanzen bei Gefahr im Verzug und von dem Ergebnis der beantragten Maßnahme zu unterrichten.

(5) Bei der Durchführung der Maßnahmen ist Artikel 1 § 1 Abs. 2 des Gesetzes zu Artikel 10 Grundgesetz hinsichtlich der Pflichten der Deutschen Bundespost und anderer Betreiber von Fernmeldeanlagen, die für den öffentlichen Verkehr bestimmt sind, entsprechend anzuwenden.

§ 40
Richterliche Anordnung

(1) Beschränkungen nach § 39 Abs. 1 sind vom Behördenleiter oder dessen Stellvertreter unter Angabe von Art, Umfang und Dauer der beantragten Maßnahme nach Zustimmung des Bundesministers der Finanzen schriftlich zu beantragen und zu begründen. In dem Antrag ist darzulegen, daß die in § 39 Abs. 3 Satz 1 bezeichneten Voraussetzungen vorliegen.

(2) Die Anordnung ergeht durch das Landgericht, bei Gefahr im Verzug durch den Bundesminister der Finanzen. Die Anordnung des Bundesministers der Finanzen tritt außer Kraft, wenn sie nicht binnen drei Tagen von dem Landgericht bestätigt wird.

(3) Zuständig ist das Landgericht, in dessen Bezirk das Zollkriminalamt seinen Sitz hat. Für das Verfahren gelten die Vorschriften des Gesetzes über die Angelegenheiten der freiwilligen Gerichtsbarkeit entsprechend.

(4) Die Anordnung ergeht schriftlich. Sie muß Namen und Anschrift des Betroffenen enthalten, gegen den sie sich richtet. In ihr sind Art, Umfang und Dauer der Maßnahme zu bestimmen. Die Anordnung ist auf höchstens drei Monate zu befristen. Eine Verlängerung um jeweils nicht mehr als drei weitere Monate ist zulässig, soweit die in § 39 bezeichneten Voraussetzungen fortbestehen.

§ 41
Durchführungsvorschriften

(1) Die aus der Anordnung sich ergebenden Maßnahmen nach § 39 Abs. 1 sind unter Verantwortung des Zollkriminalamtes und unter Aufsicht eines Bediensteten vorzunehmen, der die Befähigung zum Richteramt hat. Artikel 1 § 7 Abs. 2 und § 8 des Gesetzes zu Artikel 10 Grundgesetz ist entsprechend anzuwenden.

(2) Die durch die Maßnahmen erlangten personenbezogenen Daten dürfen von öffentlichen Stellen des Bundes außer zur Verhütung oder Aufklärung der in § 39 Abs. 1 genannten Straftaten nur zur Verhütung oder Aufklärung einer in § 138 des Strafgesetzbuches bezeichneten Straftat verarbeitet und genutzt werden, soweit sich bei Gelegenheit der Auswertung Tatsachen ergeben, die die Annahme rechtfertigen, daß eine solche Straftat begangen werden soll, begangen wird oder begangen worden ist.

(3) Sind die durch die Maßnahmen erlangten Unterlagen über einen am Post- und Fernmeldeverkehr Beteiligten zu den in Absatz 2 genannten Zwecken nicht mehr erforderlich, sind sie unter Aufsicht eines der in Absatz 1 genannten Bediensteten unverzüglich zu vernichten. Über die Vernichtung ist eine Niederschrift anzufertigen. Zur Sicherung der ordnungsgemäßen Vernichtung sind in regelmäßigen Abständen Prüfungen durchzuführen.

(4) Von den getroffenen Maßnahmen ist der Betroffene durch das Zollkriminalamt zu benachrichtigen, sobald dies ohne Gefährdung des Zwecks der Maßnahme geschehen kann. Ist wegen desselben Sachverhalts ein strafrechtliches Ermittlungsverfahren gegen den Betroffenen eingeleitet worden, entscheidet die Staatsanwaltschaft über den Zeitpunkt der Unterrichtung.

(5) Der Bundesminister der Finanzen unterrichtet in Abständen von höchstens sechs Monaten ein Gremium, das aus fünf vom Bundestag bestimmten Abgeordneten besteht, über die Durchführung der §§ 39 bis 43 dieses Gesetzes.

§ 42
Verschwiegenheitspflichten

(1) Wird der Fernmeldeverkehr nach den §§ 39 bis 41 überwacht, so darf diese Tatsache von Personen, die eine für den öffentlichen Verkehr bestimmte, nicht von der Deutschen Bundespost betriebene Fernmeldeanlage betreiben, beaufsichtigen, bedienen oder bei ihrem Betrieb tätig sind, anderen nicht mitgeteilt werden.

(2) Mit Freiheitsstrafe bis zu zwei Jahren oder mit Geldstrafe wird bestraft, wer entgegen Absatz 1 die Tatsache der Überwachung des Fernmeldeverkehrs einem anderen mitteilt.

§ 43
Abgeltung von Leistungen

Das Zollkriminalamt hat die Leistungen der Deutschen Bundespost oder anderer Betreiber von Fernmeldeanlagen, die für den öffentlichen Verkehr bestimmt sind, abzugelten.

§ 44
Allgemeine Auskunftspflicht

(1) Die Verwaltungsbehörde, die Deutsche Bundesbank, das Bundesamt für Wirtschaft, das Bundesausfuhramt, das Bundesamt für Ernährung und Forstwirtschaft und die Bundesanstalt für landwirtschaftliche Marktordnung können Auskünfte verlangen, soweit dies erforderlich ist, um die Einhaltung dieses Gesetzes und der zu diesem Gesetz erlassenen Rechtsverordnungen zu überwachen. Zu diesem Zweck können sie verlangen, daß ihnen die geschäftlichen Unterlagen vorgelegt werden. Die Verwaltungsbehörde und die Deutsche Bundesbank können zu dem genannten Zweck auch Prüfungen bei den Auskunftspflichtigen vornehmen; das Bundesamt für Wirtschaft, das Bundesausfuhramt, das Bundesamt für Ernährung und Forstwirtschaft und die Bundesanstalt für landwirtschaftliche Marktordnung können zu den Prüfungen Beauftragte entsenden. Zur Vornahme der Prüfungen können die Bediensteten der in Satz 3 genannten Stellen und deren Beauftragte die Geschäftsräume der Auskunftspflichtigen betreten; das Grundrecht des Artikels 13 des Grundgesetzes wird insoweit eingeschränkt.

(2) Auskunftspflichtig ist, wer unmittelbar oder mittelbar am Außenwirtschaftsverkehr teilnimmt.

(3) Der zur Erteilung einer Auskunft Verpflichtete kann die Auskunft auf solche Fragen verweigern, deren Beantwortung ihn selbst oder einen der in § 383 Abs. 1 Nr. 1 bis 3 der Zivilprozeßordnung bezeichneten Angehörigen der Gefahr strafgerichtlicher Verfolgung oder eines Verfahrens nach dem Gesetz über Ordnungswidrigkeiten aussetzen würde.

§ 45
Übermittlung von Informationen durch das Bundesausfuhramt

(1) Das Bundesausfuhramt kann die ihm bei der Erfüllung seiner Aufgaben nach diesem Gesetz oder nach dem Gesetz über die Kontrolle von Kriegswaffen bekanntgewordenen Informationen und die Meldungen aufgrund einer Rechtsverordnung nach § 26 a an die anderen zur Überwachung des Außenwirtschaftsverkehrs zuständigen Behörden übermitteln, soweit dies zur Verfolgung der in den §§ 5 und 7 Abs. 1 angegebenen Zwecke erforderlich ist. Dies gilt auch für die Übermittlung an andere Behörden, soweit dies zur Erfüllung ihrer gesetzlichen Aufgaben bei der Verfolgung von Straftaten nach diesem Gesetz erforderlich ist. Die Empfänger dürfen die übermittelten Informationen, soweit gesetzlich nichts anderes bestimmt ist, nur zu dem Zwecke verwenden, zu dem sie übermittelt worden sind.

(2) Das Zollkriminalamt ist berechtigt, Daten nach Absatz 1 in einem automatisierten Verfahren abzurufen, wenn es im Einzelfall zur Überwachung des Außenwirtschaftsverkehrs erforderlich ist.

(3) Das Zollkriminalamt und das Bundesausfuhramt legen bei der Einrichtung des Abrufverfahrens die Art der zu übermittelnden Daten und die nach § 6 des Bundesdatenschutzgesetzes erforderlichen technischen und organisatorischen Maßnahmen schriftlich fest.

(4) Die Einrichtung des Abrufverfahrens bedarf der Zustimmung des Bundesministers der Finanzen und des Bundesministers für Wirtschaft. Über die Einrichtung des Abrufverfah-

rens ist der Bundesbeauftragte für den Datenschutz unter Mitteilung der Festlegungen nach Absatz 3 zu unterrichten.

(5) Die Verantwortung für die Zulässigkeit des einzelnen Abrufs trägt das Zollkriminalamt. Abrufe im automatisierten Verfahren dürfen nur von Bediensteten vorgenommen werden, die von der Leitung des Zollkriminalamtes hierzu besonders ermächtigt sind. Das Bundesausfuhramt prüft die Zulässigkeit der Abrufe nur, wenn dazu Anlaß besteht. Es hat zu gewährleisten, daß die Übermittlung der Daten zumindest durch geeignete Stichprobenverfahren festgestellt und überprüft werden kann.

§ 45a
Übermittlung von Informationen durch das Bundesamt für Wirtschaft

Das Bundesamt für Wirtschaft kann die ihm bei der Erfüllung seiner Aufgaben nach diesem Gesetz bekanntgewordenen Informationen an die anderen zur Überwachung des Außenwirtschaftsverkehrs zuständigen Behörden übermitteln, soweit dies zur Verfolgung der in den §§ 6, 8 bis 17 und 21 angegebenen Zwecke sowie in Fällen des § 5 ohne außen- oder sicherheitspolitische Bedeutung erforderlich ist. Die Empfänger des Bundes dürfen die übermittelten Informationen, soweit gesetzlich nichts anderes bestimmt ist, nur zu dem Zwecke verwenden, zu dem sie übermittelt worden sind.

§ 46
Überwachung des Fracht-, Post- und Reiseverkehrs

(1) Sachen, die ausgeführt, eingeführt oder durchgeführt werden, sind auf Verlangen darzulegen. Sie können einer Beschau und einer Untersuchung unterworfen werden. Beförderungsmittel, Gepäckstücke und sonstige Behältnisse können darauf geprüft werden, ob sie Sachen enthalten, deren Ausfuhr, Einfuhr oder Durchfuhr beschränkt ist.

(2) Wer nach einem fremden Wirtschaftsgebiet ausreist oder aus einem fremden Wirtschaftsgebiet einreist, hat auf Verlangen zu erklären, ob er Sachen mit sich führt, deren Verbringen nach diesem Gesetz oder nach den zu diesem Gesetz erlassenen Rechtsverordnungen beschränkt ist.

(3) Wer Sachen nach einem fremden Wirtschaftsgebiet ausführen will, hat die Sendung den zuständigen Zollstellen zur Ausfuhrabfertigung zu gestellen. Das Nähere wird durch Rechtsverordnung nach § 26 bestimmt. Zur Erleichterung des Post-, Fracht- und Reiseverkehrs können durch Rechtsverordnung Ausnahmen zugelassen werden, soweit hierdurch der Überwachungszweck nicht gefährdet wird.

(4) Die Zollbehörden überwachen die Einhaltung der Vorschriften dieses Gesetzes und der zu diesem Gesetz erlassenen Rechtsverordnungen über die Ausfuhr, Einfuhr und Durchfuhr. Der Bundesminister des Innern bestimmt die Behörden des Bundesgrenzschutzes, die für die Überwachung der Ausfuhr von Waffen und Sprengstoff zuständig sind; Satz 1 bleibt unberührt.

§ 46a
Kosten

(1) Die Zollbehörden können für die Abfertigung außerhalb des Amtsplatzes oder außerhalb der Öffnungszeiten bei der Durchführung der Vorschriften dieses Gesetzes oder der zu diesem Gesetz erlassenen Rechtsverordnungen über die Ausfuhr, Einfuhr und Durchfuhr Kosten erheben.

(2) Für die Bemessung der Kosten und das Verfahren bei ihrer Erhebung gelten sinngemäß die Vorschriften über Kosten, die auf Grund des § 178 der Abgabenordnung erhoben werden.

VIERTER TEIL
Schlußvorschriften

§ 47
Aufhebung von Vorschriften

(1) Auf den Außenwirtschaftsverkehr sind nicht mehr anzuwenden

1. das Gesetz Nr. 53 (Neufassung), Devisenbewirtschaftung und Kontrolle des Güterverkehrs, erlassen von der amerikanischen Militärregierung; das Gesetz Nr. 53 (Neufassung), Devisenbewirtschaftung und Kontrolle des Güterverkehrs, erlassen von der britischen Militärregierung; die Verordnung Nr. 235 (Neufassung), Devisenbewirtschaftung und Kontrolle des Güterverkehrs, erlassen vom Hohen Kommissar der Französischen Republik in Deutschland;

2. die zu den in Nummer 1 genannten Vorschriften erlassenen Durchführungsverordnungen, Allgemeinen Genehmigungen und sonstigen Vorschriften;

3. das Gesetz der Alliierten Hohen Kommission Nr. 33, Devisenbewirtschaftung;

4. Artikel I Abs. 1 Unterabsatz f des Gesetzes Nr. 52 des Obersten Befehlshabers – Sperre und Kontrolle von Vermögen;

5. Ziffer 15 c des Gesetzes über die Errichtung der Bank deutscher Länder;

6. § 20 des Wirtschaftsstrafgesetzes vom 9. Juli 1954 (Bundesgesetzbl. I S. 175);

7. Artikel 7 des Gesetzes über das Bundesamt für gewerbliche Wirtschaft vom 9. Oktober 1954 (Bundesgesetzbl. I S. 281).

(2) Es werden aufgehoben

1. § 10 des Gesetzes zur Förderung der Energiewirtschaft vom 13. Dezember 1935 (Reichsgesetzbl. I S. 1451);

2. die Verordnung über die geschäftsmäßige Hilfeleistung in Devisensachen vom 29. Juni 1936 (Reichsgesetzbl. I S. 524);

3. das Gesetz über Aus- und Einfuhrverbote vom 25. März 1939 (Reichsgesetzbl. I S. 578) und die dazu ergangenen Durchführungsvorschriften;

4. die Verordnung über Durchfuhrverbote vom 14. Mai 1940 (Reichsgesetzbl. I S. 786) und die dazu ergangenen Anordnungen;

5. das Gesetz gegen unbegründete Nichtausnutzung von Einfuhrgenehmigungen vom 27. Dezember 1951 (Bundesgesetzbl. I S. 1005);

6. Artikel 9 des Gesetzes über das Bundesamt für gewerbliche Wirtschaft vom 9. Oktober 1954 (Bundesgesetzbl. I S. 281).

§ 48
Änderung und Ergänzung von Gesetzen

(1) In § 401 a Abs. 3 der Reichsabgabenordnung in der Fassung des Gesetzes vom 4. Juli 1939 (Reichsgesetzbl. I S. 1181) werden die Worte „in anderen Vorschriften mit Strafe bedroht" ersetzt durch die Worte „nach anderen Vorschriften zu ahnden".

(2) Das Gesetz zur Verhütung von Mißbräuchen auf dem Gebiet der Rechtsberatung vom 13. Dezember 1935 (Reichsgesetzbl. I S. 1478) wird wie folgt geändert:

1. Artikel 1 § 4 Abs. 1 Nr. 3 wird aufgehoben.

2. Artikel 1 § 4 Abs. 2 Satz 2 wird aufgehoben.

3. In Artikel 5 fallen die Worte weg „für die Rechtsbesorgung in Devisensachen und in Angelegenheiten der Verordnung über den Warenverkehr vom 4. September 1934 (Reichsgesetzbl. I S. 816) vom Reichswirtschaftsminister".

4. Hinter Artikel 3 wird folgender Artikel 3a eingefügt:

„Artikel 3a

Eine Erlaubnis zur geschäftsmäßigen Hilfeleistung in Devisensachen, die nach § 1 der Verordnung über die geschäftsmäßige Hilfeleistung in Devisensachen vom 29. Juni 1936 (Reichsgesetzbl. I S. 524) erteilt worden ist, gilt vom Zeitpunkt des Außerkrafttretens dieser Verordnung ab als Erlaubnis nach § 1 des Gesetzes. Die Erlaubnis gewährt die Befugnis zur geschäftsmäßigen Hilfeleistung in Rechtsangelegenheiten, die das Außenwirtschaftsgesetz vom 28. April 1961 (Bundesgesetzbl. I S. 481) betreffen. Der Umfang der einzelnen Erlaubnis bleibt im übrigen unverändert; das gleiche gilt für die aus der Erlaubnis sich ergebenden Rechte."

(3) In § 19 Abs. 1 des Gesetzes über die Finanzverwaltung vom 6. September 1950 (Bundesgesetzblatt S. 448) fallen die Worte weg „und von Zuwiderhandlungen im Sinne des Artikels VIII des Gesetzes Nr. 53 (Neufassung)".

(4) In das Gesetz über die Aufgaben des Bundes auf dem Gebiete der Seeschiffahrt vom 22. November 1950 (Bundesgesetzbl. S. 767), zuletzt geändert durch Gesetz vom 8. Oktober 1957 (Bundesgesetzblatt II S. 1469), wird folgender neuer § 3 eingefügt:

„§ 3

(1) Dem Bund obliegt die Behebung oder Verhinderung eines Mangels an Schiffsraum in einer wirtschaftlichen Krisenlage. Zu diesem Zweck können Unternehmen der Seeschiffahrt nach Maßgabe einer Rechtsverordnung nach Absatz 2 verpflichtet werden, Leistungen für die Beförderung von Gütern der Ein- und Ausfuhr zu erbringen, soweit diese erforderlich ist, um den lebenswichtigen Bedarf zu decken oder Verpflichtungen der Bundesrepublik Deutschland aus zwischenstaatlichen Verträgen zu erfüllen. Eine Verpflichtung darf nur ausgesprochen werden, wenn der Zweck auf andere Weise nicht, nicht rechtzeitig oder nur mit unverhältnismäßigen Mitteln erreicht werden kann. Dem Leistungspflichtigen ist durch den Bund eine Entschädigung zu zahlen, die sich nach den im Wirtschaftsverkehr für vergleichbare Leistungen üblichen Entgelten und Tarifen bemißt.

(2) Der Bundesminister für Verkehr wird ermächtigt, durch Rechtsverordnung Art, Umfang und Dauer der Leistungsverpflichtung nach Absatz 1 Satz 2 zu bestimmen sowie die Zuständigkeit und das Verfahren zu regeln."

§ 49

Anpassungsvorschrift

(1) § 3 Satz 1 des Währungsgesetzes findet auf Rechtsgeschäfte zwischen Gebietsansässigen und Gebietsfremden keine Anwendung.

(2) Für die Erteilung von Genehmigungen nach § 3 des Währungsgesetzes ist die Deutsche Bundesbank zuständig.

§ 50

Überleitungsvorschrift

(1) Rechtsgeschäfte, die nach den gemäß § 47 Abs. 1 nicht mehr anzuwendenden Vorschriften der Genehmigung bedurft hätten und über deren Genehmigung nicht entschieden worden ist, sind mit dem Inkrafttreten dieses Gesetzes vom Zeitpunkt ihrer Vornahme an

wirksam, wenn sie mit dem Inkrafttreten dieses Gesetzes ohne Genehmigung vorgenommen werden dürfen. § 31 Satz 3 findet entsprechende Anwendung.

(2) Ist in anderen Vorschriften auf die in § 47 Abs. 1 Nr. 1 genannten Vorschriften verwiesen, so tritt an deren Stelle dieses Gesetz, soweit der Anwendungsbereich dieses Gesetzes reicht.

§ 51
Befristung

Die §§ 39 bis 43 treten am 31. Dezember 1994 außer Kraft.

§ 52
Inkrafttreten

(1) Dieses Gesetz tritt am ersten Tage des vierten auf die Verkündung folgenden Kalendermonats in Kraft.[1]

(2) Die Ermächtigungen zum Erlaß der in diesem Gesetz vorbehaltenen Rechtsverordnungen treten mit der Verkündung dieses Gesetzes in Kraft mit der Maßgabe, daß die Rechtsverordnungen frühestens an dem in Absatz 1 genannten Tage in Kraft treten dürfen.

---

1. Das AWG ist am 1. September 1961 in Kraft getreten.

**Auszug aus der VERORDNUNG (EWG) Nr. 2913/92 des Rates
vom 12. Oktober 1992
zur Festlegung des Zollkodex der Gemeinschaften
(Amtsblatt der EG Nr. L 302 vom 19. Oktober 1992)**

Artikel 161

(1) Im Ausfuhrverfahren können Gemeinschaftswaren aus dem Zollgebiet der Gemeinschaft verbracht werden.

Die Ausfuhr umfaßt die Anwendung der handelspolitischen Maßnahmen und die Erfüllung der übrigen für die Waren geltenden Ausfuhrförmlichkeiten und gegebenenfalls die Erhebung der Ausfuhrabgaben.

(2) Mit Ausnahme der in die passive Veredelung oder in ein Versandverfahren nach Artikel 163 übergeführten Waren und unbeschadet von Artikel 164 ist jede zur Ausfuhr bestimmte Gemeinschaftsware in das Ausfuhrverfahren überzuführen.

(3) Nach der Insel Helgoland versandte Waren gelten nicht als aus dem Zollgebiet der Gemeinschaft ausgeführt.

(4) Nach dem Ausschußverfahren wird festgelegt, in welchen Fällen und unter welchen Voraussetzungen Waren, die aus dem Zollgebiet der Gemeinschaft ausgeführt werden, nicht der Abgabe einer Ausfuhranmeldung unterliegen.

(5) Die Ausfuhranmeldung ist bei der Zollstelle abzugeben, die für den Ort zuständig ist, an dem der Ausführer ansässig ist oder die Waren zur Ausfuhr verpackt oder verladen werden. Ausnahmeregelungen werden nach dem Ausschußverfahren festgelegt.

Artikel 182

(1) Nichtgemeinschaftswaren können

– aus dem Zollgebiet der Gemeinschaft wiederausgeführt werden;

– vernichtet oder zerstört werden;

– zugunsten der Staatskasse aufgegeben werden, wenn diese Möglichkeit nach einzelstaatlichem Recht vorgesehen ist.

(2) Bei der Wiederausfuhr werden gegebenenfalls die für den Warenausgang vorgesehenen Förmlichkeiten einschließlich der handelspolitischen Maßnahmen angewendet.

Nach dem Ausschußverfahren kann festgelegt werden, in welchen Fällen Nichtgemeinschaftswaren zwecks Nichtanwendung handelspolitischer Maßnahmen bei der Ausfuhr in ein Nichterhebungsverfahren übergeführt werden können.

(3) Die Wiederausfuhr oder die Vernichtung oder Zerstörung von Waren ist den Zollbehörden vorab mitzuteilen. Die Zollbehörden untersagen die Wiederausfuhr, falls die in Absatz 2 Unterabsatz 1 genannten Förmlichkeiten oder Maßnahmen dies vorsehen. Werden Waren, die bei ihrem Verbleib im Zollgebiet der Gemeinschaft in ein Zollverfahren mit wirtschaftlicher Bedeutung übergeführt worden waren, zur Wiederausfuhr bestimmt, so ist eine Zollanmeldung im Sinne der Artikel 59 bis 78 abzugeben. In diesem Fall gilt Artikel 161 Absätze 4 und 5.

Die Aufgabe zugunsten der Staatskasse erfolgt nach den einzelstaatlichen Vorschriften.

(4) Durch die Vernichtung bzw. Zerstörung oder die Aufgabe dürfen der Staatskasse keine Kosten entstehen.

(5) Die bei der Zerstörung gegebenenfalls anfallenden Abfälle und Überreste müssen eine der für Nichtgemeinschaftswaren vorgesehenen zollrechtlichen Bestimmungen erhalten.

Sie stehen bis zu dem in Artikel 37 Absatz 2 genannten Zeitpunkt unter zollamtlicher Überwachung.

Artikel 183

Waren, die aus dem Zollgebiet der Gemeinschaft verbracht werden, unterliegen der zollamtlichen Überwachung. Sie können von den Zollbehörden den geltenden Bestimmungen entsprechend kontrolliert werden. Sie müssen das genannte Gebiet gegebenenfalls über den von den Zollbehörden bestimmten Weg nach den von diesen Behörden festgelegten Modalitäten verlassen.

**VERORDNUNG (EWG) Nr. 3269/92 DER KOMMISSION
vom 10. November 1992
mit Durchführungsvorschriften zu den Artikeln 161, 182 und 183
der Verordnung (EWG) Nr. 2913/92 des Rates zur Festlegung
des Zollkodex der Gemeinschaften hinsichtlich der
Ausfuhrregelung, der Wiederausfuhr sowie der Waren,
die aus dem Zollgebiet der Gemeinschaft verbracht werden**

DIE KOMMISSION DER EUROPÄISCHEN GEMEINSCHAFTEN –

gestützt auf den Vertrag zur Gründung der Europäischen Wirtschaftsgemeinschaft,

gestützt auf die Verordnung (EWG) Nr. 2913/92 des Rates vom 12. Oktober 1992 zur Festlegung des Zollkodex der Gemeinschaften[1], nachfolgend „Zollkodex" genannt, insbesondere auf Artikel 249,

in Erwägung nachstehender Gründe:

Durch Artikel 161 des Zollkodex wurde ein Ausfuhrverfahren geschaffen, das dem am 1. Januar 1993 in Kraft tretenden Binnenmarkt gerecht wird.

Nach diesem Verfahren ist die Ausfuhranmeldung bei der Zollstelle abzugeben, die für den Ort zuständig ist, an dem der Ausführer ansässig ist oder die Waren zur Ausfuhr verpackt oder verladen werden.

Es sind Bestimmungen erforderlich, die den Ort, an dem der Ausführer ansässig ist, genau festlegen und Ausnahmen vorsehen, um bestimmten besonderen Umständen Rechnung zu tragen.

Es ist angezeigt, die Ausfuhrformalitäten für bestimmte Beförderungsarten sowie für Fälle, in denen ein Versandverfahren unter bestimmten Voraussetzungen benutzt wird, zu erleichtern.

Um der Situation des Binnenmarktes gerecht zu werden, sind Vorschriften über die Verwendung vereinfachter Verfahren erforderlich.

Auch die Verfahren für die Wiederausfuhr gemäß Artikel 182 des Zollkodex sind festzulegen.

Es ist angezeigt, gemäß Artikel 183 des Zollkodex Bestimmungen zur Überwachung der Einhaltung von Ausfuhrkontrollmaßnahmen für solche Waren vorzusehen, die das Zollgebiet der Gemeinschaft verlassen, um in einen anderen Teil dieses Zollgebietes zurückgeführt zu werden, wenn die fraglichen Waren keiner Zollregelung unterliegen.

---

1. ABl. Nr. L 302 vom 19. 10. 1992, S. 1.

Es ist ebenfalls angezeigt, Übergangsvorschriften vorzusehen, um die Fälle zu regeln, in denen Waren 1992 ausfuhrrechtlich behandelt wurden, ihr körperlicher Ausgang aus dem Zollgebiet der Gemeinschaft jedoch erst 1993 erfolgt.

Es ist angezeigt, die Gültigkeitsdauer von Artikel 4 Absatz 2 dieser Verordnung auf zwei Jahre zu begrenzen und vor Ablauf dieser Frist diese Frage im Lichte der gewonnenen Erkenntnisse erneut zu überprüfen.

Die in dieser Verordnung vorgesehenen Maßnahmen entsprechen der Stellungnahme des Ausschusses für den Zollkodex –

HAT FOLGENDE VERORDNUNG ERLASSEN:

KAPITEL 1
Normales Verfahren

Artikel 1

(1) Ausführer im Sinne des Artikels 161 Absatz 5 des Zollkodex ist die Person, für deren Rechnung die Ausfuhranmeldung abgegeben wird und die zum Zeitpunkt der Annahme dieser Anmeldung Eigentümer der Waren ist oder eine ähnliche Verfügungsberechtigung besitzt.

(2) Ist nach dem Vertrag, der der Ausfuhr zugrunde liegt, eine außerhalb der Gemeinschaft ansässige Person Eigentümer oder in ähnlicher Weise Verfügungsberechtigter, so gilt der in der Gemeinschaft ansässige Vertragspartner als Ausführer.

Artikel 2

Erfolgt die Ausfuhrlieferung durch einen Subunternehmer, so kann die Ausfuhranmeldung auch bei der Zollstelle abgegeben werden, die für den Ort zuständig ist, an dem der Subunternehmer seinen Sitz hat.

Artikel 3

Kann Artikel 161 Absatz 5 erster Satz des Zollkodex aus verwaltungstechnischen Gründen nicht angewandt werden, so kann die Ausfuhranmeldung bei jeder im betreffenden Mitgliedstaat hierfür zuständigen Zollstelle abgegeben werden.

Artikel 4

(1) Eine Ausfuhranmeldung kann in begründeten Fällen

– von einer anderen als der in Artikel 161 Absatz 5 erster Satz des Zollkodex genannten Zollstelle oder

– von einer anderen als der in Artikel 3 dieser Verordnung genannten Zollstelle angenommen werden.

In diesen Fällen tragen die Kontrollen bezüglich der Einhaltung bestehender Verbote und Beschränkungen dem Ausnahmecharakter der Situation Rechnung.

(2) Werden in den Fällen des Absatzes 1 die Ausfuhrformalitäten nicht in dem Mitgliedstaat erfüllt, in dem der Ausführer ansässig ist, so sendet die Zollstelle, bei der die Ausfuhranmeldung abgegeben worden ist, eine Kopie des Einheitspapiers an die zuständige Behörde im Mitgliedstaat, in dem der Ausführer ansässig ist.

Artikel 5

Erfolgt die Ausfuhranmeldung auf der Grundlage des Einheitspapiers, so sind unbeschadet Artikel 17 der Verordnung (EWG) Nr. 2453/92 der Kommission[2] die Exemplare Nrn. 1, 2 und 3 zu benutzen. Die Zollstelle, bei der die Ausfuhranmeldung abgegeben wurde (Ausfuhrzollstelle), versieht Feld A mit ihrem Stempelabdruck und füllt gegebenenfalls Feld D aus. Wenn sie die Waren überläßt, behält sie Exemplar Nr. 1, sendet Exemplar Nr. 2 an das statistische Amt des Mitgliedstaats, in dem die Ausfuhrzollstelle liegt, und händigt Exemplar Nr. 3 dem Beteiligten aus.

Artikel 6

(1) Das Exemplar Nr. 3 des Einheitspapiers ist der Ausgangszollstelle vorzulegen, und die zur Ausfuhr überlassenen Waren sind dieser Zollstelle zu gestellen.

(2) Als Ausgangszollstelle gilt:

a) für den Eisenbahnverkehr, mit der Post, im Luftverkehr oder im Seeverkehr beförderte Waren die Zollstelle, die für den Ort zuständig ist, an dem die Waren von der Eisenbahnverwaltung, der Postverwaltung der Mitgliedstaaten, der Luftverkehrsgesellschaft oder der Schiffahrtsgesellschaft im Rahmen eines einzigen Beförderungsvertrages zur Beförderung mit Bestimmung in ein Drittland übernommen werden;

b) für in Rohrleitungen beförderte Waren und für elektrische Energie die von dem Mitgliedstaat, in dessen Gebiet der Ausführer ansässig ist, bezeichnete Zollstelle;

c) für in sonstiger Weise oder unter anderen als den unter Buchstabe a) oder b) genannten Umständen beförderte Waren die letzte Zollstelle vor dem Ausgang der Waren aus dem Zollgebiet der Gemeinschaft.

(3) Die Ausgangszollstelle vergewissert sich, ob die gestellten Waren den angemeldeten Waren entsprechen, und überwacht und bescheinigt den körperlichen Ausgang der Waren aus dem Zollgebiet durch einen Vermerk auf der Rückseite von Exemplar Nr. 3. Der Vermerk erfolgt durch einen Dienststempelabdruck, der den Namen der Zollstelle und das Datum enthält. Die Ausgangszollstelle gibt Exemplar Nr. 3 der Person, die es ihr vorgelegt hat, zurück, damit diese es an den Anmelder weiterleitet.

Im Fall einer Verbringung in Teilsendungen wird der Vermerk nur für die Waren angebracht, die tatsächlich das Zollgebiet verlassen. Im Fall einer Ausfuhr in Teilsendungen über mehrere Zollstellen beglaubigt auf begründeten Antrag die Ausgangszollstelle, bei der das Original des Exemplars Nr. 3 vorgelegt worden ist, Kopien des Exemplars Nr. 3 für die betreffenden Teilsendungen im Hinblick auf ihre Vorlage bei den übrigen in Betracht kommen Ausgangszollstellen. Das Original des Exemplars Nr. 3 erhält einen entsprechenden Vermerk.

Wenn der gesamte Ausfuhrvorgang auf dem Gebiet eines einzigen Mitgliedstaats erfolgt, so kann der betreffende Mitgliedstaat vorsehen, daß Exemplar Nr. 3 nicht mit einem Vermerk zu versehen ist. In diesem Fall wird Exemplar Nr. 3 einbehalten.

(4) Stellt die Ausgangszollstelle eine Mindermenge fest, vermerkt sie dies auf dem vorgelegten Exemplar der Ausfuhranmeldung und informiert die Ausfuhrzollstelle.

Stellt die Ausgangszollstelle eine Mehrmenge fest, so untersagt sie den Ausgang der Mehrmenge aus dem Zollgebiet, bis die Ausfuhrförmlichkeiten für sie erfüllt worden sind.

Stellt die Ausgangszollstelle eine andere Warenbeschaffenheit fest, so untersagt sie den Ausgang der Waren, bis die Ausfuhrförmlichkeiten erfüllt worden sind, und informiert die Ausfuhrzollstelle.

---

2. ABl. Nr. L 249 vom 28. 8. 1992, S. 1.

(5) In den Fällen des Absatzes 2 Buchstabe a) versieht die Ausgangszollstelle Exemplar Nr. 3 mit einem Vermerk nach Absatz 3, nachdem sie auf dem Beförderungspapier einen roten Stempelabdruck „Export" und ihren Dienststempelabdruck angebracht hat. Sind die Beteiligten im Fall eines Linienverkehrs oder einer unmittelbaren Beförderung in ein Drittland in der Lage, die Ordnungsgemäßheit der Verfahren auf andere Weise zu gewährleisten, so kann von der Anbringung des Stempelabdrucks „Export" abgesehen werden.

(6) Bei Waren, die unter einem Versandverfahren befördert werden, dessen Bestimmungsort in einem Drittland liegt oder eine Ausgangszollstelle ist, versieht die Abgangsstelle das Exemplar Nr. 3 mit einem Vermerk nach Absatz 3 und händigt es dem Anmelder aus, wenn sie zuvor alle Exemplare des Versandpapiers oder gegebenenfalls des Ersatzpapiers mit einem roten Stempelabdruck „Export" versehen hat. Die Ausgangszollstelle überwacht den körperlichen Ausgang der Waren.

Unterabsatz 1 findet keine Anwendung im Fall einer Gestellungsbefreiung bei der Abgangsstelle gemäß Artikel 78 Absätze 4 und 7 sowie Artikel 93 Absätze 6 und 9 der Verordnung (EWG) Nr. 1214/92 der Kommission[3].

(7) Die Ausfuhrzollstelle kann vom Ausführer verlangen, ihr den Nachweis des Ausgangs der Waren aus dem Zollgebiet der Gemeinschaft vorzulegen.

Artikel 7

(1) Waren, die keinen Verboten oder Beschränkungen unterliegen und deren Wert pro Sendung und Anmelder 3 000 ECU nicht überschreitet, können bei der Ausgangszollstelle angemeldet werden.

Die Mitgliedstaaten können vorsehen, daß diese Bestimmung nicht auf Personen angewandt wird, die als gewerbliche Zollagenten für fremde Rechnung handeln.

(2) Mündliche Ausfuhranmeldungen können nur bei der Ausgangszollstelle abgegeben werden.

Artikel 8

Hat eine Ware das Zollgebiet der Gemeinschaft verlassen, ohne zuvor zur Ausfuhr angemeldet worden zu sein, so ist die Ausfuhranmeldung vom Ausführer nachträglich bei der Zollstelle abzugeben, die für den Ort zuständig ist, an dem er ansässig ist. Die Bestimmungen von Artikel 3 finden hierauf Anwendung.

Die Annahme einer solchen Anmeldung erfolgt unter der Voraussetzung, daß der Ausführer der betreffenden Zollstelle alle von ihr geforderten Nachweise bezüglich der Tatsache, daß die Waren das Zollgebiet der Gemeinschaft verlassen haben, sowie der Warenart und der Warenmenge vorlegt. Diese Zollstelle versieht das Exemplar Nr. 3 des Einheitspapiers mit einem entsprechenden Vermerk.

Die nachträgliche Annahme der Ausfuhranmeldung erfolgt unbeschadet der Anwendung der Straf- oder Bußgeldbestimmungen sowie möglicher Folgen im Bereich der gemeinsamen Agrarpolitik.

Artikel 9

(1) Verläßt eine zur Ausfuhr überlassene Ware das Zollgebiet der Gemeinschaft nicht, so teilt der Anmelder dies unverzüglich der Ausfuhrzollstelle mit. Exemplar Nr. 3 der betreffenden Ausfuhranmeldung ist in diesem Fall der Ausfuhrzollstelle zurückzugeben.

(2) Erfolgt in den Fällen nach Artikel 6 Absatz 5 oder 6 eine Änderung des Beförderungsvertrages mit der Folge, daß eine Beförderung, die außerhalb des Zollgebietes der Gemein-

---

3. ABl. Nr. L 132 vom 16. 5. 1992, S. 1.

schaft enden sollte, innerhalb dieses Zollgebietes endet, so können die betreffenden Verwaltungen bzw. Gesellschaften den geänderten Vertrag nur mit Zustimmung der in Artikel 6 Absatz 2 Buchstabe a) genannten Zollstelle oder, im Fall eines Versandverfahrens, der Abgangsstelle ausführen. In diesem Fall ist das Exemplar Nr. 3 zurückzugeben.

KAPITEL 2
Vereinfachte Verfahren betreffend die bei der Ausfuhrzollstelle zu erledigenden Förmlichkeiten

Artikel 10

Die Förmlichkeiten gemäß Artikel 5 können nach den Bestimmungen dieses Kapitels vereinfacht werden.

Die Bestimmungen der Artikel 6 und 9 finden auf dieses Kapitel Anwendung.

Abschnitt 1:
Unvollständige Anmeldung

Artikel 11

Das Verfahren der unvollständigen Anmeldung ermöglicht den Zollbehörden in begründeten Fällen die Annahme einer Anmeldung, in der nicht alle für die Ausfuhr erforderlichen Angaben enthalten sind oder der nicht alle Unterlagen beigefügt sind.

Artikel 12

(1) Ausfuhranmeldungen, bei denen einige der in Anhang VII der Verordnung (EWG) Nr. 2453/92 aufgeführten Angaben fehlen, können auf Antrag des Anmelders von den Zollbehörden angenommen werden, wenn sie mindestens die Angaben in den Feldern 1, erstes Unterfeld, 2, 14, 17, 31 33, 38, 44 und 54 des Einheitspapiers sowie folgende weitere Angaben enthalten:

- bei Waren, die Ausfuhrabgaben unterliegen oder für die sonstige im Rahmen der gemeinsamen Agrarpolitik vorgesehene Maßnahmen gelten, alle Angaben, die die Erhebung der Abgaben oder Durchführung der Maßnahmen ermöglichen;
- alle sonstigen Angaben, die für die Festlegung der Warenbeschaffenheit und die Anwendung der Vorschriften für die Ausfuhr sowie für die Festlegung der Sicherheit, von der die Ausfuhr der Waren abhängig gemacht werden kann, erforderlich sind.

(2) Die Zollstelle kann dem Anmelder gestatten, die Felder 17 und 33 nicht auszufüllen, wenn er erklärt, daß die Ausfuhr der betreffenden Waren keinen Verboten oder Beschränkungen unterliegt, die Zollstelle keine Zweifel an der Erklärung hat und sofern die Warenbezeichnung die sofortige und eindeutige zolltarifliche Einreihung der Ware ermöglicht.

(3) Den Ausfuhranmeldungen nach Absatz 1 müssen die Unterlagen beigefügt werden, von deren Vorlage die Ausfuhr abhängig ist.

(4) Abweichend von Absatz 3 kann eine Anmeldung, der eine der Unterlagen nicht beigefügt ist, von deren Vorlage die Ausfuhr abhängt, angenommen werden, wenn der Zollstelle der Nachweis erbracht wird,

a) daß die betreffende Unterlage vorhanden und gültig ist;

b) daß die Unterlage aus Gründen, die der Anmelder nicht zu vertreten hat, der Anmeldung nicht beigefügt werden konnte;

c) daß eine Verzögerung der Annahme der Anmeldung die Ausfuhr endgültig verhindern würde oder zur Folge hätte, daß ein höherer Abgabensatz oder eine niedrigere Erstattung zur Anwendung kämen.

(5) Das Exemplar Nr. 3 muß in Feld 44 einen der folgenden Vermerke enthalten:

- Exportacion siomplificada
- Forentklet udførsel
- Vereinfachte Ausfuhr
- Απλουστευμένη εξαγωγή
- Simplified exportation
- Exportation simplifiée
- Esportazione semplificata
- Vereenvoudigde uitvoer
- Exportação simplificada.

Artikel 13

Die Frist, die die Zollstelle dem Anmelder zur Nachreichung der bei Annahme der Anmeldung fehlenden Angaben oder Unterlagen setzt, darf einen Monat vom Zeitpunkt der Annahme der Anmeldung an nicht überschreiten.

Artikel 14

(1) Die Annahme einer unvollständigen Anmeldung durch die Zollstelle darf nicht zur Folge haben, daß die Überlassung der Waren verhindert oder verzögert wird, wenn dieser Überlassung im übrigen nichts entgegensteht. Unbeschadet des Artikels 12 erfolgt die Überlassung im einzelnen nach den Absätzen 2 und 3 dieses Artikels.

(2) Wirkt sich die Nachreichung einer bei der Annahme der Anmeldung fehlenden Angabe auf den Betrag der auf die betreffenden Waren zu erhebenden Abgaben nicht aus, so erfaßt die Zollstelle unverzüglich den wie üblich ermittelten Abgabenbetrag buchmäßig.

(3) Kann sich die Nachreichung einer bei der Annahme der Anmeldung fehlenden Angabe auf den Betrag der auf die Waren zu erhebenden Abgaben auswirken, so

- erfaßt die Zollstelle unverzüglich den nach dem Minimalsatz berechneten Abgabenbetrag buchmäßig und
- verlangt die Leistung einer Sicherheit in Höhe der Differenz zwischen diesem Betrag und dem Betrag, der sich aus der Anwendung des maximalen Abgabensatzes auf die Waren ergeben würde.

Der Anmelder hat die Möglichkeit, anstelle einer Sicherheitsleistung die unmittelbare buchmäßige Erfassung des nach dem maximalen Abgabensatz berechneten Abgabenbetrages zu beantragen.

Artikel 15

Hat der Anmelder bei Ablauf der in Artikel 13 genannten Frist die fehlende Angabe nicht nachgereicht, so erfaßt die Zollstelle unverzüglich die auf die Waren zu erhebenden Abgaben in Höhe des Betrags buchmäßig, für den nach Artikel 14 Absatz 3 eine Sicherheit geleistet worden ist.

Artikel 16

(1) Eine unvollständige Anmeldung, die nach Maßgabe der Artikel 12, 13 und 14 angenommen worden ist, kann entweder vom Anmelder vervollständigt oder mit Zustimmung der Zollstelle durch eine neue ordnungsgemäß erstellte Anmeldung ersetzt werden.

In beiden Fällen wird als Zeitpunkt für die Ermittlung der gegebenenfalls geschuldeten Abgaben und für die Anwendung der übrigen Vorschriften über die Ausfuhr der Zeitpunkt der Annahme der unvollständigen Anmeldung zugrunde gelegt.

(2) Bei Anwendung von Artikel 2 kann die ergänzende oder ersetzende Anmeldung bei der für den Sitz des Ausführers zuständigen Zollstelle vorgelegt werden. Ist der Subunternehmer in einem anderen Mitgliedstaat ansässig als der Ausführer, so gilt dies nur, sofern entsprechende Vereinbarungen zwischen den betreffenden Mitgliedstaaten getroffen wurden.

Auf der unvollständigen Ausfuhranmeldung muß angegeben werden, bei welcher Zollstelle die ergänzende oder ersetzende Anmeldung abgegeben wird. Die Zollstelle, bei der die unvollständige Anmeldung abgegeben wird, sendet die Exemplare Nrn. 1 und 2 an die Zollstelle, bei der die ergänzende oder ersetzende Anmeldung abgegeben wird.

Abschnitt 2:
Vereinfachtes Anmeldeverfahren

Artikel 17

Das vereinfachte Anmeldeverfahren ermöglicht es, Waren nach Abgabe einer vereinfachten Anmeldung auszuführen und später eine ergänzende Anmeldung abzugeben, die gegebenenfalls globaler, periodischer oder zusammenfassender Art sein kann.

Artikel 18

Die Zollbehörden können auf die Vorlage der ergänzenden Anmeldung verzichten, wenn sich die vereinfachte Anmeldung auf Waren bezieht, deren Wert niedriger ist als der in den betreffenden Gemeinschaftsvorschriften vorgesehene statistische Schwellenwert, und sofern die vereinfachte Anmeldung alle für die Ausfuhr erforderlichen Angaben enthält.

Artikel 19

(1) Dem Anmelder wird unter den Voraussetzungen und nach den Modalitäten der Artikel 20 und 21 auf schriftlichen Antrag, der alle für die Erteilung der Bewilligung notwendigen Angaben enthält, bewilligt, die Ausfuhranmeldung bei der Gestellung der Waren in vereinfachter Form abzugeben.

(2) Unbeschadet des Artikels 28 besteht die vereinfachte Anmeldung in einem unvollständig ausgefüllten Einheitspapier, das jedoch zumindest die zur Ermittlung der Warenbeschaffenheit notwendigen Angaben enthält. Die Absätze 3, 4 und 5 des Artikels 12 gelten sinngemäß.

Artikel 20

(1) Die Bewilligung nach Artikel 19 wird dem Anmelder erteilt, sofern eine wirksame Überwachung der Beachtung der Ausfuhrverbote und -beschränkungen und sonstiger Vorschriften bezüglich der Ausfuhr gewährleistet werden kann.

(2) Die Bewilligung wird grundsätzlich verweigert, wenn die Person, die sie beantragt,

— eine schwere Zuwiderhandlung oder wiederholte Zuwiderhandlungen gegen die Zollvorschriften begangen hat;

- nur gelegentlich Waren ausführt.

Sie kann verweigert werden, wenn diese Person im Auftrag einer anderen Person handelt, die nur gelegentlich Waren ausführt.

(3) Die Bewilligung kann widerrufen werden, wenn die in Absatz 1 aufgeführte Voraussetzung nicht mehr erfüllt ist. Sie kann ferner widerrufen werden, wenn die in Absatz 2 genannten Fälle eintreten.

(4) Ein ablehnender Bescheid oder ein Widerruf wird von den Zollbehörden begründet.

Artikel 21

In der Bewilligung nach Artikel 19

- wird die Zollstelle bzw. werden die Zollstellen bezeichnet, die für die Annahme der vereinfachten Anmeldungen zuständig ist bzw. sind;
- werden Form und Inhalt der vereinfachten Anmeldung bestimmt;
- werden die Waren, für die sie gilt, und die Angaben aufgeführt, die in der vereinfachten Anmeldung zwecks Feststellung der Warenbeschaffenheit zu machen sind;
- werden nähere Angaben zu der vom Beteiligten gegebenenfalls zu leistenden Sicherheit gemacht.

Ferner werden in der Bewilligung Form und Inhalt der ergänzenden Anmeldungen, die gegebenenfalls globaler, periodischer oder zusammenfassender Art sein können, sowie die Fristen festgelegt, innerhalb deren die Anmeldungen bei der hierfür bezeichneten Zollstelle abzugeben sind.

Abschnitt 3:
Anschreibeverfahren

Artikel 22

(1) Das Anschreibeverfahren bietet die Möglichkeit, die Ausfuhrmöglichkeiten für Waren in den Geschäftsräumen des Beteiligten oder anderen von den Zollbehörden bezeichneten oder zugelassenen Orten zu erledigen.

(2) Die Bewilligung des Anschreibeverfahrens wird auf schriftlichen Antrag unter den Voraussetzungen und nach den Modalitäten des Artikels 23 Absatz 1 jeder Person erteilt, die die Ausfuhrmöglichkeiten in ihren Geschäftsräumen oder an anderen in Absatz 1 genannten Orten erfüllen möchte. Diese Person wird nachstehend „zugelassener Ausführer" genannt.

Artikel 23

(1) Die Bewilligung nach Artikel 22 Absatz 2 wird erteilt,
- sofern die Buchführung der Person, die die Bewilligung beantragt, den Zollbehörden eine wirksame Überwachung und insbesondere eine nachträgliche Überprüfung gestattet;
- sofern eine wirksame Überwachung der Beachtung der Ausfuhrverbote und -beschränkungen und sonstiger Vorschriften bezüglich der Ausfuhr gewährleistet werden kann.

(2) Sie wird grundsätzlich verweigert, wenn die Person, die die Bewilligung beantragt,
- eine schwere Zuwiderhandlung oder wiederholte Zuwiderhandlungen gegen die Zollvorschriften begangen hat;
- nur gelegentlich Waren ausführt.

Artikel 24

(1) Die Bewilligung wird widerrufen, wenn

a) eine Voraussetzung für ihre Erteilung nicht oder nicht mehr erfüllt ist

oder

b) der Inhaber der Bewilligung irgendeiner der ihm obliegenden Verpflichtungen nicht nachkommt.

Die Zollbehörde kann jedoch von einem Widerruf der Bewilligung absehen, wenn

– der Bewilligungsinhaber den ihm obliegenden Verpflichtungen innerhalb einer von der Zollbehörde eventuell festgesetzten Frist nachkommt

oder

– die Verfehlung keine wirkliche Auswirkung auf die ordnungsgemäße Abwicklung des Verfahrens gehabt hat.

(2) Die Bewilligung wird ferner grundsätzlich widerrufen, wenn der in Artikel 23 Absatz 2 erster Gedankenstrich genannte Fall eintritt.

(3) Die Bewilligung kann widerrufen werden, wenn der in Artikel 23 Absatz 2 zweiter Gedankenstrich genannte Fall eintritt.

(4) Ein ablehnender Bescheid oder ein Widerruf wird von der Zollbehörde begründet.

Artikel 25

(1) Damit sich die Zollstellen von der Ordnungsgemäßheit der Vorgänge überzeugen können, hat der zugelassene Ausführer vor Abgang der Waren aus den in Artikel 22 genannten Orten

a) den zuständigen Zollstellen in der Form und nach den Modalitäten, die von diesen vorgeschrieben worden sind, den Abgang der Waren mitzuteilen, um deren Überlassung zu erlangen;

b) die Waren in seiner Buchführung anzuschreiben. Diese Anschreibung kann durch jede andere von den Zollbehörden vorgesehene Formalität ersetzt werden, die die gleiche Gewähr bietet. Sie muß das Anschreibedatum und die zur Feststellung der Warenbeschaffenheit notwendigen Angaben enthalten;

c) den Zollbehörden sämtliche Unterlagen zur Verfügung zu halten, von deren Vorlage gegebenenfalls die Ausfuhr abhängig ist.

(2) Unter besonderen Umständen, die durch die Art der Waren und die Häufigkeit der Ausfuhren gekennzeichnet sind, können die Zollbehörden den zugelassenen Ausführer davon befreien, ihnen jeden einzelnen Abgang der Waren mitzuteilen, sofern er den genannten Behörden alle Angaben zur Verfügung stellt, die sie für erforderlich halten, um gegebenenfalls von ihrem Beschaurecht Gebrauch zu machen.

Die Anschreibung der Waren in der Buchführung des zugelassenen Ausführers gilt in diesem Fall als Überlassung.

Artikel 26

(1) Zur Überwachung des tatsächlichen Verlassens des Zollgebiets der Gemeinschaft ist Exemplar Nr. 3 des Einheitspapiers als Nachweis zu verwenden.

Die Bewilligung sieht die Vorabfertigung von Exemplar Nr. 3 vor.

(2) Die Vorabfertigung erfolgt

a) durch vorheriges Anbringen des Dienststempelabdrucks der zuständigen Zollstelle und durch die Unterschrift eines Beamten dieser Zollstelle in Feld A oder

b) durch Anbringung eines besonderen Stempelabdrucks nach dem Muster im Anhang durch den zugelassenen Ausführer.

Dieser Stempelabdruck kann auf den Vordrucken eingedruckt sein, wenn der Druck einer hierfür zugelassenen Druckerei übertragen wird.

(3) Vor Abgang der Waren hat der zugelassene Ausführer

- die in Artikel 25 genannten Förmlichkeiten zu erfüllen,
- auf dem Exemplar Nr. 3 des Einheitspapiers einen Hinweis auf die Eintragung und das Datum derselben in der Buchführung anzubringen.

(4) Das nach Absatz 2 ausgefüllte Exemplar Nr. 3 enthält in Feld 44

- die Nummer der Bewilligung sowie die Bezeichnung der ausstellenden Zollstelle,
- einen der in Artikel 12 Absatz 5 genannten Vermerke.

Artikel 27

(1) Die in Artikel 22 Absatz 2 genannte Bewilligung regelt die Einzelheiten des Verfahrens. Sie gibt insbesondere an:

- die Waren, für die sie gilt,
- die in Artikel 25 genannten Verpflichtungen,
- den Zeitpunkt, zu dem die Waren überlassen werden,
- den Inhalt des Exemplars Nr. 3 sowie Einzelheiten seiner Gültigmachung,
- die Modalitäten der Erstellung und die Frist für die Vorlage der ergänzenden Anmeldung.

(2) Die Bewilligung enthält die Verpflichtung des zugelassenen Ausführers, alle erforderlichen Maßnahmen für die sichere Verwahrung des Sonderstempels und der mit dem Dienststempelabdruck der Ausfuhrzollstelle oder dem Abdruck des Sonderstempels versehenen Vordrucke zu treffen.

Abschnitt 4:
Gemeinsame Bestimmung
der Abschnitte 2 und 3

Artikel 28

(1) Die Mitgliedstaaten können die Benutzung eines Handels- oder Verwaltungsdokuments oder jedes sonstigen Datenträgers anstelle des Einheitspapiers zulassen, wenn das gesamte Ausfuhrverfahren auf dem Gebiet des betreffenden Mitgliedstaats abläuft oder diese Möglichkeit durch Verwaltungsvereinbarungen zwischen den Verwaltungen oder betroffenen Mitgliedstaaten vorgesehen ist.

(2) Die in Absatz 1 genannten Dokumente oder Datenträger müssen die zur Ermittlung der Warenbeschaffenheit notwendigen Angaben und einen der in Artikel 12 Absatz 5 genannten Vermerke sowie einen Antrag auf Ausfuhr enthalten.

Wenn es die Umstände rechtfertigen, können die Zollbehörden zulassen, daß dieser Antrag durch einen globalen Antrag ersetzt wird, der für alle in einem bestimmten Zeitraum durchgeführten Ausfuhren gilt. Der Hinweis auf die aufgrund dieses Globalantrags erteilte Bewilligung ist auf dem Handels- oder Verwaltungsdokument oder dem sonstigen Datenträger zu vermerken.

(3) Das Handels- oder Verwaltungsdokument gilt in gleicher Weise wie das Exemplar Nr. 3 des Einheitspapiers als Nachweis für das Verlassen des Zollgebiets der Gemeinschaft. Bei Verwendung anderer Datenträger werden die Einzelheiten des Vermerks des Ausgangs aus dem Zollgebiet, gegebenenfalls im Rahmen von Vereinbarungen nach Absatz 1, festgelegt.

Artikel 29

Wenn der gesamte Ausfuhrvorgang auf dem Gebiet eines einzigen Mitgliedstaats erfolgt, so kann der betreffende Mitgliedstaat neben den Verfahren nach den Abschnitten 2 und 3 und unter Beachtung der Gemeinschaftspolitiken weitere Vereinfachungen vorsehen.

KAPITEL 3
Wiederausfuhr

Artikel 30

Ist für die Wiederausfuhr eine Zollanmeldung erforderlich, so gelten unbeschadet der besonderen Bestimmungen, die gegebenenfalls bei der Beendigung des vorausgehenden Zollverfahrens mit wirtschaftlicher Bedeutung zu beachten sind, die Bestimmungen der Kapitel 1 und 2 sinngemäß.

KAPITEL 4
Sonstige Bestimmungen

Artikel 31

(1) Werden Waren, deren Ausfuhr aus der Gemeinschaft Verboten oder Beschränkungen unterliegt oder zur Erhebung einer Ausfuhrabgabe oder einer sonstigen Abgabe bei der Ausfuhr führt, aus dem Zollgebiet der Gemeinschaft verbracht, um in einen anderen Teil dieses Gebietes verbracht zu werden, so ist für das Verbringen aus dem Zollgebiet, sofern die Waren keinem Zollverfahren unterliegen, ein Kontrollexemplar T5 auszustellen gemäß den Bestimmungen der Verordnung (EWG) Nr. 2823/87 der Kommission[4].

(2) Absatz 1 gilt nicht für Beförderungen durch Luftverkehrsgesellschaften und nicht für Beförderungen durch Schiffahrtsgesellschaften, sofern der Seetransport direkt im Linienverkehr per Schiff ohne Landung außerhalb des Zollgebiets der Gemeinschaft erfolgt.

(3) Das Kontrollexemplar T5 kann von jeder Zollstelle ausgestellt werden, bei der die betreffenden Waren gestellt werden, und ist der Ausgangszollstelle zusammen mit den Waren vorzulegen.

(4) Das Kontrollexemplar T5 muß enthalten:
- in den Feldern 31 und 33 die Warenbezeichnung sowie ihren KN-Code;
- in Feld 38 das Nettogewicht der Waren;

---

4. ABl. Nr. L 270 vom 23. 9. 1987, S. 1.

– in Feld 104 eine der folgenden Eintragungen in Großbuchstaben (das Feld „sonstige" ist anzukreuzen):
„Ausgang aus der Gemeinschaft Beschränkungen unterworfen; Ware bestimmt zur Wiederverbringung in das Zollgebiet der Gemeinschaft";
„Ausgang aus der Gemeinschaft Abgaben unterworfen; Ware bestimmt zur Wiederverbringung in das Zollgebiet der Gemeinschaft".

(5) Das Original des Kontrollexemplars T5 ist zusammen mit der Ware der Zollstelle vorzulegen, die für den Ort zuständig ist, an dem die Waren wieder in das Zollgebiet der Gemeinschaft verbracht werden.

(6) Das Kontrollexemplar T5 wird unverzüglich an die Zollstelle, die es ausgestellt hat, zurückgesandt, nachdem die in Absatz 5 genannte Zollstelle in Feld „J: Überwachung der Verwendung und/oder Bestimmung" das erste Feld angekreuzt und das Datum eingetragen hat, an dem die Waren wieder in das Zollgebiet der Gemeinschaft verbracht wurden.

Bei Feststellung von Unregelmäßigkeiten ist im Feld „Bemerkungen" ein entsprechender Vermerk einzutragen.

Artikel 32

Für Waren, für die die bei der Ausfuhrzollstelle zu erfüllenden Förmlichkeiten 1992 erfüllt wurden, deren körperlicher Ausgang aus dem Zollgebiet der Gemeinschaft jedoch erst 1993 erfolgt, ist die Vorlage des Exemplars Nr. 3 der betreffenden Ausfuhranmeldung bei der Ausgangszollstelle nicht erforderlich, sofern die Überlassung der Waren nachgewiesen wird.

Dieser Nachweis kann auch auf die Weise erfolgen, daß ein auf Antrag des Beteiligten ausgestelltes und von der Ausfuhrzollstelle entsprechend gültig gemachtes Exemplar Nr. 3 vorgelegt wird.

Die Artikel 6 Absätze 5 und 6 gelten in den im ersten Unterabsatz genannten Fällen.

Artikel 33

Solange es keine gemeinschaftlichen Bestimmungen darüber gibt, in welchen Fällen Waren aus dem Zollgebiet der Gemeinschaft verbracht werden können, ohne daß es einer Ausfuhranmeldung bedarf, gelten die nationalen Bestimmungen weiter.

KAPITEL 5
Schlußbestimmungen

Artikel 34

Diese Verordnung tritt am dritten Tag nach ihrer Veröffentlichung im Amtsblatt der Europäischen Gemeinschaften in Kraft.

Sie gilt ab dem 1. Januar 1993.

Artikel 4 Absatz 2 ist jedoch ab dem 1. Januar 1995 nicht mehr anwendbar.

Diese Verordnung ist in allen ihren Teilen verbindlich und gilt unmittelbar in jedem Mitgliedstaat.

Brüssel, den 10. November 1992

Für die Kommission
Christiane SCRIVENER
Mitglied der Kommission

ANHANG

SONDERSTEMPEL

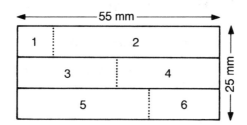

1. Wappen oder sonstige Zeichen oder Buchstaben des Mitgliedstaats
2. Zollamt
3. Nummer der Ausfuhranmeldung
4. Datum
5. Zugelassener Ausführer
6. Bewilligung

Verordnung
zur Durchführung des Außenwirtschaftsgesetzes
(Außenwirtschaftsverordnung – AWV)

Vom 18. Dezember 1986
(BGBl. I S. 2671)
zuletzt geändert durch die 29. Verordnung zur Änderung der Außenwirtschaftsverordnung vom 4. August 1993 (BAnz. S. 7333)

Inhaltsübersicht

§§

Kapitel I
Allgemeine Vorschriften .... 1– 4 b

Kapitel II
Warenausfuhr 5–21

1. Titel: Beschränkungen............................... 5– 7
2. Titel: Verfahrens- und Meldevorschriften nach den §§ 26 und 46 Abs. 3 AWG 8–21
   1. Untertitel: Genehmigungsfreie Ausfuhr und Wiederausfuhr aus dem Zollgebiet der Europäischen Gemeinschaften .... 9–16 b
   2. Untertitel: Genehmigungsbedürftige Ausfuhr aus dem Zollgebiet der Europäischen Gemeinschaften .... 17–20 e
   3. Untertitel: Genehmigungsbedürftige Ausfuhr in Mitgliedstaaten der Europäischen Gemeinschaften 21

Kapitel III
Wareneinfuhr 22–37

1. Titel: Beschränkungen............................... 22
2. Titel: Verfahrens- und Meldevorschriften nach § 26 AWG.... 23–31
   1. Untertitel: Genehmigungsfreie Einfuhr .... 24–29 b
   2. Untertitel: Genehmigungsbedürftige Einfuhr................ 30–31
3. Titel: Sonderregelungen nach § 10 Abs. 5, § 10a Abs. 3 und § 26 AWG.. 31 a–37

Kapitel IV
Sonstiger Warenverkehr .... 38–43 b

1. Titel: Warendurchfuhr............................... 38–39
2. Titel: Transithandel................................. 40–43 a
3. Titel: Beschränkungen gegenüber sowjetischen Streitkräften.. 43 b

Kapitel V
Dienstleistungsverkehr .... 44–50 b

1. Titel: Beschränkungen des aktiven Dienstleistungsverkehrs .... 44–45 c
2. Titel: Beschränkungen des passiven Dienstleistungsverkehrs 46–49
3. Titel: Meldevorschriften nach § 26 AWG .... 50–50 b

Kapitel VI
Kapitalverkehr .... 51–58 c

1. Titel: Beschränkungen 51–54
2. Titel: Meldevorschriften nach § 26 AWG .... 55–58 c

Kapitel VII
Zahlungsverkehr 59–69

1. Titel: Beschränkungen .... aufgehoben
2. Titel: Meldevorschriften nach § 26 AWG 59–69
   1. Untertitel: Allgemeine Vorschriften 59–64
   2. Untertitel: Ergänzende Meldevorschriften 65–68
   3. Untertitel: Meldevorschriften für Geldinstitute ... 69

Kapitel VII a
Besondere Beschränkungen gegen Irak und Kuwait .... 69 a–69 f

Kapitel VII b
Besondere Beschränkungen gegen Libyen
auf Grund der Resolution 748 (1992) des Sicherheitsrates der Vereinten
Nationen (Kapitel VII der Charta) vom 31. März 1992 ..... 69 g

Kapitel VII c
Besondere Beschränkungen gegen Serbien und Montenegro ... 69 h–69 k

Kapitel VIII
Bußgeldvorschriften 70

Kapitel IX
Übergangs- und Schlußvorschriften 71–72

Auf Grund des § 27 Abs. 1 Satz 1 und 2 in Verbindung mit § 2 Abs. 1, §§ 6, 7, 8, 10 Abs. 5, §§ 11, 18, 20, 21, 26, 33 und 46 Abs. 3 des Außenwirtschaftsgesetzes in der im Bundesgesetzblatt Teil III, Gliederungsnummer 7400-1, veröffentlichten bereinigten Fassung, von denen § 27 Abs. 1 Satz 1 und 2, § 26 Abs. 1 und § 33 Abs. 5 durch das Gesetz vom 6. Oktober 1980 (BGBl. I S. 1905) und § 26 Abs. 2 und § 33 Abs. 1 bis 4 und 6 durch das Gesetz vom 29. März 1976 (BGBl. I S. 869) neu gefaßt worden sind, § 26 Abs. 3 und 4 durch das Gesetz vom 29. März 1976 (BGBl. I S. 869) angefügt und § 26 Abs. 4 durch das Gesetz vom 24. April 1986 (BGBl. I S. 560) geändert worden ist, verordnet die Bundesregierung und auf Grund des § 27 Abs. 1 Satz 1 und 2 in Verbindung mit § 2 Abs. 1 und § 5 der Bundesminister für Wirtschaft im Einvernehmen mit den Bundesministern des Auswärtigen und der Finanzen:

Kapitel I
Allgemeine Vorschriften

§ 1
Antrag

(1) Anträge auf Erteilung einer Genehmigung können, wenn im folgenden nichts anderes bestimmt ist, von jedem gestellt werden, der das genehmigungsbedürftige Rechtsgeschäft oder die genehmigungsbedürftige Handlung vornimmt. Antragsberechtigt ist auch derjenige, der einen Anspruch aus dem Rechtsgeschäft herleitet oder einen Anspruch auf Vornahme der Handlung geltend macht.

(2) Genehmigungen in der Form der Allgemeinverfügung (§ 35 Satz 2 Verwaltungsverfahrensgesetz) werden von Amts wegen erteilt.

§ 2
Sammelgenehmigungen

Dem Antragsteller kann eine befristete Genehmigung für eine unbestimmte Anzahl gleichartiger Rechtsgeschäfte oder Handlungen (Sammelgenehmigung) erteilt werden, wenn dies wegen der beabsichtigten Wiederholung der Rechtsgeschäfte oder Handlungen zweckmäßig erscheint.

§ 3
Rückgabe von Genehmigungsbescheiden

Ein Genehmigungsbescheid ist der Genehmigungsstelle unverzüglich zurückzugeben, wenn

1. die erteilte Genehmigung ungültig wird, bevor sie ausgenutzt wurde,

2. der Begünstigte die Absicht aufgibt, die Genehmigung auszunutzen, oder

3. der Bescheid, der nach Verlust durch eine Zweitausfertigung ersetzt worden war, wieder aufgefunden wird.

§ 3 a
Aufbewahrung von Genehmigungsbescheiden

Genehmigungsbescheide sind, soweit sie nicht zurückgegeben werden müssen, für die Dauer von fünf Jahren nach Ablauf der Gültigkeit aufzubewahren.

§ 4
Warenwert, Wertgrenzen

(1) Wert einer Ware ist das dem Empfänger in Rechnung gestellte Entgelt, in Ermangelung eines Empfängers oder eines feststellbaren Entgelts, der statistische Wert im Sinne der Vorschriften über die Statistik des grenzüberschreitenden Warenverkehrs.

(2) Stellt sich ein Rechtsgeschäft oder eine Handlung als Teil eines einheitlichen wirtschaftlichen Gesamtvorganges dar, so ist bei Anwendung der Wertgrenzen dieser Verordnung der Wert des Gesamtvorganges zugrunde zu legen.

§ 4 a[1]
Beschränkung nach § 7 Abs. 1 Nr. 3 AWG

Die Abgabe einer Erklärung im Außenwirtschaftsverkehr, durch die sich ein Gebietsansässiger an einem Boykott gegen einen anderen Staat beteiligt (Boykott-Erklärung), ist verboten.

§ 4 b
Unterlagen

(1) Soweit sich Beschränkungen nach § 7 AWG auf Unterlagen zur Fertigung von Waren oder auf Unterlagen über Technologien, technische Daten oder technische Verfahren beziehen, ist der Ausfuhr die nicht gegenständliche Übermittlung durch Daten- und Nachrichtenübertragungstechnik gleichgestellt. Einer zollamtlichen Behandlung bedarf es in diesen Fällen nicht.

(2) Unterlagen zur Fertigung von Waren im Sinne dieser Verordnung sind auch solche Unterlagen, die nur die Fertigung von Teilen dieser Waren ermöglichen.

Kapitel II
Warenausfuhr

1. Titel
Beschränkungen

§ 5
Beschränkung nach § 7 Abs. 1 AWG

(1) Die Ausfuhr der in Teil I Abschnitt A, B und C der Ausfuhrliste (Anlage AL) genannten Waren und von Unterlagen zur Fertigung dieser Waren bedarf der Genehmigung. Das gleiche gilt für Unterlagen über die in Teil I Abschnitte A, B und C der Ausfuhrliste in einzelnen Nummern benannten Technologien, technischen Daten und technischen Verfahren, sofern sie für Gebietsfremde bestimmt sind, die in einem Land

---

1. Diese Vorschrift ist nach der Verordnung zur Änderung der 24. Verordnung zur Änderung der Außenwirtschaftsverordnung zum 1. Mai 1993 in Kraft getreten.
Es gibt eine Übergangsvorschrift in Art. 2 der 24. Verordnung zur Änderung der Außenwirtschaftsverordnung:

Artikel 2

Auf Erklärungen zur Abwicklung von Verträgen, die vor dem Inkrafttreten dieser Verordnung geschlossen worden sind, ist diese Verordnung nicht anzuwenden. Satz 1 gilt entsprechend für bindende Angebote zum Abschluß eines Vertrages, die durch Bürgschaften, Garantien oder in vergleichbarer Weise gesichert sind.

ansässig sind, das nicht Mitglied der Organisation für wirtschaftliche Zusammenarbeit und Entwicklung ist. Die Mitglieder dieser Organisation sind in der Länderliste A/B (Abschnitt II der Anlage zum Außenwirtschaftsgesetz) mit einem Stern (*) kenntlich gemacht.

(2) (aufgehoben)

(3) Die in Teil I Abschnitt C der Ausfuhrliste genannten Waren dürfen ohne Genehmigung ausgeführt werden, wenn das Bestimmungsland (§ 8 Abs. 5) ein Land der Länderliste A/B (Abschnitt II der Anlage zum Außenwirtschaftsgesetz) ist und wenn nach dem der Ausfuhr zugrunde liegenden Vertrag derartige Waren im Werte von nicht mehr als fünftausend Deutsche Mark geliefert werden sollen. Satz 1 gilt nicht für Waren der Nummern 5A902, 1C991 und 0A991 der Ausfuhrliste sowie für Datenverarbeitungsprogramme (Software).

§ 5 a
Beschränkung nach § 7 Abs. 1 AWG

(1) Die Ausfuhr der in Teil I Abschnitte D und E der Ausfuhrliste (Anlage AL) genannten Waren und von Unterlagen zur Fertigung dieser Waren bedarf der Genehmigung, sofern nicht Käufer- und Bestimmungsland Mitglied der Organisation für wirtschaftliche Zusammenarbeit und Entwicklung sind.

(2) Das Genehmigungserfordernis nach Absatz 1 gilt nicht, wenn nach dem der Ausfuhr zugrunde liegenden Vertrag Waren im Werte von nicht mehr als zehntausend Deutsche Mark geliefert werden sollen. Satz 1 gilt nicht für Waren der Nummer 2002 der Ausfuhrliste.

§ 5 b
Beschränkung nach § 7 Abs. 1 AWG

Es ist verboten, Waren oder Unterlagen zur Fertigung von Waren auszuführen, die im Zusammenhang mit einem Projekt der Luftbetankung von Flugzeugen in Libyen oder mit der Errichtung oder dem Betrieb einer Anlage zur Herstellung von chemischen Waffen im Sinne der Kriegswaffenliste (Anlage zum Gesetz über die Kontrolle von Kriegswaffen) in Libyen stehen.

§ 5 c
Beschränkung nach § 7 Abs. 1 AWG

(1) Die Ausfuhr von Waren und von Unterlagen zur Fertigung dieser Waren bedarf der Genehmigung, wenn sie für die Errichtung oder den Betrieb einer Anlage zur ausschließlichen oder teilweisen Herstellung, Modernisierung oder Wartung von Waffen, Munition oder Rüstungsmaterial im Sinne von Teil I Abschnitt A der Ausfuhrliste (Anlage AL) oder zum Einbau in diese Gegenstände bestimmt sind, Käufer- oder Bestimmungsland bzw. Land des Einbaus ein Land der Länderliste H ist und wenn der Ausführer Kenntnis von diesem Zusammenhang hat.

(2) Das Genehmigungserfordernis nach Absatz 1 gilt nicht, wenn nach dem der Ausfuhr zugrundeliegenden Vertrag Waren im Werte von nicht mehr als fünftausend Deutsche Mark geliefert werden sollen.

§ 5 d
Beschränkung nach § 7 Abs. 1 AWG

(1) Die Ausfuhr von Waren und Unterlagen zur Fertigung von Waren bedarf der Genehmigung, wenn sie für die Errichtung, den Betrieb oder zum Einbau in eine Anlage für

kerntechnische Zwecke bestimmt sind, Käufer- oder Bestimmungsland oder Land des Einbaus Algerien, Indien, Iran, Irak, Israel, Jordanien, Libyen, Nordkorea, Pakistan, Südafrika, Syrien oder Taiwan ist und wenn der Ausführer Kenntnis von diesem Zusammenhang hat.

(2) Das Genehmigungserfordernis nach Absatz 1 gilt nicht, wenn nach dem der Ausfuhr zugrundeliegenden Vertrag Waren im Werte von nicht mehr als fünftausend Deutsche Mark geliefert werden sollen.

§ 5 e
Beschränkung nach § 7 Abs. 1 AWG

(1) Die Ausfuhr von Waren und Unterlagen zur Fertigung von Waren bedarf der Genehmigung, wenn sie für das syrische Forschungs- und Entwicklungszentrum (Centre d'Etudes et de Recherches Scientifiques-CERS) bestimmt sind.

(2) Das Genehmigungserfordernis nach Absatz 1 gilt nicht, wenn nach dem der Ausfuhr zugrundeliegenden Vertrag Waren im Werte von nicht mehr als fünftausend Deutsche Mark geliefert werden sollen.

§ 6
(aufgehoben)

§ 6 a
Beschränkung nach §§ 5 und 8 Abs. 1 und 2 AWG

(1) Die Ausfuhr der in Teil II Spalte 3 der Ausfuhrliste (Anlage AL) mit G gekennzeichneten Waren nach Ländern außerhalb der Europäischen Wirtschaftsgemeinschaft bedarf der Genehmigung. Dies gilt nicht, wenn die Waren den im Amtsblatt der Europäischen Gemeinschaften veröffentlichten gemeinsamen Qualitätsnormen entsprechen, die auf Grund der Artikel 42 und 43 des Vertrages zur Gründung der Europäischen Wirtschaftsgemeinschaft (BGBl. 1957 II S. 753, 766)

a) in der Verordnung (EWG) Nr. 23/62 des Rates vom 4. April 1962 (ABl. EG S. 965) in der jeweils geltenden Fassung,

b) in den auf Grund dieser Verordnung und auf Grund der Verordnung (EWG) Nr. 1035/72 des Rates vom 18. Mai 1972 über eine gemeinsame Marktorganisation für Obst und Gemüse (ABl. EG Nr. L 118 S. 1) in der jeweils geltenden Fassung erlassenen Verordnungen der Kommission oder

c) in den auf Grund der Verordnung (EWG) Nr. 234/68 des Rates vom 27. Februar 1968 (ABl. EG Nr. L 55 S. 1) in der jeweils geltenden Fassung ergangenen Verordnungen des Rates oder der Kommission über Qualitätsnormen

festgelegt sind, soweit diese Verordnungen keine Ausnahmen hinsichtlich der Beachtung von Qualitätsnormen vorsehen.

(2) Die Ausfuhr der in Teil II Spalte 3 der Ausfuhrliste mit G 1 gekennzeichneten Waren nach Ländern außerhalb der Europäischen Wirtschaftsgemeinschaft bedarf der Genehmigung. Dies gilt nicht, wenn die Waren den in Absatz 1 Buchstabe c genannten Qualitätsnormen entsprechen und die auf Grund der Verordnung (EWG) Nr. 234/68 in der jeweils geltenden Fassung durch Verordnungen des Rates oder der Kommission festgesetzten Mindestpreise nicht unterschritten sind.

(3) Die Ausfuhr der in Teil II Spalte 3 der Ausfuhrliste mit G 2 gekennzeichneten Waren nach Ländern außerhalb der Europäischen Wirtschaftsgemeinschaft bedarf der Genehmi-

gung. Genehmigungen werden erteilt, soweit dies unter Wahrung der in § 8 Abs. 2 AWG genannten Belange möglich ist.

(4) (aufgehoben)

§ 7

(aufgehoben)

2. Titel
Verfahrens- und Meldevorschriften nach den §§ 26 und 46 Abs. 3 AWG

§ 8

Begriffsbestimmungen

(1) (aufgehoben)

(2) Ausfuhrsendung ist die Warenmenge, die ein Ausführer gleichzeitig über dieselbe Ausgangszollstelle für dasselbe Käuferland nach demselben Bestimmungsland ausführt.

(3) *(gestrichen)*

(4) Käuferland ist das Land, in dem der Gebietsfremde ansässig ist, der von dem Gebietsansässigen die Waren erwirbt. Im übrigen gilt als Käuferland das Bestimmungsland.

(5) Bestimmungsland ist das Land, in dem die Waren gebraucht oder verbraucht, bearbeitet oder verarbeitet werden sollen; ist dieses Land nicht bekannt, so gilt als Bestimmungsland das letzte bekannte Land, in das die Waren verbracht werden sollen.

1. Untertitel
Genehmigungsfreie Ausfuhr und Wiederausfuhr aus dem Zollgebiet der Europäischen Gemeinschaften[1]

§ 9

Gestellung und Anmeldung

(1) Jede Ausfuhrsendung ist vom Anmelder unter Vorlage der Ausfuhranmeldung bei der Ausfuhrzollstelle zu gestellen. Die Ausfuhranmeldung ist mit einer vom Bundesamt für Wirtschaft zugeteilten Nummer zu versehen. Die Ausfuhranmeldung (Exemplar Nr. 1, 2 und 3 des Einheitspapiers) ist gemäß Anleitung (Anlage A1) auszufüllen.

(2) Die Zollstelle kann die Gestellung an einem anderen Ort im Bezirk der Ausfuhrzollstelle zulassen, wenn die Waren dort verpackt oder verladen werden und die Ausfuhranmel-

---

1. Das Zollverfahren für die Ausfuhr und die Wiederausfuhr von Waren aus dem Zollgebiet der Europäischen Gemeinschaften sind in den Artikeln 161, 182 und 183 der Verordnung (EWG) Nr. 2913/92 des Rates vom 12. Oktober 1992 zur Festlegung des Zollkodex der Gemeinschaften (ABl. EG Nr. L 302 S. 1) und in der Verordnung (EWG) Nr. 3269/92 der Kommission vom 10. November 1992 mit Durchführungsvorschriften zu den Artikeln 161, 182 und 183 der Verordnung (EWG) Nr. 2913/92 des Rates zur Festlegung des Zollkodex der Gemeinschaften hinsichtlich der Ausfuhrregelung, der Wiederausfuhr sowie der Waren, die aus dem Zollgebiet der Gemeinschaft verbracht wurden (ABl. EG Nr. L 326 S. 11), geregelt. Die Artikel 161, 182 und 183 des Zollkodex und die Verordnung (EWG) Nr. 3269/92 sind in den Anhängen 1 und 2 zum Runderlaß Außenwirtschaft Nr. 38/92 des Bundesministers für Wirtschaft zu den Auswirkungen des Binnenmarktes ab dem 1. Januar 1993 auf die Außenwirtschaftsverordnung vom 11. Dezember 1992 (BAnz. S. 9505) nachrichtlich abgedruckt. Sie sind unmittelbar geltendes Recht in den Europäischen Gemeinschaften. Die Außenwirtschaftsverordnung enthält ergänzende nationale Vorschriften zum Ausfuhrverfahren und zur Regelung der Wiederausfuhr der Europäischen Gemeinschaften.

dung so rechtzeitig abgegeben wird, daß die zollamtliche Behandlung der Ausfuhrsendung möglich ist. In diesem Fall ist die Gestellung auf dem Vordruck nach Anlage A 6 zu beantragen.

(3) (weggefallen)

(4) Ausfuhrsendungen von Gemeinschaftswaren mit Ausnahme solcher, für die ein Kontrollexemplar T 5 vorgelegt wird, die durch die Post oder die Eisenbahn im Rahmen eines durchgehenden Beförderungsvertrags aus dem Zollgebiet der Europäischen Gemeinschaften versandt werden, gelten mit ihrer Einlieferung als bei der Ausgangszollstelle gestellt. Satz 1 gilt nicht für Waren, die nach Artikel 7 Abs. 1 Satz 1 der Verordnung (EWG) Nr. 3269/92 der Kommission vom 10. November 1992 mit Durchführungsvorschriften zu den Artikeln 161, 182 und 183 der Verordnung (EWG) Nr. 2913/92 des Rates zur Festlegung des Zollkodex der Gemeinschaften hinsichtlich der Ausfuhrregelung, der Wiederausfuhr sowie der Waren, die aus dem Zollgebiet der Gemeinschaft verbracht werden (ABl. EG Nr. L 326 S. 11) bei der Ausgangszollstelle angemeldet werden können.

(5) Ist das Käufer- oder Bestimmungsland bzw. das Land des Einbaus der Ausfuhrsendung in der Länderliste H genannt, so hat der Ausführer in der Ausfuhranmeldung zu versichern, daß er keine Kenntnis von einer rüstungstechnischen Verwendung der Waren oder Unterlagen zur Fertigung dieser Waren im Sinne von § 5 c hat. Dies gilt nicht, wenn nach dem der Ausfuhr zugrundeliegenden Vertrag Waren im Werte von nicht mehr als fünftausend Deutsche Mark geliefert werden sollen.

(6) Für jedes aus einem Seehafen seewärts ausgehende Schiff ist vom Verfrachter oder Frachtführer, oder, wenn kein Frachtgeschäft vorliegt, vom Besitzer der Ladung dem zuständigen Hauptzollamt ein Ladungsverzeichnis einzureichen. Das Ladungsverzeichnis muß den Namen des Verfrachters, des Schiffes, des Verladehafens, des Löschhafens, die Anzahl, Art und Kennzeichen der Behältnisse sowie die Benennung und Menge der geladenen Waren in Übereinstimmung mit den Konnossementen oder sonstigen Ladepapieren enthalten. Das Ladungsverzeichnis muß ferner die Erklärung enthalten, daß in ihm alle in dem Schiff verladenen Waren verzeichnet sind. Bei unbeladenen Schiffen ist vom Schiffsführer schriftlich vor Abgang des Schiffes zu erklären, daß das Schiff unbeladen ist. Das Ladungsverzeichnis ist dem Hauptzollamt unverzüglich nach Beendigung der Verladung einzureichen. Das Hauptzollamt kann verlangen, daß Ladungsverzeichnisse, die mittels einer Datenverarbeitungsanlage erstellt werden, auf maschinell verwertbaren Datenträgern oder durch Datenfernübertragung abzugeben sind. Das Hauptzollamt kann, soweit die Überwachung der Ausfuhr nicht beeinträchtigt wird, allgemein oder im Einzelfall auf das Einreichen eines Ladungsverzeichnisses verzichten.

(7) Für in Rohrleitungen beförderten Waren ist zuständige Ausgangszollstelle jede Zollstelle, in deren Bezirk sich ein Zugang zu der Rohrleitung befindet, in der die Ware befördert wird.

§ 10
Verfahren bei der zollamtlichen Behandlung

(1) Die Zollstelle prüft die Zulässigkeit der Ausfuhr. Sie kann zu diesem Zweck von dem Ausführer oder dem Anmelder weitere Angaben und Beweismittel, insbesondere auch die Vorlage der Verladescheine verlangen. Für die zollamtliche Behandlung gelten im übrigen die Zollvorschriften über die Erfassung des Warenverkehrs und die Zollbehandlung sinngemäß.

(2) Die Ausgangszollstelle lehnt die zollamtliche Behandlung ab, wenn die Ausfuhrzollstelle nicht die erforderliche zollamtliche Behandlung bescheinigt hat, wenn die nach Artikel 26 Abs. 2 der Verordnung (EWG) Nr. 3269/92 erforderliche Vorabfertigung fehlt

oder wenn die nach § 13 Abs. 3 erforderliche Versicherung fehlt. In diesen Fällen verweigern bei Versand durch die Post oder die Eisenbahn die Postanstalt oder der Versandbahnhof die Übernahme.

(3) Der Anmelder darf eine Ausfuhrsendung, deren Gestellung er nach § 9 Abs. 2 beantragt hat, von dem im Antrag angegebenen Ort erst nach Ablauf der angegebenen Zeit, nach Zollbeschau oder mit Zustimmung der Ausfuhrzollstelle entfernen.

§ 11
Unvollständige Anmeldung und vereinfachtes Anmeldeverfahren

(1) Der unvollständigen Anmeldung und der vereinfachten Anmeldung nach den Artikeln 11 bis 16 und 17 bis 21 der Verordnung (EWG) Nr. 3269/92 ist eine Versicherung des Ausführers gemäß § 9 Abs. 5 Satz 1 beizufügen, falls das Käufer- oder das Bestimmungsland bzw. das Land des Einbaus der Ausfuhrsendung in der Länderliste H genannt ist. § 9 Abs. 5 Satz 2 gilt entsprechend.

(2) Bei der unvollständigen Anmeldung nach den Artikeln 11 bis 16 der Verordnung (EWG) Nr. 3269/92 kann der Anmelder die Angaben mehrerer unvollständiger Anmeldungen in einer ergänzenden oder ersetzenden Anmeldung zusammenfassen, wenn der gesamte Ausfuhrvorgang im Wirtschaftsgebiet erfolgt und die Waren in einer Ausfuhrsendung ausgeführt worden sind.

(3) Zuständig für die Bewilligung des vereinfachten Anmeldeverfahrens nach den Artikeln 17 bis 21 der Verordnung (EWG) Nr. 3269/92 ist das Hauptzollamt. Soll die ergänzende Anmeldung mittels eines maschinell erstellten Datenträgers oder mittels Datenfernübertragung abgegeben werden, ist für die Bewilligung die Oberfinanzdirektion zuständig.

§ 12
Anschreibeverfahren

(1) In dem Antrag auf Zulassung zum Anschreibeverfahren nach den Artikeln 22 bis 27 der Verordnung (EWG) Nr. 3269/92 sind die auszuführenden Waren zu bezeichnen; die Nummer des Warenverzeichnisses für die Außenhandelsstatistik ist anzugeben. Soll ständig eine Vielzahl verschiedener Waren ausgeführt werden, so können diese in Warengruppen mit einer Sammelbezeichnung und mit der zutreffenden Positions- oder Kapitelnummer des Warenverzeichnisses angegeben werden.

(2) Zuständig für die Bewilligung des Anschreibeverfahrens ist das Hauptzollamt. Soll die ergänzende Anmeldung mittels eines maschinell erstellten Datenträgers oder mittels Datenfernübertragung abgegeben werden, ist für die Bewilligung die Oberfinanzdirektion zuständig.

(3) Der ergänzenden Anmeldung nach Artikel 27 Abs. 1 der Verordnung (EWG) Nr. 3269/92 ist eine Versicherung des Ausführers gemäß § 9 Abs. 5 Satz 1 beizufügen, falls das Käufer- oder das Bestimmungsland bzw. das Land des Einbaus der Ausfuhrsendung in der Länderliste H genannt ist. § 9 Abs. 5 Satz 2 gilt entsprechend.

§ 13
Vorausanmeldeverfahren

(1) Die Oberfinanzdirektion kann vertrauenswürdigen Ausführern, die ständig zahlreiche Sendungen ausführen, gestatten, die Waren im voraus bei der Ausfuhrzollstelle anzumelden, wenn der gesamte Ausfuhrvorgang im Wirtschaftsgebiet erfolgt, bei dem Ausführer die fortlaufende, vollständige und richtige Erfassung der Ausfuhrsendungen nach der Art des betrieblichen Rechnungswesens, insbesondere mit Hilfe einer elektronischen Datenverar-

beitungsanlage, gewährleistet ist und die Überwachung der Ausfuhr nicht beeinträchtigt wird. Anstelle der Ausfuhranmeldung ist eine Ausfuhrkontrollmeldung (Anlage A 7), soweit erforderlich mit Ergänzungsblättern (Anlage A ErgBl.), abzugeben. Einer Vorlage der Ausfuhrkontrollmeldung und einer Gestellung der Waren bei der Ausfuhrzollstelle bedarf es nicht. Die Oberfinanzdirektion kann den in Satz 1 genannten Ausführern ferner gestatten, einen von der Anlage A 7 abweichenden Vordruck zu verwenden. Für den Antrag auf Zulassung zum Vorausanmeldeverfahren gilt § 12 Abs. 1 entsprechend.

(2) Der Ausführer hat der Ausfuhrzollstelle spätestens am letzten Arbeitstag vor Beginn eines Kalenderjahres anzuzeigen, wenn er in diesem Zeitraum Waren auf Grund der Zulassung zum Vorausanmeldeverfahren versenden will. Ergibt sich diese Absicht erst im Laufe dieses Zeitraumes, hat er dies spätestens am letzten Arbeitstag vor dem ersten Verpacken oder Verladen der Ware anzuzeigen. Ort und Zeit des Verpackens oder Verladens sind der Ausfuhrzollstelle im voraus mitzuteilen; sie dürfen nur nach rechtzeitiger Benachrichtigung der Ausfuhrzollstelle geändert werden.

(3) Der Ausführer hat in der Ausfuhrkontrollmeldung zu versichern, daß er zum Vorausanmeldeverfahren zugelassen ist. Der Ausfuhrkontrollmeldung ist eine Versicherung des Ausführers gemäß § 9 Abs. 5 Satz 1 beizufügen, falls das Käufer- oder das Bestimmungsland bzw. das Land des Einbaus der Ausfuhrsendung in der Länderliste H genannt ist. § 9 Abs. 5 Satz 2 gilt entsprechend.

(4) Ist bei Ausfuhren im gemeinschaftlichen oder gemeinsamen Versandverfahren die Abgangsstelle zugleich Ausfuhrzollstelle, so ist eine Ausfuhrkontrollmeldung nicht erforderlich; bei Ausfuhren im vereinfachten gemeinschaftlichen oder gemeinsamen Versandverfahren für Warenbeförderungen im Eisenbahnverkehr gilt dies jedoch nur, wenn der Abgangsstelle das Beförderungspapier vorzulegen ist.

(5) Die Oberfinanzdirektion kann, sofern die Überwachung der Ausfuhr nicht beeinträchtigt wird, einzelne Ausführer darüber hinaus für bestimmte Sendungen von der Pflicht zur Vorlage einer Ausfuhrkontrollmeldung befreien.

(6) Im Falle der Ausfuhr von Waren der Kapitel 28 bis 30, 36 bis 39, 72 bis 76, 81, 84 bis 90, 93 und 98 sowie bei der Ausfuhr von Waren der Positionen 2612, 2617, 2710, 3206, 3403, 3404, 4002, 4011, 4015, 4016, 4906, 4911, 6813, 6815, 6903, 6909, 6914, 7903, 8203, 8207 und 8307 des Harmonisierten Systems zur Bezeichnung und Kodierung der Waren (HS) hat der Ausführer, der das Vorausanmeldeverfahren in Anspruch nimmt, die im Laufe eines Monats getätigten Ausfuhren bis zum zehnten Tag des Folgemonats zu melden. Die Meldungen müssen die nach den Feldern 2, 8, 11, 17a, 18, 21, 24, 29, 31, 33, 34, 38, 41 und 46 des Einheitspapiers erforderlichen Angaben enthalten. Die Form der Meldungen und die Zolldienststelle, bei der sie abzugeben sind, werden durch die Oberfinanzdirektion bestimmt. Die Oberfinanzdirektion kann auch bestimmen, daß Meldungen, die mittels einer Datenverarbeitungsanlage erstellt werden, auf maschinell verwertbaren Datenträgern oder, soweit dies beantragt wird, durch Datenfernübertragung abzugeben sind. Die Oberfinanzdirektion kann einzelne Ausführer auf Antrag widerruflich von der Meldepflicht nach Satz 1 für solche Waren befreien, die weder im Hinblick auf Ausfuhrbeschränkungen noch aus sonstigen Gründen einer besonderen Überwachung bedürfen.

§ 14
Befreiungen von der zollamtlichen Behandlung

(1) Die Ausfuhr von Waren ist in den folgenden Fällen von der zollamtlichen Behandlung befreit:
1. a) Waren der gewerblichen Wirtschaft bis zu einem Wert von eintausend Deutsche Mark je Ausfuhrsendung,

b) Waren der Ernährung und Landwirtschaft bis zu einem Wert von zweihundertfünfzig Deutsche Mark je Ausfuhrsendung;

2. Drucksachen im Sinne der postalischen Vorschriften;

3. Akten, Geschäftspapiere, Urkunden, Korrekturbögen, andere Schriftstücke sowie Manuskripte, die nicht als Handelsware ausgeführt werden;

4. Tonträger und Datenträger, insbesondere Tonbänder, Magnetbänder, Platten, Lochkarten und Lochstreifen, wenn sie nur Mitteilungen oder Daten enthalten, Fernsehbandaufzeichnungen sowie bespielte Tonträger und belichtete Filme, auch entwickelt, für Rundfunk- und Fernsehanstalten, es sei denn, daß die bezeichneten Gegenstände als Handelsware ausgeführt werden;

4a. Umkehrfilme, die nach Entwicklung im Zollgebiet der Europäischen Gemeinschaften wieder ausgeführt werden;

5. Entwürfe, technische Zeichnungen, Planpausen, Beschreibungen und ähnliche Unterlagen, die nicht als Handelsware ausgeführt werden;

6. Geschenke bis zu einem Wert von eintausend Deutsche Mark je Ausfuhrsendung;

7. Waren zum Verbrauch oder Gebrauch auf Lotsenversetzschiffen oder Feuerschiffen der Mitgliedstaaten der Europäischen Gemeinschaften außerhalb ihrer Hoheitsgewässer sowie auf Anlagen oder Vorrichtungen, die im Bereich der Festlandsockel der Mitgliedstaaten der Europäischen Gemeinschaften zur Aufsuchung und Gewinnung von Bodenschätzen errichtet sind;

8. Beförderungsmittel nebst Zubehör und Lademittel, es sei denn, daß sie Handelsware sind;

8a. nicht-militärische Beförderungsmittel und Teile davon, die zu ihrer Wartung oder Ausbesserung aus dem Zollgebiet der Europäischen Gemeinschaften oder nach ihrer Wartung oder Ausbesserung im Zollgebiet der Europäischen Gemeinschaften ausgeführt werden; ausgenommen sind Hubschrauber, Hubschrauber-Leistungsübertragungssysteme, Gasturbinentriebwerke und Hilfstriebwerke (APUs) für die Verwendung in Hubschraubern sowie Ersatzteile und Technologie hierfür, wenn Bestimmungsland ein Land der Länderliste H ist;

9. Teile von Eisenbahnfahrzeugen, Behältern und Lademitteln, die zurückgeliefert werden, sowie Ersatzstücke für beschädigte Teile nach Vereinbarungen der Europäischen Gemeinschaften oder ihrer Mitgliedstaaten mit Ländern außerhalb der Europäischen Gemeinschaften;

10. Waren, die auf Beförderungsmitteln mitgeführt werden und zu deren Ausrüstung, Betrieb, Unterhaltung oder Ausbesserung, zur Behandlung der Ladung, zum Gebrauch oder Verbrauch während der Reise oder zum Verkauf an Reisende bestimmt sind;

11. Gegenstände, die in den Europäischen Gemeinschaften ansässige Luftfahrtunternehmen zur Ausbesserung ihrer Luftfahrzeuge oder solcher, die einem Luftfahrtunternehmen mit Sitz in einem Mitgliedstaat der Organisation für wirtschaftliche Zusammenarbeit und Entwicklung gehören, oder sonst der Durchführung des Flugverkehrs dienen, aus dem Zollgebiet der Europäischen Gemeinschaften ausführen;

11a. Teile zur Ausbesserung von in den Europäischen Gemeinschaften zugelassenen Kraftfahrzeugen, die während der vorübergehenden Verwendung außerhalb des Zollgebietes der Europäischen Gemeinschaften reparaturbedürftig geworden sind;

12. Baubedarf, Betriebsmittel und andere Dienstgegenstände für Anschlußstrecken und

für vorgeschobene Eisenbahndienststellen, Zollstellen und Postanstalten außerhalb der Europäischen Gemeinschaften;

12a. Gegenstände im Amts- und Rechtshilfeverkehr zwischen den Europäischen Gemeinschaften oder ihren Mitgliedstaaten mit Ländern außerhalb der Europäischen Gemeinschaften;

13. Gegenstände, die von Behörden und Dienststellen der Europäischen Gemeinschaften oder eines ihrer Mitgliedstaaten zur Erledigung dienstlicher Aufgaben oder zur eigenen dienstlichen Verwendung, zur Lagerung oder Ausbesserung ausgeführt werden;

13a. Gegenstände zur Erledigung dienstlicher Aufgaben im Rahmen der Sicherungsmaßnahmen der Kommission der Europäischen Gemeinschaften und der Internationalen Atomenergie-Organisation nach dem Euratom-Vertrag und dem Übereinkommen vom 5. April 1973 (BGBl. 1974 II S. 794) in Ausführung von Artikel III Abs. 1 und 4 des Vertrages vom 1. Juli 1968 über die Nichtverbreitung von Kernwaffen;

14. Geschenke, die Staatsoberhäupter, Regierungs- und Parlamentsmitglieder im Rahmen zwischenstaatlicher Beziehungen mit Ländern außerhalb der Europäischen Gemeinschaften von amtlichen Stellen erhalten;

15. Orden, Ehrengaben, Ehrenpreise, Denkmünzen und Erinnerungszeichen, die nicht zum Handel bestimmt sind;

16. Waren, welche die in den Europäischen Gemeinschaften stationierten ausländischen Truppen, die ihnen gleichgestellten Organisationen, das zivile Gefolge sowie deren Mitglieder und Angehörige der Mitglieder im Besitz haben;

17. Diplomaten- und Konsulargut;

18. Gegenstände nach dienstlicher Verwendung durch Behörden von Ländern außerhalb der Europäischen Gemeinschaften oder internationale Behörden;

18a. gebrauchte Waren, die zum Zwecke der Wartung oder Ausbesserung in die Europäischen Gemeinschaften eingeführt worden sind und ohne Änderung der ursprünglichen Leistungsmerkmale wieder in das Versendungsland ausgeführt werden; dies gilt bei Waren des Teils I der Ausfuhrliste nur, wenn das Versendungsland ein Mitgliedstaat der Organisation für wirtschaftliche Zusammenarbeit und Entwicklung ist, die Wartung oder Ausbesserung entweder Jagd- oder Sportwaffen oder Waren des Abschnitts C betrifft und unter zollamtlicher Überwachung stattfindet und der Wert der wieder ausgeführten Ware zwanzigtausend Deutsche Mark nicht übersteigt;

19. Ersatzlieferungen für aus dem Zollgebiet der Europäischen Gemeinschaften ausgeführte Waren, die in die Europäischen Gemeinschaften zurückgesandt worden sind oder zurückgesandt werden sollen oder unter zollamtlicher Überwachung vernichtet worden sind, und handelsübliche Nachlieferungen zu bereits aus dem Zollgebiet der Europäischen Gemeinschaften ausgeführten Waren;

20. Ballast, der nicht als Handelsware ausgeführt wird;

21. Waren, die vom in den Europäischen Gemeinschaften ansässigen Empfänger nicht angenommen werden oder die unzustellbar sind, wenn sie im Gewahrsam der Zollbehörden verblieben sind; Waren, die irrtümlich in die Europäischen Gemeinschaften verbracht worden und im Gewahrsam des Beförderungsunternehmens verblieben sind;

22. Erbschaftsgut, Heiratsgut, Übersiedlungsgut sowie Hausrat zur Einrichtung einer Zweitwohnung;

23. Gegenstände zum Ausbau, zum Erhalten oder Ausschmücken von Gräbern und Totengedenkstätten, wenn sie nicht als Handelsware ausgeführt werden;

24. Brieftauben, die nicht als Handelsware ausgeführt werden;
25. Briefmarken und Ganzsachen zu Tauschzwecken sowie die dazugehörenden Alben;
26. Werbegegenstände, die sich durch ihre Aufmachung, Beschaffenheit oder Menge von Waren des üblichen Warenverkehrs unterscheiden; Werbedrucke, Gebrauchsanweisungen, Preisverzeichnisse, Fahrpläne und Vordrucke, es sei denn, daß sie Handelsware sind;
27. Kabel, die zur Herstellung oder Ausbesserung von Seekabelverbindungen ausgeführt werden, soweit die Arbeiten für Rechnung eines in den Europäischen Gemeinschaften Ansässigen vorgenommen werden;
28. Waren, die auf Grund von Carnets A.T.A. in der jeweils geltenden Fassung ausgeführt werden;
29. Umschließungen und Verpackungsmittel, Behälter (Container) und sonstige Großraumbehältnisse, die wie diese verwendet werden, Paletten, Druckbehälter für verdichtete oder flüssige Gase, Kabeltrommeln und Kettbäume, soweit diese nicht Gegenstand eines Handelsgeschäftes sind, sowie zum Frischhalten beigepacktes Eis;
30. Waren, die zur Ersten Hilfe in Katastrophenfällen oder als Spenden in Notlagen ausgeführt werden;
31. Waren, die von Reisenden zum eigenen Gebrauch oder Verbrauch oder üblicherweise zur Ausübung ihres Berufes mitgeführt oder ihnen zu diesen Zwecken vorausgesandt oder nachgesandt werden; nicht zum Handel bestimmte Waren, die nicht in den Europäischen Gemeinschaften ansässige Reisende in den Europäischen Gemeinschaften erworben haben und bei der Ausreise mitführen;
31a. Schußwaffen im Sinne des Waffengesetzes und die dazugehörige Munition, die

　a) von in den Europäischen Gemeinschaften ansässigen Reisenden zum eigenen Gebrauch (Jagd, Sport, Eigen- oder Fremdschutz) mitgeführt werden, wenn der Ausführer eine nach dem Waffengesetz gültige Berechtigung mit sich führt und erklärt, daß die Waffen innerhalb von drei Monaten wieder in die Europäischen Gemeinschaften eingeführt werden sollen, oder

　b) von nicht in den Europäischen Gemeinschaften ansässigen Reisenden bei der Einreise in die Europäischen Gemeinschaften zum eigenen Gebrauch mitgeführt worden sind und von ihnen wieder ausgeführt werden;

32. im Verkehr zwischen Personen, die in benachbarten, durch zwischenstaatlichen Abkommen festgelegten Zollgrenzzonen oder in benachbarten Zollgrenzbezirken mit Ländern außerhalb der Europäischen Gemeinschaften ansässig sind (kleiner Grenzverkehr),

　a) von diesen Personen mitgeführte Waren, die nicht zum Handel bestimmt sind und deren Wert eintausend Deutsche Mark täglich nicht übersteigt,

　b) Waren, die diesen Personen als Teil des Lohnes für innerhalb der Europäischen Gemeinschaften geleistete Arbeit oder auf Grund von gesetzlichen Unterhalts- oder Altenteilsverpflichtungen gewährt werden;

33. Tiere, Saatgut, Düngemittel, Fahrzeuge, Maschinen und sonstige Waren, deren Ausfuhr durch die örtlichen und wirtschaftlichen Verhältnisse in Zollgrenzzonen oder Zollgrenzbezirken mit Ländern außerhalb der Europäischen Gemeinschaften bedingt ist und die nach zwischenstaatlichen Verträgen von Ausfuhrbeschränkungen befreit sind;
34. Erzeugnisse des Ackerbaus, der Viehzucht, des Gartenbaus und der Forstwirtschaft

solcher grenzdurchschnittener Betriebe, die von Ländern außerhalb der Europäischen Gemeinschaften aus bewirtschaftet werden;

35. Futter- und Streumittel, die zur Fütterung und Wartung von mitgeführten Tieren dienen, wenn sie nach Art und Menge dem üblichen und mutmaßlichen Bedarf für die Dauer der Beförderung entsprechen;

36. elektrischer Strom, Wasser, Stadtgas, Ferngas und ähnliche Gase in Leitungen;

37. Deputatkohle;

38. Baubedarf, Instandsetzungs- und Betriebsmittel für Stauwerke, Kraftwerke, Brücken, Straßen und sonstige Bauten, die beiderseits der Grenze zu Ländern außerhalb der Europäischen Gemeinschaften errichtet, betrieben oder benutzt werden;

39. Waren, die zur vorübergehenden Lagerung oder lediglich zur Beförderung aus dem Zollgebiet der Europäischen Gemeinschaften ausgeführt werden und unverändert wieder in die Europäischen Gemeinschaften eingeführt werden sollen;

40. Waren für die Ausübung dienstlicher Tätigkeiten, die

    a) nach den Beitrittsgesetzen der Bundesrepublik Deutschland zu zwischenstaatlichen Verträgen mit Ländern außerhalb der Europäischen Gemeinschaften oder

    b) nach Rechtsverordnungen der Bundesregierung auf Grund des Artikels 3 des Gesetzes vom 22. Juni 1954 über den Beitritt der Bundesrepublik Deutschland zum Abkommen über die Vorrechte und Befreiungen der Sonderorganisationen der Vereinten Nationen vom 21. November 1947 und über die Gewährung von Vorrechten und Befreiungen an andere zwischenstaatliche Organisationen (BGBl. 1954 II S. 639) in der Fassung von Artikel 4 Abs. 1 des Gesetzes vom 16. August 1980 (BGBl. II S. 941)

    von Ausfuhrbeschränkungen befreit sind;

41. a) Waren, die in die Europäischen Gemeinschaften eingeführt worden sind und unverändert in das Versendungsland wieder ausgeführt werden, wenn sie noch nicht oder zur vorübergehenden Verwendung einfuhrrechtlich abgefertigt worden sind;

    b) Waren, die unter den sonstigen in Buchstabe a bezeichneten Voraussetzungen in ein anderes als das Versendungsland wieder ausgeführt werden;

    c) Unterlagen zur Fertigung der in §§ 5, 5a, 5c, 5d und 5e genannten Waren, sofern die Unterlagen in die Europäischen Gemeinschaften eingeführt worden sind und unverändert durch den Einführer wieder in das Versendungsland ausgeführt werden; dasselbe gilt, wenn die Unterlagen mit Eintragungen ergänzt worden sind, die weder alleine noch in Verbindung mit der wiederauszuführenden Unterlage eine Fertigung erlauben, die über die vor der Ergänzung bestehende Fertigungsmöglichkeit hinausgeht;

42. gebrauchte Kleidungsstücke, die nicht zum Handel bestimmt sind.

(2) die Ausfuhrsendung ist der Ausgangszollstelle zu gestellen, wenn diese die Gestellung verlangt. Der Anmelder hat bei der Ausfuhr der Ausgangszollstelle, bei Versand durch die Post der Postanstalt oder bei der Warenbeförderung im Eisenbahnverkehr dem Versandbahnhof schriftlich zu erklären, daß ein Fall des Absatzes 1 vorliegt. Die Erklärung ist der Ausfuhrsendung beizufügen; sie kann auch auf einem Begleitpapier oder dem Packstück abgegeben werden. Die Sätze 2 und 3 gelten nicht,

1. wenn sich die Voraussetzungen für die Anwendung des Absatzes 1 aus der Art der Ausfuhrsendung oder aus sonstigen Umständen ergeben, oder

2. wenn Waren der in Absatz 1 Nr. 10 genannten Art auf Schiffe in Seehäfen verbracht werden.

(3) Absatz 1 Nr. 10 gilt nicht für Waren einer gemeinsamen Marktorganisation der Europäischen Gemeinschaften, für die, wenn sie als Schiffs- oder Luftfahrzeugbedarf geliefert werden, eine Ausfuhrlizenz vorgeschrieben ist; die Vorlage einer Ausfuhranmeldung ist in diesen Fällen nicht erforderlich. Absatz 1 Nr. 19 gilt nicht für Waren, auf die eine gemeinsame Marktorganisation der Europäischen Gemeinschaften, die Handelsregelung der Europäischen Gemeinschaften für bestimmte, aus landwirtschaftlichen Erzeugnissen hergestellte Waren, die Handelsregelung der Europäischen Gemeinschaften für Eieralbumin und Milchalbumin oder die Regelung der Europäischen Gemeinschaften für Glukose und Laktose (gemeinsame Marktorganisation oder Handelsregelung) Anwendung finden oder die in Teil II Spalte 3 der Ausfuhrliste mit G, G 1 oder G 2 gekennzeichnet sind. Absatz 1 Nr. 39 gilt nicht für Waren, die aufgrund der Verordnung (EWG) Nr. 1055/77 des Rates über die Lagerung und das Verbringen der von Interventionsstellen gekauften Erzeugnisse vom 17. Mai 1977 (ABl. EG Nr. L 128 S. 1) zur vorübergehenden Lagerung aus dem Zollgebiet der Europäischen Gemeinschaften ausgeführt werden. Absatz 1 Nr. 41 Buchstabe b gilt nicht für Waren einer gemeinsamen Marktorganisation der Europäischen Gemeinschaften, für die eine Ausfuhrlizenz vorgeschrieben ist.

§ 15
Meldungen bei der Mineralölausfuhr

(1) Bei der Ausfuhr von Waren der Nummern 2707 10 10 bis 2707 50 10, 2707 50 99, 2709 00 10 bis 2710 00 98, 2711 11 00, 2711 12 11, 2711 12 19, 2711 12 94 bis 2711 12 98, 2711 13 91 bis 2711 13 98, 2711 21 00, 2711 29 00, 2713 11 00 bis 2713 20 00 und 2713 90 90 des Warenverzeichnisses für die Außenhandelsstatistik hat der Anmelder der Ausfuhrzollstelle bei Vorlage der Ausfuhranmeldung eine Mineralölausfuhrmeldung (Anlage A 9), soweit erforderlich mit Ergänzungsblättern (Anlage A ErgBl.), abzugeben. Die Ausfuhrzollstelle übersendet die Anmeldung dem Bundesamt für Wirtschaft, das sie auf Verlangen an das Bundesministerium für Wirtschaft weiterleitet.

(2) Abweichend von Absatz 1 haben Ausführer, die die dort bezeichneten Waren im Verfahren nach § 13 ausführen, die Ausfuhren eines Kalendermonats bis zum siebten Werktag des folgenden Monats dem Bundesamt für Wirtschaft zu melden. Die Meldungen können ohne Vordruck nach Anlage A 9 abgegeben werden; sie sind nach Warennummern, Verfahren, Ursprungsland, Bestimmungsland und Eigengewicht aufzuschlüsseln. Die Sätze 1 und 2 gelten entsprechend, wenn die Ware in Rohrleitungen oder im Anschreibeverfahren nach den Artikeln 22 bis 27 der Verordnung (EWG) Nr. 3269/92 ausgeführt wird und im Anschreibeverfahren die ergänzende Anmeldung mittels eines maschinell erstellten Datenträgers oder durch Datenfernübertragung abgegeben wird.

(3) Eine Meldung nach Absatz 1 oder 2 Satz 1 ist nicht erforderlich

1. in den Fällen des § 14 Abs. 1 oder

2. für Ausfuhren bis zu einer Menge von 200 l je Behältnis.

§ 16
Kohleausfuhr

(1) Feste Brennstoffe der Nummern 2701 11 10 bis 2702 20 00 und 2704 00 19 bis 2704 00 90 des Warenverzeichnisses für die Außenhandelsstatistik sind der Ausfuhrzollstelle weder zu gestellen noch anzumelden, wenn der gesamte Ausfuhrvorgang im Wirtschaftsgebiet erfolgt.

(2) Die Oberfinanzdirektion kann vertrauenswürdigen Ausführern, die ständig zahlreiche Sendungen der in Absatz 1 genannten festen Brennstoffe ausführen, gestatten, anstelle der

Ausfuhranmeldung eine Ausfuhrkontrollmeldung für Kohle (Anlage A 4), soweit erforderlich mit Ergänzungsblättern (Anlage A ErgBl.), abzugeben, wenn die fortlaufende, vollständige und richtige Erfassung der Ausfuhrsendungen nach der Art des betrieblichen Rechnungswesens, insbesondere mit Hilfe einer elektronischen Datenverarbeitungsanlage, gewährleistet ist. Soweit die Überwachung der Ausfuhr nicht beeinträchtigt wird, kann die Oberfinanzdirektion auch von der Vorlage der Ausfuhrkontrollmeldung für Kohle befreien.

§ 16a
Ausfuhr von Obst und Gemüse

(1) Bei der genehmigungsfreien Ausfuhr nach Ländern außerhalb der Europäischen Gemeinschaften von Obst und Gemüse, das in Teil II, Kapitel 7 und 8 der Ausfuhrliste (Anlage AL) mit „G" gekennzeichnet ist, ist der Ausfuhrzollstelle zusammen mit der Ausfuhranmeldung eine Kontrollbescheinigung nach Anhang I der Verordnung (EWG) Nr. 2251/92 der Kommission vom 29. Juli 1992 über die Qualitätskontrolle von frischem Obst und Gemüse (ABl. EG Nr. L 219 S. 9) in der jeweils geltenden Fassung vorzulegen. Erfolgt der gesamte Ausfuhrvorgang im Wirtschaftsgebiet, kann die nach Satz 1 erforderliche Kontrollbescheinigung der Ausgangszollstelle vorgelegt werden.

(2) Bei der genehmigungsfreien Ausfuhr der in Absatz 1 Satz 1 genannten Waren nach Ländern außerhalb der Europäischen Gemeinschaften im gemeinsamen Versandverfahren für Warenbeförderungen im Eisenbahnverkehr oder unter Inanspruchnahme der Vereinfachung der Förmlichkeiten bei der Abgangsstelle nach Anlage II Titel X Kapitel I und II des durch Beschluß 87/415/EWG des Rates vom 15. Juni 1987 (ABl. EG Nr. L 226 S. 1) genehmigten Übereinkommens über ein gemeinsames Versandverfahren in der jeweils geltenden Fassung kann der Abgangsstelle an Stelle der Kontrollbescheinigung eine Durchschrift dieser Bescheinigung zusammen mit dem Exemplar Nr. 3 der Ausfuhranmeldung vorgelegt werden.

(3) Bei der genehmigungsfreien Ausfuhr der in Absatz 1 Satz 1 genannten Waren nach Ländern außerhalb der Europäischen Gemeinschaften im Anschreibeverfahren nach den Artikeln 22 bis 27 der Verordnung (EWG) Nr. 3269/92 kann der Ausfuhrzollstelle an Stelle der Kontrollbescheinigung eine Durchschrift dieser Bescheinigung zusammen mit der ergänzenden Anmeldung vorgelegt werden.

(4) Eine Kontrollbescheinigung ist nicht erforderlich, wenn der Nachweis erbracht wird, daß die Ware für einen Be- oder Verarbeitungsbetrieb bestimmt ist oder wenn für die Ausfuhr der Ware die Befreiungen nach § 14 gelten.

§ 16b
Wiederausfuhren

Soweit Wiederausfuhren nach Artikel 182 Abs. 3 Satz 3 der Verordnung (EWG) Nr. 2913/92 des Rates vom 12. Oktober 1992 zur Festlegung des Zollkodex der Gemeinschaften (ABl. EG Nr. L 302 S. 1) einer Ausfuhranmeldung bedürfen, gelten die Vorschriften dieses Untertitels mit Ausnahme von § 9 Abs. 4 entsprechend. Für die Wiederausfuhr von Nichtgemeinschaftswaren aus Freizonen gelten Artikel 182 Abs. 3 Satz 3 und Artikel 161 der Verordnung (EWG) Nr. 2913/92, Artikel 30 der Verordnung (EWG) Nr. 3269/92 sowie die Vorschriften dieses Untertitels mit Ausnahme von § 9 Abs. 4 entsprechend, es sei denn, die Nichtgemeinschaftswaren werden durch das Wirtschaftsgebiet durchgeführt.

2. Untertitel
Genehmigungsbedürftige Ausfuhr aus dem Zollgebiet der Europäischen Gemeinschaften

§ 17
Ausfuhrgenehmigung

(1) Für genehmigungsbedürftige Ausfuhren aus dem Zollgebiet der Europäischen Gemeinschaften gilt der Begriff des Ausführers gemäß Artikel 1 der Verordnung (EWG) Nr. 3269/92 entsprechend.

(1a) Die Ausfuhrgenehmigung ist auf einem Vordruck nach Anlage A 5 zu beantragen und zu erteilen. Antragsberechtigt ist nur der Ausführer. Das Bundesausfuhramt kann abweichend von Satz 1

1. durch Bekanntmachung im Bundesanzeiger vorschreiben, daß die Ausfuhrgenehmigung für Waren und Unterlagen, die in Teil I der Ausfuhrliste (Anlage AL) genannt sind oder deren Ausfuhr nach §§ 5c oder 5d genehmigungsbedürftig ist, auf einem Vordruck nach Anlage A 5a beantragt wird, der mit einer vom Bundesamt für Wirtschaft zugeteilten Nummer versehen sein muß; die Bekanntmachung regelt Einzelheiten über die Herstellung der Vordrucke, um deren maschinelle Lesbarkeit zu gewährleisten;
2. die Ausfuhrgenehmigung auf einem Vordruck nach Anlage A 5b oder A 5b/1 erteilen.

(2) Dem Antrag auf Genehmigung der Ausfuhr von Waren, die in Teil I Abschnitt A, B und C der Ausfuhrliste (Anlage AL) genannt sind, sind beizufügen

1. eine Internationale Einfuhrbescheinigung („International Import Certificate") des Käuferlandes, wenn dieses in der Länderliste D (Anlage L) genannt ist, oder
2. eine Internationale Einfuhrbescheinigung („International Import Certificate") des Bestimmungslandes, wenn nicht das Käuferland, aber das Bestimmungsland in der Länderliste D genannt ist, oder
3. andere Unterlagen zum Nachweis des Verbleibs der Waren in dem im Antrag angegebenen Bestimmungsland, wenn weder das Käufer- noch das Verbrauchsland in der Länderliste D genannt ist.

(3) Dem Antrag auf Genehmigung der Ausfuhr von Waren, die in Teil I Abschnitt D und E der Ausfuhrliste (Anlage AL) genannt sind, sind Unterlagen zum Nachweis des Verbleibs der Waren in dem im Antrag angegebenen Bestimmungsland beizufügen.

(4) Die für die Erteilung der Ausfuhrgenehmigung zuständige Stelle kann von dem Erfordernis befreien, die in den Absätzen 2 und 3 bezeichneten Unterlagen beizufügen, sofern hierdurch die in § 7 Abs. 1 des Außenwirtschaftsgesetzes genannten Belange nicht gefährdet werden, insbesondere die internationale Zusammenarbeit bei der Durchführung einer gemeinsamen Ausfuhrkontrolle nicht beeinträchtigt wird.

§ 18
Besondere Verfahrensvorschriften

(1) Für die genehmigungsbedürftige Ausfuhr von Waren und für die Ausfuhr von Waren, für die im Rahmen der gemeinsamen Marktorganisation der Europäischen Wirtschaftsgemeinschaft Ausfuhrlizenzen vorgeschrieben sind, gelten Artikel 161 Abs. 5 der Verordnung (EWG) Nr. 2913/92, Artikel 1 bis 6, 8, 9, 11 bis 16, 17 bis 21 der Verordnung (EWG) Nr. 3269/92 sowie § 9 Abs. 1, 2, 4, 6 und 7, §§ 10, 11 und 16b, soweit nicht nachstehend oder durch unmittelbar geltende Rechtsvorschriften des Rates oder der Kommission der Europäischen Gemeinschaften etwas anderes bestimmt ist. Liegt für die Ausfuhr eine Genehmi-

gung in Form der Allgemeinverfügung oder eine Sammelgenehmigung vor und ist eine zollamtliche Abschreibung nicht erforderlich, so gelten zusätzlich die Artikel 22 bis 27 der Verordnung (EWG) Nr. 3269/92 und §§ 12 und 13.

(2) Die Ausfuhrgenehmigung ist der Ausfuhrzollstelle vom Anmelder mit der Ausfuhranmeldung vorzulegen. Eine Durchschrift der Ausfuhrgenehmigung ist abzugeben. Bei Ausfuhren unter den Verfahrenserleichterungen nach § 13 hat der Anmelder die Sammelgenehmigung der Ausfuhrzollstelle vor ihrer erstmaligen Ausnutzung vorzulegen.

(3) (aufgehoben)

(4) Ausführer, denen die Verfahrenserleichterung nach § 13 Abs. 1 bis 5 gewährt worden ist, können für Ausfuhren nach Absatz 1 Satz 1, die ohne diese Verfahrenserleichterung vorgenommen werden, anstelle der Ausfuhranmeldung eine Ausfuhrkontrollmeldung zur Ausfuhrabfertigung bei der Ausfuhr- und der Ausgangszollstelle abgeben, wenn der gesamte Ausfuhrvorgang im Wirtschaftsgebiet erfolgt. § 13 Abs. 6 findet Anwendung.

§ 19
Befreiungen von der Genehmigungsbedürftigkeit

(1) Die §§ 5, 5a, 5c, 5d, 5e, 6a, 17 und 18 Abs. 1, 2 und 4 gelten nicht für die Ausfuhr von Waren in den in § 14 Abs. 1 genannten Fällen. § 14 Abs. 2 gilt entsprechend. Satz 1 findet keine Anwendung auf die in § 14 Abs. 1 Nr. 1 bis 6, 17, 18, 19, 20, 22, 26 bis 28, 31, 32, 38, 39 und 41 Buchstabe b genannten Waren einschließlich der dort genannten Unterlagen; bei der Ausfuhr der Unterlagen bedarf es keiner zollamtlichen Behandlung.

(2) Absatz 1 Satz 1 findet keine Anwendung auf die in § 14 Abs. 3 genannten Waren.

§§ 20, 20 a–e
(aufgehoben)

3. Untertitel
Genehmigungsbedürftige Ausfuhr in Mitgliedstaaten der Europäischen Gemeinschaften

§ 21
Anzuwendende Vorschriften

(1) Für Ausfuhren in Mitgliedstaaten der Europäischen Gemeinschaften gilt der Begriff des Ausführers gemäß Artikel 1 der Verordnung (EWG) Nr. 3269/92 entsprechend.

(2) Für die Ausfuhr genehmigungsbedürftiger Waren in Mitgliedstaaten der Europäischen Gemeinschaften gelten § 17 Abs. 1a, 2 und 4 sowie § 19 entsprechend.

Kapitel III
Wareneinfuhr

1. Titel
Beschränkungen

§ 22
Beschränkung nach § 11 AWG

(1) Bei der genehmigungsfreien Einfuhr in das Wirtschaftsgebiet bedarf die Vereinbarung oder Inanspruchnahme einer Lieferfrist der Genehmigung, wenn

1. die für den Bezug der Ware aus dem betreffenden Einkaufsland handelsübliche Lieferfrist,

2. eine Lieferfrist von vierundzwanzig Monaten nach Vertragsschluß,

3. eine Lieferfrist, die in der Einfuhrliste für den Bezug einzelner Waren vorgesehen ist,

4. im Falle der gemeinschaftlichen Überwachung (§ 28a Abs. 1) der vom Rat oder der Kommission festgelegte Zeitraum für die Verwendung des Einfuhrdokuments zur Einfuhrabfertigung oder

5. bei dem Bezug von Waren, die in Spalte 5 der Einfuhrliste (Abschnitt III der Anlage zum Außenwirtschaftsgesetz) mit den Buchstaben „EE" gekennzeichnet sind, der in der Einfuhrerklärung für die Verwendung zur Einfuhrabfertigung eingetragene Zeitraum (§ 28a Abs. 7)

überschritten wird. Der Begriff „Einkaufsland" bestimmt sich nach § 23 Abs. 4 mit der Maßgabe, daß für die Begriffe „Gebietsansässiger"und „Gebietsfremder" die Begriffsbestimmungen des § 4 Abs. 1 Nr. 3 und 4 des Außenwirtschaftsgesetzes gelten.

(2) Absatz 1 gilt nicht für die Einfuhr von

1. Waren aus dem freien Verkehr eines Mitgliedstaates der Europäischen Wirtschaftsgemeinschaft (Artikel 9 Abs. 2 EWG-Vertrag) mit Ausnahme von Waren der Warennummern 2711 11 00 und 2711 21 00 der Einfuhrliste,

2. Waren, auf die eine gemeinsame Marktorganisation oder Handelsregelung (§ 14 Abs. 3) Anwendung findet,

3. Schwefelkies (Warennummer 2502 00 00), Schwefel (Warennummer 2503 10 00), Rohphosphat (Warennummern 2510 10 00 und 2510 20 00), natürlichem Natriumborat (Warennummer 2528 10 00), Eisenerzen und ihren Konzentraten sowie Schwefelkiesabbränden (Warennummern 2601 11 00 bis 2601 20 00), NE-metallurgischen Erzen (Warennummern 2602 00 00 bis 2617 90 00), Titanschlacke (Warennummer 2620 90 60), Selen (Warennummer 2804 90 00), Ethylen (Warennummer 2901 21 00), Propylen (Warennummer 2901 22 00), Butadien (aus Warennummer 2901 24 00 und 2901 29 00), Cyclohexan (Warennummer 2902 11 00), Benzol (Warennummer 2902 20 90), Toluol (Warennummer 2902 30 90), Styrol (Warennummer 2902 50 00), Silber in Rohform (Warennummern 7106 91 10 und 7106 91 90), Gold in Rohform (Warennummer 7108 12 00), Platin, Palladium, Rhodium, Iridium, Osmium und Ruthenium in Rohform oder als Pulver (Warennummern 7110 11 00, 7110 21 00, 7110 31 00 und 7110 41 00), Abfällen und Schrott von Edelmetallen (aus Warennummern 7112 10 00 bis 7112 90 00) und Vorstoffen von Nichteisenmetallen der Warennummern 7401 10 00 bis 7402 00 00, 7501 10 00, 7501 20 00 und 7801 99 10 der Einfuhrliste,

4. elektrischem Strom.

2. Titel
Verfahrens- und Meldevorschriften nach § 26 AWG

§ 23
Begriffsbestimmungen

(1) Gebietsansässiger im Sinne dieses Titels ist der in den Europäischen Gemeinschaften Ansässige; Gebietsfremder ist der außerhalb der Europäischen Gemeinschaften Ansässige. Wirtschaftsgebiet im Sinne dieses Titels ist das Hoheitsgebiet der Mitgliedstaaten der Europäischen Gemeinschaften.

(1a) Einführer ist, wer Nichtgemeinschaftswaren in das Wirtschaftsgebiet verbringt oder verbringen läßt. Liegt der Einfuhr ein Vertrag mit einem Gebietsfremden über den Erwerb von Waren zum Zwecke der Einfuhr (Einfuhrvertrag) zugrunde, so ist nur der gebietsansässige Vertragspartner Einführer. Wer lediglich als Spediteur oder Frachtführer oder in einer ähnlichen Stellung bei dem Verbringen der Waren tätig wird, ist nicht Einführer.

(2) Einfuhrsendung ist die Warenmenge, die an demselben Tage von demselben Lieferer an denselben Einführer abgesandt worden ist und von derselben Zollstelle abgefertigt wird.

(3) Der Begriff „freier Verkehr" bestimmt sich nach § 5 Abs. 4 des Zollgesetzes in der jeweils geltenden Fassung.

(4) Einkaufsland ist das Land, in dem der Gebietsfremde ansässig ist, von dem der Gebietsansässige die Waren erwirbt. Dieses Land gilt auch dann als Einkaufsland, wenn die Waren an einen anderen Gebietsansässigen weiterveräußert werden. Liegt kein Rechtsgeschäft über den Erwerb von Waren zwischen einem Gebietsansässigen und einem Gebietsfremden vor, so gilt als Einkaufsland das Land, in dem die verfügungsberechtigte Person, die die Waren in das Wirtschaftsgebiet verbringt oder verbringen läßt, ansässig ist; ist die verfügungsberechtigte Person, die die Waren in das Wirtschaftsgebiet verbringt oder verbringen läßt, im Wirtschaftsgebiet ansässig, so gilt als Einkaufsland das Versendungsland.

(5) Gemeinschaftswaren sind Waren, die

1. unter den Vertrag zur Gründung der Europäischen Wirtschaftsgemeinschaft fallen und die Voraussetzungen des Artikels 9 Abs. 2 dieses Vertrages erfüllen oder

2. unter den Vertrag über die Gründung der Europäischen Gemeinschaft für Kohle und Stahl fallen und sich gemäß diesem Vertrag in der Gemeinschaft im freien Verkehr befinden.

1. Untertitel
Genehmigungsfreie Einfuhr

§§ 24 bis 26

(aufgehoben)

§ 27
Antrag auf Einfuhrabfertigung

(1) Der Einführer hat die Einfuhrabfertigung bei einer Zollstelle zu beantragen. Er hat dabei die handelsübliche oder sprachgebräuchliche Bezeichnung der Ware sowie die Nummer des Warenverzeichnisses für die Außenhandelsstatistik anzugeben. An Stelle des Einführers kann ein Gebietsansässiger im eigenen Namen die Einfuhrabfertigung für Waren beantragen, die auf Grund eines Einfuhrvertrages geliefert werden, wenn er

1. als Handelsvertreter des gebietsfremden Vertragspartners am Abschluß des Einfuhrvertrages mitgewirkt hat oder

2. in Ausübung seines Gewerbes auf Grund eines Vertrages mit dem gebietsfremden Vertragspartner

    a) an der Beförderung der Waren mitwirkt oder

    b) den Zollantrag auf Abfertigung der Waren zum freien Verkehr stellt.

(2) Bei der Einfuhrabfertigung sind vorzulegen

1. die Rechnung oder sonstige Unterlagen, aus denen das Einkaufs- oder Versendungsland und das Ursprungsland der Waren ersichtlich sind,

2. ein Ursprungszeugnis, wenn die Waren in Spalte 5 der Einfuhrliste
   a) mit „U" gekennzeichnet sind oder
   b) mit „UE" gekennzeichnet sind und Ursprungsland Hongkong, Singapur oder Thailand ist,

   oder

   eine Ursprungserklärung, wenn die Waren, ausgenommen die Fälle von Buchstabe b, in Spalte 5 der Einfuhrliste mit „UE" gekennzeichnet sind,
3. eine Einfuhrkontrollmeldung nach Maßgabe des § 27a und
4. in den Fällen des Absatzes 5 eine Einfuhrlizenz.

(3) Der Antrag auf Einfuhrabfertigung ist zu stellen

1. mit dem Zollantrag auf Abfertigung zum freien Verkehr, zu einer Freigutverwendung, einer aktiven Veredelung, einem Umwandlungsverfahren oder zur Verwendung, bei der Einfuhr in einem Sammelzollverfahren nach § 12 Abs. 3, § 12a oder § 40a des Zollgesetzes jedoch mit der Sammelzollanmeldung,
2. mit der Abgabe der Zollanmeldung für Waren, die aus einem offenen Zollager des Typs D durch Anschreibung in eine Freigutverwendung, eine aktive Veredelung, ein Umwandlungsverfahren oder eine Verwendung des Lagerinhabers übergeführt oder an einen anderen abgegeben werden, dem ein solcher Verkehr bewilligt ist oder der zur Freigutverwendung berechtigt ist,
3. für Waren, die zur vorübergehenden Verwendung eingeführt worden sind, sobald diese Waren als in den freien Verkehr entnommen gelten oder in den durch Gemeinschaftsrecht geregelten Fällen der zollamtlichen Überwachung entzogen werden oder
4. vor Gebrauch, Verbrauch, Bearbeitung oder Verarbeitung der Waren in einer Freizone oder auf der Insel Helgoland.

Abweichend von Satz 1 Nummer 1 kann die Zollstelle verlangen, daß die Einfuhrabfertigung

1. bei Zollabfertigung nach vereinfachter Zollanmeldung mit der Abgabe der vereinfachten Zollanmeldung,
2. bei Zollabfertigung nach Aufzeichnung mit der Abgabe der Aufzeichnungsanzeige,
3. bei Zollanmeldung nach Gestellungsbefreiung unverzüglich nach dem Verbringen der Waren an den dafür bestimmten Ort

zu beantragen ist, wenn dies zur Sicherung der einfuhrrechtlichen Belange erforderlich ist.

(4) Der Antrag auf Einfuhrabfertigung kann mit dem Zollantrag auf Abfertigung zu einem Zollagerverfahren, bei der Einfuhr in einem Sammelzollverfahren nach § 12 Abs. 3, § 12a oder § 40a des Zollgesetzes jedoch mit der Sammelzollanmeldung, oder während der Lagerung in einem Zollager des Typs D gestellt werden. Mit dem Zollantrag auf Abfertigung zum Zollgutversand und während der Lagerung in einem Zollager des Typs A, B, C oder F kann der Antrag auf Einfuhrabfertigung nur gestellt werden, wenn ein dringendes wirtschaftliches Bedürfnis dargetan wird; der Antrag kann zurückgewiesen werden, wenn zwingende dienstliche Gründe entgegenstehen. Bei der Einlagerung und während der Lagerung in einer Freizone kann der Antrag nur gestellt werden, wenn die Waren dort überwacht werden können.

(5) Ist für die Einfuhr einer Ware im Rahmen einer gemeinsamen Marktorganisation oder einer Handelsregelung (§ 14 Abs. 3) eine Einfuhrlizenz vorgeschrieben, so kann abweichend von den Absätzen 3 und 4 der Antrag auf Einfuhrabfertigung nur gestellt werden

1. mit dem Zollantrag auf Abfertigung zum freien Verkehr oder zur Freigutverwendung, bei der Einfuhr in einem Sammelzollverfahren nach § 12 Abs. 3, § 12a oder § 40a des Zollgesetzes jedoch mit der Sammelzollanmeldung,

2. mit der Abgabe der Zollanmeldung für Waren, die aus einem Zollager des Typs D durch Anschreibung in eine Freigutverwendung des Lagerinhabers übergeführt oder an einen anderen abgegeben werden, dem ein solcher Verkehr bewilligt ist oder der zur Freigutverwendung berechtigt ist,

3. für Waren, die aus einem Zollager des Typs D in den freien Verkehr entnommen werden, bei der Auslagerung oder mit der Abgabe der Zahlungsanmeldung,

4. für Erzeugnisse, die aus einer aktiven Veredelung nicht gestellt werden, mit der Abrechnung der Veredelung.

Zur Sicherung einfuhr- oder lizenzrechtlicher Belange kann die Zollstelle wie nach Absatz 3 Satz 2 verfahren.

(6) Bei der Einfuhr von Wasser, elektrischem Strom sowie Stadtgas, Ferngas und ähnlichen Gasen in Leitungen entfällt die Einfuhrabfertigung.

§ 27 a
Einfuhrkontrollmeldung

(1) Die Einfuhrkontrollmeldung ist vorzulegen, wenn die Ware in Spalte 5 der Einfuhrliste mit den Buchstaben „EKM" gekennzeichnet ist.

Die Vorlage der Einfuhrkontrollmeldung ist nicht erforderlich, wenn die Ware

1. in Spalte 3 der Einfuhrliste mit einer der Ziffern 01 bis 20 gekennzeichnet ist,

2. ihren Ursprung in einem Mitgliedstaat der Organisation für wirtschaftliche Zusammenarbeit und Entwicklung hat und

3. nicht zu Kapitel 27 der Einfuhrliste gehört.

Die Mitglieder der genannten Organisation sind in der Länderliste A/B (Abschnitt II der Anlage zum Außenwirtschaftsgesetz) mit einem Stern (*) kenntlich gemacht.

(2) Die Vorlage einer Einfuhrkontrollmeldung ist nicht erforderlich, wenn der Wert der Einfuhrsendung bei Waren, die in Spalte 3 der Einfuhrliste mit den Ziffern 51 bis 54 oder 60 gekennzeichnet sind, zweihundert Deutsche Mark, bei anderen Waren eintausend Deutsche Mark nicht übersteigt. Dies gilt nicht bei der Einfuhr von Saat- und Pflanzgut und der zu Kapitel 85 und 90 der Einfuhrliste gehörenden Waren.

(3) Zu verwenden ist

1. bei der Abfertigung von Waren

    a) zum freien Verkehr,

    b) zu einem Zollagerverfahren,

    c) zur Freigutverwendung oder zur bleibenden Zollgutverwendung,

2. für Waren, für die ein Sammelzollverfahren zugelassen ist und die für zum Vorsteuerabzug berechtigte Unternehmen eingeführt werden,

3. für Waren, die aus einem Zollager des Typs D entnommen worden sind oder als entnommen gelten,

4. für den Übergang von Waren aus einem Zollager des Typs D in einen anderen Verkehr,

5. bei der Abfertigung von Waren zur aktiven Veredelung oder zu einem Umwandlungsverfahren

ein als Einfuhrkontrollmeldung bezeichneter Vordruck, der dem amtlich vorgesehenen Anmeldepapier für die Wareneinfuhr gemäß den §§ 4 und 6 des Außenhandelsstatistikgesetzes und § 15 der Außenhandelsstatistik-Durchführungsverordnung entspricht, in allen sonstigen Fällen ein Vordruck nach Anlage E 2, soweit erforderlich mit Ergänzungsblättern (Anlage A ErgBl.). Angaben, die im Vordruck nach Anlage E 2 nicht vorgesehen sind, gelten auch in den anderen Vordrucken der Einfuhrkontrollmeldung als nicht gefordert. Für die in Kapitel 85 und 90 der Einfuhrliste in Spalte 5 mit den Buchstaben „EKM" gekennzeichneten Waren bedarf es keiner Ausfüllung der Felder 20, 25, 37, 44 und 46 in den Vordrucken der Einfuhrkontrollmeldung. Für diese Waren ist die Einfuhrkontrollmeldung auf einem gesonderten Vordruck abzugeben; die Zusammenfassung mit anderen Waren ist nicht statthaft.

(4) In den Fällen des Absatzes 3 Nr. 2 hat der Einführer die ausgenutzten Blätter der Einfuhrkontrollmeldung unverzüglich nach der Einfuhr von Waren, die in Spalte 3 der Einfuhrliste mit einer der Ziffern 51 bis 54 oder 60 gekennzeichnet sind, dem Bundesamt für Ernährung und Forstwirtschaft, nach der Einfuhr von sonstigen Waren dem Bundesamt für Wirtschaft zu übersenden. Die Einfuhrkontrollmeldung mit der letzten Eintragung des Abrechnungszeitraums ist jedoch bei der Einfuhrabfertigung vorzulegen.

(5) Die für die Erteilung von Einfuhrgenehmigungen zuständigen Stellen können vertrauenswürdige Einführer, die ständig zahlreiche Sendungen einführen, von der Vorlage der Einfuhrkontrollmeldung befreien und stattdessen Meldungen in anderer Weise zulassen, wenn bei dem Einführer die fortlaufende, vollständige und richtige Erfassung der Einfuhrsendungen nach der Art des betrieblichen Rechnungswesens, insbesondere mit Hilfe einer elektronischen Datenverarbeitungsanlage, gewährleistet ist.

(6) Das Bundesamt für Ernährung und Forstwirtschaft und die Bundesanstalt für landwirtschaftliche Marktordnung sowie das Bundesamt für Wirtschaft können die Einführer für Einfuhren aus bestimmten Ursprungsländern zeitlich befristet von der Vorlage der Einfuhrkontrollmeldung nach Absatz 1 Nr. 1 befreien und stattdessen Meldungen in anderer Weise zulassen. Die Ursprungsländer sowie Beginn und Ende der Befreiung sind im Bundesanzeiger bekannt zu machen.

§ 28
Verfahren bei der Einfuhrabfertigung

(1) Die Zollstelle prüft die Zulässigkeit der Einfuhr. Sie lehnt die Einfuhrabfertigung ab, wenn eine für die Einfuhr erforderliche Einfuhrgenehmigung oder Einfuhrlizenz nicht vorliegt oder wenn die Waren nicht den Angaben in den nach § 27 Abs. 2 vorzulegenden Unterlagen entsprechen.

(2) Die Einfuhrabfertigung darf nur bis zum Ende des zweiten Monats nach Ablauf der gemäß § 22 zulässigen oder genehmigten Lieferfrist vorgenommen werden.

(3) Für die Einfuhrabfertigung gelten im übrigen die Zollvorschriften über die Erfassung des Warenverkehrs und die Zollbehandlung sinngemäß.

(4) Die Zollstelle vermerkt die Einfuhrabfertigung im Zollbefund.

§ 28 a
Einfuhrerklärung

(1) Hat der Rat oder die Kommission durch Verordnung die Einfuhr einer Ware der gemeinschaftlichen Überwachung unterstellt, so wird als Einfuhrdokument nach Titel IV

der Verordnung (EWG) Nr. 288/82 des Rates vom 5. Februar 1982 betreffend die gemeinsame Einfuhrregelung (ABl. EG Nr. L 35 S. 1), nach Titel IV der Verordnung (EWG) Nr. 1765/82 des Rates vom 30. Juni 1982 über die gemeinsame Regelung für die Einfuhr aus Staatshandelsländern (ABl. EG Nr. L 195 S. 1) oder nach Titel IV der Verordnung (EWG) Nr. 1766/82 des Rates vom 30. Juni 1982 über die gemeinsame Regelung für die Einfuhr aus der Volksrepublik China (ABl. EG Nr. L 195 S. 21) in der jeweils geltenden Fassung bei der genehmigungsfreien Einfuhr die Einfuhrerklärung auf einem Vordruck nach Anlage E 1 nach Maßgabe der folgenden Vorschriften verwendet.

(2) (aufgehoben)

(3) Der Einführer hat in den Fällen des Absatzes 1 vor der Einfuhr von Waren, die in Spalte 3 der Einfuhrliste mit einer der Ziffern 51 bis 54 oder 60 gekennzeichnet sind, dem Bundesamt für Ernährung und Forstwirtschaft, von sonstigen Waren dem Bundesamt für Wirtschaft eine Einfuhrerklärung abzugeben. Die Zusammenfassung verschiedenartiger Waren, verschiedener Einkaufsländer oder verschiedener Ursprungsländer in einer Einfuhrerklärung ist nicht zulässig.

(4) Das Bundesamt trägt in der Einfuhrerklärung den Endtermin des Zeitraumes ein, in dem die Einfuhrerklärung zur Einfuhrabfertigung verwendet werden darf, sowie den Vomhundertsatz, bis zu dem eine Überschreitung des angegebenen Gesamtwertes oder der angegebenen Menge in handelsüblichen Einheiten bei der Einfuhrabfertigung zulässig ist, und gibt die erste Ausfertigung dem Einführer zurück. Der genannte Zeitraum entspricht der nach § 22 Abs. 1 Nr. 4 genehmigungsfreien Lieferfrist; Anfangstermin ist der aus dem Tagesstempel des Bundesamts ersichtliche Tag der Abstempelung. Als zulässige Überschreitung werden 5 vom Hundert oder der vom Rat oder von der Kommission durch Verordnung festgelegte Satz eingetragen.

(5) Der Einführer hat die vom Bundesamt zurückgegebene Einfuhrerklärung und die Rechnung der Zollstelle bei der Einfuhrabfertigung vorzulegen. § 27 Abs. 1 Satz 4 und § 28 Abs. 2 finden keine Anwendung. Die Zollstelle vermerkt auf der Einfuhrerklärung den Wert oder die Menge der abgefertigten Waren.

(6) Die Zollstelle lehnt die Einfuhrabfertigung ab,

a) wenn der Antrag auf Einfuhrabfertigung später als an dem vom Bundesamt eingetragenen Endtermin gestellt wird,

b) wenn der Rechnungspreis niedriger ist als der in Spalte 15 angegebene Preis oder

c) soweit der in Spalte 13 angegebene Gesamtwert oder die in Spalte 14 angegebene Menge um mehr als den vom Bundesamt vermerkten Vomhundertsatz überschritten wird.

(7) Die Absätze 1 bis 3, Absatz 4 Satz 1 sowie die Absätze 5 und 6 finden entsprechende Anwendung bei der Einfuhr von Waren, die in Spalte 5 der Einfuhrliste mit den Buchstaben „EE" gekennzeichnet sind. Der Anfangstermin des nach Absatz 4 Satz 1 einzutragenden Zeitraums ist der aus dem Tagesstempel des Bundesamts ersichtliche Tag der Abstempelung. Die nach Absatz 4 Satz 1 zu vermerkende zulässige Überschreitung beträgt 5 vom Hundert. Der Zeitraum für die Verwendung der Einfuhrerklärung beträgt für Eisen- und Stahlerzeugnisse zwei Monate; danach sind die nicht oder nur unvollständig ausgenutzten Erklärungen innerhalb von fünf Arbeitstagen an das Bundesamt für Wirtschaft zurückzugeben.

(8) Der Einführer hat bei der Abgabe der Einfuhrerklärung zusätzliche Unterlagen vorzulegen oder in Spalte 18 der Einfuhrerklärung oder in einer besonderen Erklärung zusätzliche Angaben zu machen, soweit dies in Spalte 5 der Einfuhrliste verlangt wird.

(9) Im Falle des Absatzes 1 tritt an die Stelle der Einfuhrerklärung die Einfuhrgenehmigung (§§ 30 und 31), wenn dies in Spalte 4 der Einfuhrliste verlangt wird. Die Einfuhrgenehmigung ist auf einem Vordruck nach Anlage E 3 a zu beantragen.

§ 29
Ursprungszeugnis und Ursprungserklärung

(1) Bei der Einfuhrabfertigung von Waren, die in Spalte 5 der Einfuhrliste mit „U" oder „UE" gekennzeichnet sind, ist weder ein Ursprungszeugnis noch eine Ursprungserklärung vorzulegen, wenn

1. es sich nicht um Waren des Abschnitts XI der Einfuhrliste handelt und der Wert der in der Einfuhrsendung enthaltenen Waren, für die ein Ursprungszeugnis oder eine Ursprungserklärung vorgeschrieben ist, zweitausend Deutsche Mark nicht übersteigt oder

2. das Ursprungsland der Ware ein Mitgliedstaat der Europäischen Gemeinschaften ist.

(2) Das Ursprungszeugnis muß von einer berechtigten Stelle des Ursprungslandes ausgestellt sein. Der Bundesminister für Wirtschaft macht die berechtigten Stellen im Bundesanzeiger bekannt. Ist das Versendungsland nicht das Ursprungsland, so genügt die Vorlage eines Ursprungszeugnisses einer berechtigten Stelle des Versendungslandes.

(3) Die Ursprungserklärung mzß vom Exporteur oder Lieferanten auf der Rechnung oder, falls eine Rechnung nicht vorgelegt werden kann, auf einem anderen mit der Ausfuhr zusammenhängenden geschäftlichen Beleg eingetragen werden und bestätigen, daß die Waren ihren Ursprung im Sinne der Verordnung (EWG) Nr. 802/68 des Rates vom 27. Juni 1968 (ABl. EG Nr. L 148 S. 1) in Verbindung mit der Verordnung (EWG) Nr. 749/78 der Kommission vom 10. April 1978 (ABl. EG Nr. L 101 S. 7) in der jeweils geltenden Fassung in dem angegebenen Drittland haben.

§ 29 a
(aufgehoben)

§ 29 b
Verfahrensvorschrift nach den §§ 7 und 26 AWG

(1) Das Bundesausfuhramt stellt im Rahmen der internationalen Zusammenarbeit bei der Ausfuhrkontrolle auf Antrag für die Einfuhr von Waren Internationale Einfuhrbescheinigungen (International Import Certificates) und Wareneingangsbescheinigungen (Delivery Verification Certificates) aus.

(2) Der gebietsansässige Einführer als Antragsberechtigter im Sinne dieser Vorschrift hat die Internationale Einfuhrbescheinigung auf einem Vordruck nach Anlage E 6, die Wareneingangsbescheinigung auf einem Vordruck nach Anlage E 7 zu beantragen und die erforderlichen Angaben zu machen.

(3) Die Einfuhr der in dem Antrag auf Internationale Einfuhrbescheinigung bezeichneten Ware ist dem Bundesausfuhramt unverzüglich nachzuweisen. Gibt der Antragsteller die Einfuhrabsicht auf, so hat er dies unverzüglich dem Bundesausfuhramt anzuzeigen und ihm unverzüglich die Bescheinigung zurückzugeben oder über ihren Verbleib Mitteilung zu machen. Will er die Ware in ein anderes Land verbringen, so hat er, bevor die Ware das Versendungsland verläßt, vom Bundesausfuhramt eine neue Bescheinigung zu erwirken, die dieses andere Land nennt.

(4) § 3 Abs. 1 und Abs. 2 Satz 1 AWG ist entsprechend anwendbar.

2. Untertitel
Genehmigungsbedürftige Einfuhr

§ 30
Einfuhrgenehmigung

(1) Die Einfuhrgenehmigung ist auf einem Vordruck nach Anlage E 3 zu beantragen und zu erteilen. Antragsberechtigt ist nur der Einführer. Die Genehmigungsstellen können abweichend von Satz 1

1. im Wege der Ausschreibung vorschreiben, daß die Einfuhrgenehmigung auf einem Vordruck nach Anlage E 3a beantragt wird,
2. vertrauenswürdigen Einführern, die ständig zahlreiche Sendungen einführen, unter bestimmten Voraussetzungen und Bedingungen gestatten, Anträge auf Einfuhrgenehmigung in anderer Weise, insbesondere durch Datenfernübertragung zu stellen,
3. die Einfuhrgenehmigung auf einem Vordruck nach Anlage E 5 erteilen.

(2) Auf einem Vordruck können Anträge für verschiedenartige Waren gestellt werden, wenn

1. sie in derselben Ausschreibung genannt sind,
2. sie zu demselben Zuständigkeitsbereich nach Spalte 3 der Einfuhrliste gehören und
3. ihr Einkaufsland dasselbe Land ist.

(3) Abweichend von Absatz 1 wird für Waren, auf die die Verordnung (EWG) Nr. 636/82 des Rates vom 16. März 1982 zur Schaffung eines wirtschaftlichen passiven Veredelungsverkehrs für bestimmte Textil- und Bekleidungserzeugnisse, die nach Be- oder Verarbeitung in gewissen Drittländern wieder in die Gemeinschaft eingeführt werden (ABl. EG Nr. L 76 S. 1), in der jeweils geltenden Fassung Anwendung findet, die Einfuhrgenehmigung auf einem Vordruck nach Anlage E 3b erteilt.

(4) Die Genehmigungsstellen können verlangen, daß für bestimmte Waren oder Warengruppen getrennte Anträge gestellt werden, soweit es zur Überwachung der Einfuhr, zur Beschleunigung des Genehmigungsverfahrens oder zur Wahrung sonstiger durch das Außenwirtschaftsgesetz geschützter Belange erforderlich ist. Falls getrennte Anträge verlangt werden, soll darauf in der Ausschreibung hingewiesen werden.

(5) Die Genehmigungsstellen sollen Anträge, die innerhalb einer angemessenen Frist nach der Ausschreibung bei ihnen eingehen, als gleichzeitig gestellt behandeln. Die Frist soll in der Ausschreibung bekanntgegeben werden.

§ 31
Einfuhrabfertigung

(1) Für die genehmigungsbedürftige Einfuhr gelten die §§ 27, 27a, § 28 Abs. 1, 3 und 4 und § 29 Abs. 2 und 3 mit der Maßgabe, daß bei der Einfuhrabfertigung zusätzlich die Einfuhrgenehmigung sowie in den Fällen, in denen dies die Einfuhrliste oder Einfuhrgenehmigung vorschreibt, ein Ursprungszeugnis oder eine Ursprungserklärung vorzulegen ist.

(2) Die Zollstelle vermerkt auf der Einfuhrgenehmigung den Wert oder die Menge der abgefertigten Waren.

3. Titel
Sonderregelungen nach § 10 Abs. 5, § 10 a Abs. 3 und § 26 AWG

§ 31 a
Begriffsbestimmungen

Für diesen Titel gelten die Begriffsbestimmungen des § 23.

§ 32
Erleichtertes Verfahren

(1) Gebietsansässige und Gebietsfremde dürfen ohne Einfuhrgenehmigung einführen

1. *(aufgehoben)*

2. belichtete und entwickelte kinematographische Filme und die dazugehörenden Tonträger;

3. a) Waren der gewerblichen Wirtschaft (Waren, die in Spalte 3 der Einfuhrliste mit 01 bis 20 gekennzeichnet sind) bis zu einem Wert von eintausend Deutsche Mark je Einfuhrsendung,

   b) Waren der Ernährung und Landwirtschaft (Waren, die in Spalte 3 der Einfuhrliste mit 51 bis 54 oder 60 gekennzeichnet sind), ausgenommen Saatgut, bis zu einem Wert von zweihundertfünfzig Deutsche Mark je Einfuhrsendung;

   das erleichterte Verfahren gilt nicht für die Einfuhr aus einer Freizone oder einem Zollverkehr sowie für die Einfuhr von Waren, die zum Handel oder zu einer anderen gewerblichen Verwendung bestimmt sind;

4. Muster und Proben für einschlägige Handelsunternehmen oder Verarbeitungsbetriebe

   a) von Waren der gewerblichen Wirtschaft bis zu einem Wert von fünfhundert Deutsche Mark je Einfuhrsendung,

   b) von Erzeugnissen der Ernährung und Landwirtschaft bis zu einem Wert von einhundert Deutsche Mark je Einfuhrsendung, ausgenommen Saatgut;

   bei der Bemessung des Wertes unentgeltlich gelieferter Muster und Proben bleiben Vertriebskosten außer Betracht;

5. Geschenke bis zu einem Wert von eintausend Deutsche Mark je Einfuhrsendung;

6. Briefmarken und Ganzsachen sowie die dazugehörenden Alben;

7. Drucksachen im Sinne der postalischen Vorschriften;

8. Kunstgegenstände, die von Gebietsansässigen während eines vorübergehenden Aufenthaltes in fremden Wirtschaftsgebieten geschaffen worden sind;

8 a. Kunstgegenstände, Sammlungsstücke und Antiquitäten, die nicht zum Handel bestimmt sind;

9. Akten, Geschäftspapiere, Urkunden, Korrekturbogen, andere Schriftstücke sowie Manuskripte, die nicht als Handelsware eingeführt werden;

10. Fernsehbandaufzeichnungen;

11. *(aufgehoben)*

11 a. Teile zur Ausbesserung von in fremden Wirtschaftsgebieten zugelassenen Kraftfahrzeugen, die während der vorübergehenden Verwendung im Wirtschaftsgebiet reparaturbedürftig geworden sind;

11 b. Luftfahrzeuge und Luftfahrzeugteile, die zu ihrer Wartung oder Ausbesserung im Wirtschaftsgebiet oder nach ihrer Wartung oder Ausbesserung in fremden Wirtschaftsgebieten im Rahmen von Wartungsverträgen eingeführt werden;

11 c. Luftfahrzeuge, die vorübergehend für Vorführzwecke aus dem Zollgebiet der Europäischen Gemeinschaften ausgeführt worden sind;

12. Bunkerkohle und sonstige Betriebsstoffe für Schiffe und Luftfahrzeuge zur zollfreien Verwendung unter zollamtlicher Überwachung; Treibstoffe, die Landkraftfahrzeuge in den dafür eingebauten Behältern zum Eigenbetrieb mitführen;

12 a. Waren, die von einem Gebietsfremden auf eigene Rechnung einem Gebietsansässigen zum Ausbessern von Schiffen zur Verfügung gestellt werden, wenn das Schiff in einem Freihafen oder unter zollamtlicher Überwachung für Rechnung des Gebietsfremden ausgebessert wird;

12 b. gebrauchte Kleidungsstücke, die nicht zum Handel bestimmt sind;

13. Waren, die Aussteller zum unmittelbaren Verzehr als Kostproben auf Messen oder Ausstellungen einführen, wenn der Wert der in einem Kapitel der Einfuhrliste zusammengefaßten Waren sechstausend Deutsche Mark je Messe oder Ausstellung nicht übersteigt; hierbei ist der Wert der Waren mehrerer Aussteller, die sich durch dieselbe Person vertreten lassen, zusammenzurechnen;

14. Fische, Seetang, Seegras und andere Waren, die Gebietsansässige auf hoher See sowie im schweizerischen Teil des Untersees und des Rheins von Schiffen, welche die Flagge eines Mitgliedstaates der Europäischen Gemeinschaften führen, aus gewinnen und unmittelbar in das Wirtschaftsgebiet verbringen; in diesen schweizerischen Gebieten erlegtes Wild;

15. Waren bis zu einem Wert von zehntausend Deutsche Mark, die von deutschen Schiffen aus einem an den Küsten des Wirtschaftsgebiets gestrandeten Schiff geborgen oder aus einem auf hoher See beschädigten Schiff gerettet und unmittelbar in das Wirtschaftsgebiet verbracht werden; von Schiffen, welche die Flagge eines Mitgliedstaates der Europäischen Gemeinschaften führen, aufgefischtes und an Land gebrachtes seetriftiges Gut;

16. Waren, welche die im Wirtschaftsgebiet stationierten ausländischen Truppen, die ihnen gleichgestellten Organisationen, das zivile Gefolge sowie deren Mitglieder und Angehörige der Mitglieder zu ihrer eigenen Verwendung einführen;

17. Waren zur Lieferung an die im Wirtschaftsgebiet stationierten ausländischen Truppen, die ihnen gleichgestellten Organisationen, das zivile Gefolge sowie an ihre Mitglieder und die Angehörigen der Mitglieder, wenn nach zwischenstaatlichen Verträgen der Bundesrepublik Deutschland oder den Vorschriften des Truppenzollgesetzes Zollfreiheit gewährt wird;

18. Zollgut aus dem Besitz der im Wirtschaftsgebiet stationierten ausländischen Truppen, der ihnen gleichgestellten Organisationen, des zivilen Gefolges sowie der Mitglieder und der Angehörigen der Mitglieder;

19. Abfälle, die im Wirtschaftsgebiet bei der Bearbeitung, Verarbeitung oder Ausbesserung von eingeführten und zur Wiederausfuhr bestimmten Waren anfallen, wenn für die Überlassung der Abfälle kein Entgelt gewährt wird;

20. Abfälle, Fegsel und zum ursprünglichen Zweck nicht mehr verwendbare Waren, die in Häfen, Zollagern oder in einem sonstigen Zollverkehr im Wirtschaftsgebiet anfallen;

21. Waren, die zum vorübergehenden Gebrauch in eine Freizone oder zur vorübergehenden Zollgutverwendung in das Wirtschaftsgebiet verbracht worden sind und zum ursprünglichen Zweck nicht mehr verwendet werden können, oder Teile davon, die bei der Ausbesserung im Wirtschaftsgebiet anfallen;

22. Ersatzlieferungen für eingeführte Waren, die in fremde Wirtschaftsgebiete zurückgesandt worden sind oder zurückgesandt werden sollen oder unter zollamtlicher Überwachung vernichtet worden sind, und handelsübliche Nachlieferungen zu bereits eingeführten Waren;

22 a. Waren mit Ursprung in den Europäischen Gemeinschaften, die als Veredelungserzeugnisse nach zollrechtlicher passiver Veredelung eingeführt werden; andere Veredelungserzeugnisse nach zollrechtlicher passiver Veredelung, die nach Ausbesserung, im Verfahren des Standardaustausches oder nach Durchführung ergänzender Veredelungsvorgänge gemäß Artikel 22 der VO (EWG) Nr. 1999/85 des Rates über den aktiven Veredelungsverkehr vom 16. Juli 1985 (ABl. EG Nr. L 188 S. 1) in der jeweils geltenden Fassung eingeführt werden;

23. Ballast, der nicht als Handelsware eingeführt wird;

23 a. (aufgehoben)

24. Brieftauben, die nicht als Handelsware eingeführt werden;

25. Waren zur Verwendung bei der Ersten Hilfe in Katastrophenfällen;

26. Eis zum Frischhalten von Waren bei der Einfuhr;

27. Reisegerät und Reisemitbringsel, wenn die Waren frei von Eingangsabgaben sind; nicht zum Handel bestimmte Waren bis zu einem Wert von dreitausend Deutsche Mark, die Reisende mitführen;

28. im Verkehr zwischen Personen, die in benachbarten, durch zwischenstaatliche Abkommen festgelegten Zollgrenzzonen oder in benachbarten Zollgrenzbezirken mit Ländern außerhalb der Europäischen Gemeinschaften ansässig sind (kleiner Grenzverkehr),

  a) von diesen Personen mitgeführte Waren, die nicht zum Handel bestimmt sind und deren Wert eintausend Deutsche Mark täglich nicht übersteigt,

  b) Waren, die diesen Personen als Teil des Lohnes oder auf Grund von gesetzlichen Unterhalts- oder Altenteilsverpflichtungen gewährt werden;

29. Tiere, Saatgut, Düngemittel, Fahrzeuge, Maschinen und sonstige Waren, deren Einfuhr durch die örtlichen und wirtschaftlichen Verhältnisse in Zollgrenzzonen oder Zollgrenzbezirken mit Ländern außerhalb der Europäischen Gemeinschaften bedingt ist und die nach zwischenstaatlichen Verträgen von Einfuhrbeschränkungen befreit sind;

29 a. Klärschlamm und Rechengut, die beim Betrieb von grenzüberschreitenden Gemeinschaftsanlagen zur Abwässerreinigung in Zollgrenzzonen oder Zollgrenzgebieten mit Ländern außerhalb der Europäischen Gemeinschaften anfallen;

30. Erzeugnisse des Ackerbaus, der Viehzucht, des Gartenbaus und der Forstwirtschaft solcher grenzdurchschnittener Betriebe, die vom Wirtschaftsgebiet aus bewirtschaftet werden, wenn für diese Erzeugnisse außertarifliche Zollfreiheit gewährt wird;

31. Deputatkohle;

32. Baubedarf, Instandsetzungs- und Betriebsmittel für Stauwerke, Kraftwerke, Brücken, Straßen und sonstige Bauten, die beiderseits der Grenze zu Ländern außerhalb der Europäischen Gemeinschaften errichtet, betrieben oder benutzt werden;

33. Waren, die nach

   a) den §§ 33, 34, 36, 37, 39 bis 43 und 45 der Allgemeinen Zollordnung,

   b) Kapitel I der Verordnung (EWG) Nr. 918/83 des Rates vom 28. März 1983 über das gemeinschaftliche System der Zollbefreiungen (ABl. EG Nr. L 105 S. 1)

   zollfrei eingeführt werden können; die Regelung gilt entsprechend, wenn solche Waren aus einem anderen Grund zollfrei eingeführt werden können;

33 a. Umschließungen und Verpackungsmittel, Behälter (Container) und sonstige Großraumbehältnisse, die wie diese verwendet werden, Paletten, Druckbehälter für verdichtete oder flüssige Gase, Kabeltrommeln und Kettbäume, soweit diese nicht Gegenstand eines Handelsgeschäftes sind, sowie zum Frischhalten beigepacktes Eis;

34. Waren in Freizonen unter den Voraussetzungen und Bedingungen, unter denen sie nach den Nummern 27 und 33 im erleichterten Verfahren eingeführt werden können;

35. Waren, die der Bundesminister der Verteidigung, seine nachgeordneten Behörden und Dienststellen im Rahmen des Abkommens zwischen der Bundesrepublik Deutschland und den Vereinigten Staaten von Amerika über gegenseitige Verteidigungshilfe vom 30. Juni 1955 (BGBl. II S. 1049) oder nach Lagerung, Ausbesserung oder dienstlichem Gebrauch in fremden Wirtschaftsgebieten einführen;

36. Waren, für die außertarifliche Zollfreiheit gewährt wird

   a) nach den Beitrittsgesetzen der Bundesrepublik Deutschland zu zwischenstaatlichen Verträgen mit Ländern außerhalb der Europäischen Gemeinschaften,

   b) nach Rechtsverordnungen der Bundesregierung auf Grund des Artikels 3 des Gesetzes vom 22. Juni 1954 über den Beitritt der Bundesrepublik Deutschland zum Abkommen über die Vorrechte und Befreiungen der Sonderorganisationen der Vereinten Nationen vom 21. November 1947 und über die Gewährung von Vorrechten und Befreiungen an andere zwischenstaatliche Organisationen (BGBl. 1954 II S. 639) in der Fassung von Artikel 4 Abs. 1 des Gesetzes vom 16. August 1980 (BGBl. II S. 941),

   c) (aufgehoben)

   d) nach der Verordnung (EWG) Nr. 754/76 des Rates vom 25. März 1976 über die zollrechtliche Behandlung von Waren, die in das Zollgebiet der Gemeinschaft zurückkehren (ABl. EG Nr. L 89 S. 1), in der jeweils geltenden Fassung,

   e) nach der Verordnung (EWG) Nr. 3599/82 des Rates vom 21. Dezember 1982 über die vorübergehende Verwendung (ABl. EG Nr. L 376 S. 1), in der jeweils geltenden Fassung.

(2) Die §§ 22, 27 bis 29, 30, 31 gelten nicht für die in Absatz 1 genannten Einfuhren. Ein Ursprungszeugnis oder eine Ursprungserklärung nach Spalte 5 der Einfuhrliste ist nicht erforderlich. § 27 Abs. 2 Nr. 3 in Verbindung mit § 27a ist jedoch entsprechend anzuwenden auf die Einfuhr von Betriebsstoffen für Schiffe und Luftfahrzeuge, ausgenommen Bunkerkohle, soweit die Betriebsstoffe nicht in dafür eingebauten Behältern zum Eigenbetrieb mitgeführt werden. Der Einführer oder die in § 27 Abs. 1 Satz 4 genannte Person hat die Waren einer Zollstelle zu gestellen oder bei ihr anzumelden. Für den Zeitpunkt der Gestellung oder Anmeldung gilt § 27 Abs. 3 sinngemäß. Der Einführer hat der Zollstelle auf Verlangen nachzuweisen, daß die Voraussetzungen des Absatzes 1 vorliegen. Die Sätze 4 bis 6 gelten nicht für Waren, die nach den Zollvorschriften von der Gestellung und Anmeldung befreit sind.

(3) Gebietsfremde dürfen Waren der gewerblichen Wirtschaft genehmigungsfrei einführen, die

1. sich in einem besonderen Zollverkehr befinden und auf Messen oder Ausstellungen veräußert werden oder

2. nachweislich auf Messen oder Ausstellungen veräußert werden sollen,

soweit die Einfuhr der Waren durch Gebietsansässige genehmigungsfrei zulässig ist.

§ 32 a
Lagerung in Freizonen oder Zollagern

Gebietsansässige und Gebietsfremde dürfen ohne Einfuhrgenehmigung und ohne Einfuhrerklärung Waren zur Lagerung in Freizonen oder Zollagern einführen. Die Einfuhrgenehmigung oder die Einfuhrerklärung sowie die Einfuhrabfertigung sind in diesen Fällen erst erforderlich, wenn die Waren in den freien Verkehr verbracht werden. Dem Verbringen der Waren in den freien Verkehr stehen insoweit die Abfertigung oder die Überführung der Waren zur aktiven Eigenveredelung, zu einem Umwandlungsverfahren, zur Freigutverwendung oder zur bleibenden Zollgutverwendung sowie der Gebrauch, der Verbrauch und die Bearbeitung oder die Verarbeitung für Rechnung eines Gebietsansässigen in einer Freizone oder auf der Insel Helgoland gleich. Das Hauptzollamt kann vertrauenswürdigen Einführern gestatten, die Einfuhrabfertigung für aus einem Zollager des Typs D entnommene Waren mit der Abgabe der Zahlungsanmeldung zu beantragen, spätestens jedoch am fünfzehnten Tage des auf die Entnahme folgenden Kalendermonats.

§ 32 b
Lagerung im freien Verkehr

(1) Sollen eingangsabgabenfreie Waren, deren Einfuhr genehmigungsfrei ist, zur Lagerung für Rechnung eines Gebietsfremden im freien Verkehr eingeführt werden, so ist in der Einfuhrerklärung „Lagerung im freien Verkehr" anzugeben.

(2) Sollen eingangsabgabenfreie Waren, deren Einfuhr der Genehmigung bedarf und deren spätere Verwendung ungewiß ist, in den freien Verkehr zur Lagerung eingeführt werden, so ist im Antrag auf Einfuhrgenehmigung „Lagerung im freien Verkehr" anzugeben. Die Einfuhrgenehmigung kann unter der Auflage erteilt werden, daß die Waren ohne Zustimmung der Genehmigungsstelle nur zur Ausfuhr ausgelagert werden dürfen.

§ 33
Aktive Lohnveredelung im zollrechtlichen Veredelungsverkehr oder in den Freizonen

(1) Gebietsansässige dürfen ohne Einfuhrgenehmigung und ohne Einfuhrerklärung Waren einführen, die

1. zur aktiven Lohnveredelung im zollrechtlichen Veredelungsverkehr abgefertigt oder angeschrieben werden,

2. als Nachholgut im Rahmen einer aktiven Lohnveredelung zum freien Verkehr abgefertigt oder angeschrieben werden,

3. in einer Freizone für Rechnung eines Gebietsfremden bearbeitet oder verarbeitet werden.

Bei der Einfuhrabfertigung brauchen keine Einfuhrkontrollmeldung, kein Ursprungszeugnis, keine Ursprungserklärung und keine anderen Nachweise über das Ursprungsland und das Einkaufsland der Waren vorgelegt zu werden.

(2) Eine Einfuhrgenehmigung oder eine Einfuhrerklärung ist jedoch erforderlich,

1. soweit für die nach Absatz 1 Satz 1 Nr. 1 eingeführten Waren innerhalb der zollamtlich festgesetzten Frist keine entsprechenden Mengen veredelter Waren oder an deren Stelle

entsprechende Mengen nicht veredelter Waren oder Zwischenerzeugnisse gestellt werden oder soweit die eingeführten Waren, entsprechende Mengen veredelter Waren oder Zwischenerzeugnisse zum freien Verkehr, zur aktiven Eigenveredelung, zur Umwandlung, zur Freigutverwendung oder zur bleibenden Zollgutverwendung abgefertigt werden,

2. soweit die nach Absatz 1 Satz 1 Nummer 3 eingeführten Waren in einer Freizone oder auf der Insel Helgoland gebraucht, verbraucht oder für Rechnung eines Gebietsansässigen bearbeitet oder verarbeitet werden.

(3) *(aufgehoben)*

§ 33 a
(aufgehoben)

§ 33 b
(aufgehoben)

§ 34
(aufgehoben)

§ 35
Wareneinfuhr durch Gebietsfremde nach § 10 a Abs. 3 AWG

Bei der Einfuhr von Waren stehen nichtgemeinschaftsansässige Gebietsfremde aus den Mitgliedstaaten der Europäischen Freihandelsassoziation (Finnland, Island, Norwegen, Österreich, Schweden, Schweiz) den Gebietsansässigen gleich, sofern die Einfuhr durch Gebietsansässige ohne Genehmigung zulässig ist.

§ 35 a
Einfuhr von Gartenbauerzeugnissen

(1) Bei der Einfuhr von Gartenbauerzeugnissen, für die Qualitätsnormen in der Verordnung (EWG) Nr. 23/62 des Rates vom 4. April 1962 über die schrittweise Errichtung einer gemeinsamen Marktorganisation für Obst und Gemüse (ABl. EG S. 965), auf Grund dieser Verordnung und der Verordnung (EWG) Nr. 1035/72 des Rates vom 18. Mai 1972 (ABl. EG Nr. L 118 S. 1) oder der Verordnung (EWG) Nr. 234/68 des Rates vom 27. Februar 1968 über die Errichtung einer gemeinsamen Marktorganisation für lebende Pflanzen und Waren des Blumenhandels (ABl. EG Nr. L 55 S. 1) festgelegt worden sind, prüft das Bundesamt für Ernährung und Forstwirtschaft vor der Einfuhrabfertigung stichprobenweise, ob die Waren diesen Qualitätsnormen entsprechen.

(2) Bei der genehmigungsfreien Einfuhr von Obst und Gemüse, für das der Rat oder die Kommission in der Verordnung (EWG) Nr. 23/62 des Rates vom 4. April 1962 über die schrittweise Errichtung einer gemeinsamen Marktorganisation für Obst und Gemüse (ABl. EG S. 965) oder auf Grund dieser Verordnung und der Verordnung (EWG) Nr. 1035/72 des Rates über eine gemeinsame Marktorganisation für Obst und Gemüse vom 18. Mai 1972 (ABl. EG L 118 S. 1) in der jeweils geltenden Fassung Qualitätsnormen festgelegt hat, ist der Zollstelle bei der Einfuhrabfertigung vorzulegen.

1. eine gültige Kontrollbescheinigung nach Artikel 9 Abs. 4 der Verordnung (EWG) Nr. 2251/92 der Kommission vom 29. Juli 1992 über die Qualitätskontrolle von frischem Obst und Gemüse (ABl. EG Nr. L 219 S. 9) in der jeweils geltenden Fassung oder

2. eine Bescheinigung über die industrielle Zweckbestimmung nach Artikel 10 Abs. 2 der Verordnung (EWG) Nr. 2251/92 in der jeweils geltenden Fassung.

Wird keine der in Satz 1 genannten Bescheinigungen vorgelegt, bedarf die Abfertigung zum freien Verkehr nach Kapitel III der Verordnung (EWG) Nr. 2251/92 in der jeweils geltenden Fassung der Zustimmung des Bundesamtes für Ernährung und Forstwirtschaft.

(3) (gestrichen)

(4) Absatz 2 ist nicht anwendbar, soweit für die Einfuhr der Ware das erleichterte Verfahren nach § 32 gilt.

§ 35 b
(aufgehoben)

§ 35 c
(gestrichen)

§ 36
Zwangsvollstreckung

Soll eine Zwangsvollstreckung in Waren vorgenommen werden, die sich in einer Freizone oder einem Zollager befinden, so kann der Gläubiger eine Einfuhrerklärung abgeben oder eine Einfuhrgenehmigung sowie die Einfuhrabfertigung beantragen. In der Einfuhrerklärung oder im Antrag auf Einfuhrgenehmigung ist zu vermerken: „Zwangsvollstreckung".

§ 37
(aufgehoben)

Kapitel IV
Sonstiger Warenverkehr

1. Titel
Warendurchfuhr

§ 38
Beschränkungen nach den §§ 5 und 7 Abs. 1 AWG

(1) Die Durchfuhr der in Teil I Abschnitt A, B und C der Ausfuhrliste (Anlage AL) genannten Waren ist verboten, wenn die Waren

1. nicht in ein Land der Länderliste A/B (Abschnitt II der Anlage zum Außenwirtschaftsgesetz) als Bestimmungsland verbracht werden sollen,

2. aus einem in der Länderliste E (Anlage L) aufgeführten Land oder für Rechnung einer in einem dieser Länder ansässigen Person versandt worden sind und

3. nicht

   a) von einer Bescheinigung des Versendungslandes, daß die Waren ausgeführt werden dürfen (Durchfuhrberechtigungsschein), oder

   b) im Falle der Versendung aus der Schweiz oder den Vereinigten Staaten von Amerika von einer Abschrift der Ausfuhrgenehmigung des Versendungslandes

   begleitet werden.

(2) Die Durchfuhr der in Teil I Abschnitt C Nummer 9 A 992 der Ausfuhrliste (Anlage AL) genannten Segelflugzeuge, Motorsegler, Hängegleiter mit oder ohne Motor und besonders

konstruierter Bestandteile hierfür bedarf der Genehmigung, wenn Empfangsland der Libanon, Libyen oder Syrien ist.

(3) Die Durchfuhr der in Teil I Abschnitte A und B der Ausfuhrliste (Anlage AL) genannten Waren oder Unterlagen zur Fertigung von Waren bedarf der Genehmigung, wenn Empfangsland der Irak oder Kuwait ist.

(4) Die Durchfuhr von Waren oder Unterlagen zur Fertigung von Waren, die im Zusammenhang mit der Entwicklung, dem Bau, der Erprobung oder dem Einsatz eines Ferngeschützes im Irak stehen, ist verboten.

(5) Die Durchfuhr von Waren oder Unterlagen zur Fertigung von Waren ist verboten, wenn sie für die Errichtung oder den Betrieb einer Anlage zur ausschließlichen oder teilweisen Herstellung, Modernisierung oder Wartung von Waffen, Munition oder Rüstungsmaterial im Sinne von Teil I Abschnitt A der Ausfuhrliste (Anlage AL) oder zum Einbau in diese Gegenstände bestimmt sind, Empfangsland Libyen ist und entweder der Durchführer, Spediteur oder Frachtführer von diesem Zusammenhang Kenntnis hat oder von der zuständigen Behörde darüber unterrichtet worden ist. Wird das Durchfuhrverbot nach Satz 1 erst wirksam, nachdem die Waren oder Fertigungsunterlagen in das Wirtschaftsgebiet verbracht worden sind, so dürfen sie unter amtlicher Aufsicht in das Versendungsland zurückbefördert werden.

(6) (aufgehoben)

(7) Empfangsland ist das Land, in das die Waren verbracht werden sollen, ohne daß sie in Durchfuhrländern anderen als den mit der Beförderung zusammenhängenden Aufenthalten oder Rechtsgeschäften unterworfen werden sollen. Ist dieses Land nicht bekannt, so gilt als Empfangsland das letzte bekannte Land, nach dem die Waren abgesandt werden.

§ 39
Durchfuhrverfahren

(1) Die Zulässigkeit der Durchfuhr wird beim Ausgang der Waren aus dem Wirtschaftsgebiet von der Ausgangszollstelle, beim Ausgang über eine Binnengrenze zu einem anderen Mitgliedstaat der Europäischen Gemeinschaften von jeder beteiligten Zollstelle geprüft. Die Zollstelle kann zu diesem Zweck von dem Warenführer oder von den Verfügungsberechtigten weitere Angaben und Beweismittel, insbesondere auch die Vorlage der Verladescheine verlangen. Im übrigen gelten die Zollvorschriften über die Erfassung des Warenverkehrs und die Zollbehandlung sinngemäß.

(2) Durchfuhrberechtigungsscheine müssen durch die in der Länderliste E (Anlage L) aufgeführten Behörden ausgestellt sein. Durchfuhrberechtigungsscheine und Abschriften der Ausfuhrgenehmigung werden vier Monate nach dem Ausgang der Ware aus dem Versendungsland nicht mehr anerkannt.

(3) Die Ausgangszollstelle vermerkt den Ausgang der Waren auf dem Durchfuhrberechtigungsschein oder auf der Abschrift der Ausfuhrgenehmigung.

(4) (aufgehoben)

2. Titel
Transithandel

§ 40
Beschränkung nach § 7 Abs. 1 AWG

(1) Die Veräußerung der in Teil I der Ausfuhrliste (Anlage AL) genannten Waren im Rahmen eines Transithandelsgeschäftes bedarf der Genehmigung, sofern nicht Käufer- und

Bestimmungsland Mitglied der Organisation für wirtschaftliche Zusammenarbeit und Entwicklung sind. Die Genehmigung ist nicht erforderlich, wenn die Ware im Rahmen des Transithandelsgeschäfts ausgeführt wird und die Ausfuhr nach §§ 5 oder 5a einer Ausfuhrgenehmigung bedarf.

(2) *(aufgehoben)*

(3) Transithandelsgeschäfte sind Geschäfte, bei denen außerhalb des Wirtschaftsgebiets befindliche Waren oder in das Wirtschaftsgebiet verbrachte, jedoch einfuhrrechtlich noch nicht abgefertigte Waren durch Gebietsansässige von Gebietsfremden erworben und an Gebietsfremde veräußert werden; ihnen stehen Rechtsgeschäfte gleich, bei denen diese Waren vor der Veräußerung an Gebietsfremde an andere Gebietsansässige veräußert werden.

§§ 41 und 42

(aufgehoben)

§ 43

Transithandelsgenehmigung

Die Transithandelsgenehmigung ist auf einem Vordruck nach Anlage T 1 zu beantragen und zu erteilen.

§ 43 a

Verfahrensvorschrift nach den §§ 7 und 26 AWG

Wer als Transithändler einer Internationalen Einfuhrbescheinigung (International Import Certificate) oder einer Wareneingangsbescheinigung (Delivery Verification Certificate) bedarf, hat diese beim Bundesausfuhramt zu beantragen. § 29 b gilt entsprechend mit der Maßgabe, daß die Einfuhr in das im Antrag bezeichnete Käufer- oder Bestimmungsland nachzuweisen ist.

3. Titel

Beschränkungen gegenüber sowjetischen Streitkräften

§ 43 b

Beschränkung nach § 7 Abs. 1 AWG

Rechtsgeschäfte und Handlungen zwischen Gebietsansässigen oder Gebietsfremden und den im Wirtschaftsgebiet stationierten sowjetischen Streitkräften bedürfen der Genehmigung, wenn sich die Rechtsgeschäfte oder Handlungen auf die in Teil I Abschnitte A, B und C der Ausfuhrliste (Anlage AL) genannten Waren oder Unterlagen zur Fertigung dieser Waren beziehen. Das gleiche gilt für Unterlagen über die in Teil I Abschnitte A, B und C der Ausfuhrliste in einzelnen Nummern benannten Technologien, technischen Daten und technischen Verfahren.

Kapitel V
Dienstleistungsverkehr

1. Titel

Beschränkungen des aktiven Dienstleistungsverkehrs

§ 44

Beschränkung nach den §§ 6 und 7 Abs. 1 AWG

(1) Das Verchartern von Seeschiffen, welche die Bundesflagge führen, bedarf der Genehmigung, wenn der Chartervertrag mit einem Gebietsfremden abgeschlossen wird, der in

einem Land der Länderliste C (Abschnitt II der Anlage zum Außenwirtschaftsgesetz) ansässig ist.

(2) Die Mitwirkung von Gebietsansässigen als Stellvertreter, Vermittler oder in ähnlicher Weise beim Abschluß von Frachtverträgen zur Beförderung einzelner Güter (Stückgüter) durch Seeschiffe fremder Flagge zwischen einem Gebietsfremden, der nicht in einem Land der Länderliste F 1 oder F 2 (Anlage L) ansässig ist, und einem weiteren Gebietsfremden bedarf der Genehmigung, wenn das Entgelt für die Beförderung eintausend Deutsche Mark übersteigt.

§ 44 a
Beschränkung nach § 6 Abs. 1 AWG

Der Abschluß und die Erfüllung von Verträgen zwischen Gebietsansässigen und Gebietsfremden sowie die Geschäftsbesorgung durch Gebietsansässige für Gebietsfremde bedürfen insoweit der Genehmigung, als Gegenstand der Verträge oder der Geschäftsbesorgung die ständige Prüfung der Preise von Waren oder Dienstleistungen ist, die für fremde Wirtschaftsgebiete bestimmt sind.

§ 44 b
Beschränkung nach § 6 Abs. 1 AWG

Der Abschluß von Verträgen zwischen gebietsansässigen und gebietsfremden Seeschiffahrtsunternehmen bedarf insoweit der Genehmigung, als die Verträge Bestimmungen über die Aufteilung von Ladungen und Frachten enthalten.

§ 45
Beschränkung nach § 7 Abs. 1 AWG

(1) Der Einbau der in § 5 Abs. 1 Satz 1 genannten Waren in Schiffe oder Luftfahrzeuge von Gebietsfremden, die in einem Land der Länderliste C (Abschnitt II der Anlage zum Außenwirtschaftsgesetz) ansässig sind, bedarf der Genehmigung.

(2) Die Weitergabe von nicht allgemein zugänglichen Kenntnissen über die Fertigung der in § 5 Abs. 1 Satz 1 und § 5a Abs. 1 genannten Waren und über die in § 5 Abs. 1 Satz 2 genannten Technologien, technischen Daten und technischen Verfahren sowie die Weitergabe von in § 5 Abs. 1 Satz 1 erfaßten, nicht allgemein zugänglichen Datenverarbeitungsprogrammen (Software) an Gebietsfremde, die in einem Land ansässig sind, das nicht Mitglied der Organisation für wirtschaftliche Zusammenarbeit und Entwicklung ist, bedarf der Genehmigung. Als Gebietsfremde im Sinne des Satzes 1 sind auch solche natürlichen Personen anzusehen, deren Wohnsitz oder gewöhnlicher Aufenthalt im Wirtschaftsgebiet im Zeitpunkt der Weitergabe auf höchstens fünf Jahre befristet ist. Satz 1 gilt nicht für Behörden und Dienststellen der Bundesrepublik Deutschland im Rahmen ihrer dienstlichen Aufgaben.

(3) Der Genehmigung bedürfen ferner die Erteilung von Lizenzen an Patenten sowie die Weitergabe von nicht allgemein zugänglichen Kenntnissen an Gebietsfremde, die in der Republik Südafrika ansässig sind, soweit die Patente oder Kenntnisse die Fertigung oder Instandhaltung der in § 5 Abs. 1 Satz 1 genannten Waren betreffen.

§ 45 a
Beschränkung nach § 7 Abs. 1 AWG

Es ist Gebietsansässigen verboten, Verträge mit Gebietsfremden abzuschließen oder zu erfüllen oder für Gebietsfremde Geschäfte zu besorgen, wenn der Gegenstand der Verträge oder der Geschäftsbesorgung im Zusammenhang mit einem Projekt der Luftbetankung von Flugzeugen in Libyen oder mit der Errichtung oder dem Betrieb einer Anlage zur Herstellung von chemischen Waffen im Sinne der Kriegswaffenliste (Anlage zum Gesetz über die Kontrolle von Kriegswaffen) in Libyen steht.

§ 45 b
Beschränkung nach § 7 Abs. 1 und 3 AWG

(1) Dienstleistungen Gebietsansässiger, die sich auf Waren des Teils I Abschnitt A der Ausfuhrliste (Anlage AL) beziehen, bedürfen der Genehmigung, wenn sie in einem Land erbracht werden, das nicht Mitglied der Organisation für wirtschaftliche Zusammenarbeit und Entwicklung ist, auch wenn die Voraussetzungen des § 45 Abs. 2 und 3 nicht vorliegen.

(2) Ebenso bedürfen Dienstleistungen Gebietsansässiger in fremden Wirtschaftsgebieten, die sich auf Raketen, hierfür besonders konstruierte Bestandteile und besonders entwickelte Rechnerprogramme beziehen, der Genehmigung. Ausgenommen sind Projekte der Europäischen Weltraumorganisation sowie Dienstleistungen, die in einem anderen Mitgliedstaat der Europäischen Wirtschaftsgemeinschaft oder in Australien, Japan, Kanada, Neuseeland, Norwegen, der Türkei oder den Vereinigten Staaten von Amerika erbracht werden. Raketen im Sinne von Satz 1 sind Flugkörper, die zur Aufnahme von Kriegswaffen im Sinne des Gesetzes über die Kontrolle von Kriegswaffen geeignet sind.

(3) Die Absätze 1 und 2 gelten auch für Dienstleistungen nicht gebietsansässiger Deutscher.

(4) Dienstleistungen im Sinne dieser Vorschrift sind alle Handlungen bei der Entwicklung, Herstellung, Montage, Erprobung, Wartung oder dem Einsatz der in den Absätzen 1 und 2 genannten Waren. Die erstmalige Herstellung der Betriebsbereitschaft einer Ware, deren Ausfuhr genehmigt worden ist, bedarf keiner Genehmigung.

§ 45 c
Beschränkung nach § 7 Abs. 1 und 3 AWG

(1) Der Abschluß und die Erfüllung von Dienstleistungsverträgen zwischen Gebietsansässigen und Gebietsfremden sowie die Geschäftsbesorgung durch Gebietsansässige für Gebietsfremde bedürfen der Genehmigung, wenn der Gegenstand der Verträge oder der Geschäftsbesorgung im Zusammenhang mit der Errichtung oder dem Betrieb von Anlagen für kerntechnische Zwecke in Algerien, Indien, Iran, Irak, Israel, Jordanien, Libyen, Nordkorea, Pakistan, Südafrika, Syrien oder Taiwan steht und wenn der Gebietsansässige Kenntnis von diesem Zusammenhang hat.

(2) Absatz 1 gilt auch für Verträge und Geschäftsbesorgungen, die von Deutschen in fremden Wirtschaftsgebieten abgeschlossen, erfüllt oder erbracht werden.

2. Titel
Beschränkungen des passiven Dienstleistungsverkehrs

§ 46
Beschränkung nach § 18 AWG

(1) Der Abschluß von Frachtverträgen zur Beförderung einzelner Güter (Stückgüter) durch Seeschiffe fremder Flagge zwischen Gebietsansässigen und Gebietsfremden, die nicht in

einem Land der Länderliste F 1 oder F 2 (Anlage L) ansässig sind, bedarf der Genehmigung, wenn das Entgelt für die Dienstleistung eintausend Deutsche Mark übersteigt.

(2) Das Chartern von Seeschiffen fremder Flagge bedarf der Genehmigung, wenn der Chartervertrag zwischen Gebietsansässigen und Gebietsfremden, die nicht in einem Land der Länderliste F 2 ansässig sind, geschlossen wird.

§ 47

Beschränkung nach § 20 AWG

(1) Rechtsgeschäfte zwischen Gebietsansässigen und Gebietsfremden, die

1. das Mieten von Binnenschiffen, die nicht in einem Binnenschiffsregister im Wirtschaftsgebiet eingetragen sind,

2. die Beförderung von Gütern mit solchen Binnenschiffen oder

3. das Schleppen durch solche Binnenschiffe

im Güterverkehr innerhalb des Wirtschaftsgebiets zum Gegenstand haben, bedürfen der Genehmigung.

(2) Die Genehmigung ist nicht erforderlich für Rechtsgeschäfte nach Absatz 1, die eine Verwendung des Binnenschiffs nur

1. im Verkehr mit Beginn und Ende im Rheinstromgebiet oder

2. im Wechselverkehr zwischen dem Rheinstromgebiet und den Häfen des westdeutschen Kanalgebiets bis Dortmund und Hamm

vorsehen.

(3) Die Genehmigung ist mit Wirkung vom 1. Januar 1993 nicht erforderlich für Rechtsgeschäfte nach Absatz 1 mit Unternehmen, die die Voraussetzungen der Verordnung (EWG) Nr. 3921/91 des Rates vom 16. Dezember 1991 über die Bedingungen für die Zulassung von Verkehrsunternehmen zum Binnenschiffsgüter- und -personenverkehr innerhalb eines Mitgliedstaats, in dem sie nicht ansässig sind (ABl. EG Nr. L 373 S. 1) erfüllen. In der Zeit vom 1. Januar 1993 bis 31. Dezember 1994 gilt dies nur für eine Beförderung auf der direkten Rückfahrt im Anschluß an eine grenzüberschreitende Beförderung. Für Rechtsgeschäfte nach Absatz 1, die Beförderungen zwischen Häfen in den Bundesländern Berlin, Brandenburg, Mecklenburg-Vorpommern, Sachsen, Sachsen-Anhalt und Thüringen vorsehen, bleibt bis zum 31. Dezember 1994 eine Genehmigung erforderlich.

§ 48

(aufgehoben)

§ 49

Beschränkung nach § 21 AWG

(1) Rechtsgeschäfte zwischen Gebietsansässigen und Versicherungsunternehmen mit Sitz in einem fremden Wirtschaftsgebiet über

1. Schiffskasko- und Schiffshaftpflichtversicherungen oder

2. Luftfahrtversicherungen, ausgenommen Verkehrsfluggast-Unfallversicherungen,

bedürfen der Genehmigung.

(2) Eine Genehmigung ist nicht erforderlich, wenn das Versicherungsunternehmen

1. bei Versicherungen nach Absatz 1 Nr. 1 in einem Land der Länderliste G 1 (Anlage L),

2. bei Versicherungen nach Absatz 1 Nr. 2 in einem Land der Länderliste G 2 (Anlage L)

seinen Sitz hat.

(3) Eine Genehmigung ist ferner nicht erforderlich, wenn das Rechtsgeschäft unter Mitwirkung einer Niederlassung oder Agentur vorgenommen wird, die ihre Tätigkeit auf Grund einer Genehmigung nach dem Versicherungsaufsichtsgesetz ausübt.

3. Titel
Meldevorschriften nach § 26 AWG

§ 50
(gestrichen)

§ 50 a
Meldungen über Entgelte für Filmrechte

(1) Gebietsansässige haben Lizenzabgaben aus Verträgen, in denen von Gebietsfremden Vorführungs-, Video- oder Senderechte an Spiel-, Kinder- oder Jugendfilmen mit einer Abspieldauer von mindestens 45 Minuten erworben werden, oder Lizenzerlöse aus Verträgen, in denen Gebietsfremden solche Rechte eingeräumt werden, zu melden.

(2) In den Meldungen sind die Gesamtzahl der Filme und die Summe der Lizenzentgelte ohne Abzug von Vertriebsspesen oder Vertriebskosten, aufgeschlüsselt nach Lizenzgebieten und innerhalb der Lizenzgebiete wiederum aufgeschlüsselt nach Kinorechten, Videorechten und Fernsehrechten, anzugeben. Im Falle der Lizenzvergabe sind die Entgelte getrennt nach Filmen deutschen und ausländischen Ursprungs sowie nach den Lizenznehmerländern anzugeben; im Falle der Lizenznahme sind die Entgelte nach den einzelnen Lizenzgeberländern zusammenzufassen. Ist für mehrere Auswertungsrechte ein einheitliches Lizenzentgelt vereinbart, so ist die Aufschlüsselung des Entgeltes nach Möglichkeit im Wege der Schätzung vorzunehmen.

(3) Die Meldungen sind jährlich bis spätestens Ende Februar eines Kalenderjahres für das vorhergehende Kalenderjahr (Meldezeitraum), erstmals bis spätestens Ende Februar 1992, zu erstatten. Die Meldungen haben alle in dem Meldezeitraum bewirkten Zahlungen, einschließlich der im Rahmen von Lizenzgarantien geleisteten Vorauszahlungen, zu umfassen.

(4) Meldepflichtig sind die gebietsansässigen Vertriebsunternehmen, sofern die Lizenzgeschäfte über sie abgewickelt werden. In allen anderen Fällen obliegt die Meldepflicht den gebietsansässigen Lizenznehmern und Lizenzgebern.

(5) Die Meldungen sind an das Bundesamt für Wirtschaft zu richten. Das Bundesamt kann für einzelne Meldepflichtige oder für Gruppen von Meldepflichtigen vereinfachte Meldungen oder Abweichungen von Meldefristen zulassen, soweit dafür besondere Gründe vorliegen oder der Zweck der Meldevorschriften nicht beeinträchtigt wird.

(6) Die für das letzte Vierteljahr 1990 nach Absatz 3 Satz 3 des § 50 a bisheriger Fassung zu erstellenden Meldungen sind bis Ende Januar 1991 nach dem bisher geltenden Verfahren zu bewirken.

§ 50 b
Meldungen des Braugewerbes

(1) Gebietsansässige haben den Abschluß von Verträgen zu melden, in denen sie Gebietsfremden das Recht einräumen, Bier, das in einem fremden Wirtschaftsgebiet hergestellt ist, mit einer Bezeichnung oder Ausstattung zu vertreiben, die mit einer von den Gebietsansäs-

sigen zur Kennzeichnung des Ursprungs ihrer Erzeugnisse benutzten Bezeichnung oder Ausstattung übereinstimmt oder verwechselt werden kann. Das gleiche gilt für das Einbringen solcher Vertriebsrechte in ein Unternehmen in einem fremden Wirtschaftsgebiet.

(2) In den Meldungen sind die Person, der das Vertriebsrecht eingeräumt wird, das Ursprungsland, das Bestimmungsland und die voraussichtliche Vertriebsmenge des Bieres sowie die Bezeichnungen oder Ausstattungen anzugeben, mit denen das Bier vertrieben werden soll. Die Meldungen sind innerhalb zweier Wochen nach Abschluß des Vertrages der obersten Landesbehörde für Wirtschaft abzugeben, in deren Bereich der Meldepflichtige ansässig ist. Die Landesregierungen werden ermächtigt, durch Rechtsverordnung die zuständige Behörde abweichend von Satz 2 zu bestimmen. Sie können diese Ermächtigung auf oberste Landesbehörden übertragen.

Kapitel VI
Kapitalverkehr

1. Titel
Beschränkungen

§ 51
Beschränkung nach § 5 AWG zur Erfüllung des Abkommens über deutsche Auslandsschulden

(1) Einem Schuldner ist die Bewirkung von Zahlungen und sonstigen Leistungen verboten, wenn sie

1. die Erfüllung einer Schuld im Sinne des Abkommens vom 27. Februar 1953 über deutsche Auslandsschulden (BGBl. II S. 331) zum Gegenstand haben, die Schuld aber nicht geregelt ist;

2. die Erfüllung einer geregelten Schuld im Sinne des Abkommens zum Gegenstand haben, sich aber nicht innerhalb der Grenzen der festgesetzten Zahlungs- und sonstigen Bedingungen halten;

3. die Erfüllung von Verbindlichkeiten zum Gegenstand haben, die in nichtdeutscher Währung zahlbar sind oder waren und die zwar den Voraussetzungen des Artikels 4 Abs. 1 und 2 des Abkommens entsprechen, aber die Voraussetzungen des Artikels 4 Abs. 3 Buchstabe a oder b des Abkommens hinsichtlich der Person des Gläubigers nicht erfüllen, es sei denn, daß es sich um Verbindlichkeiten aus marktfähigen Wertpapieren handelt, die in einem Gläubigerland zahlbar sind.

(2) Die in Artikel 3 des Abkommens enthaltenen Begriffsbestimmungen gelten auch für Absatz 1.

§ 52
Beschränkung nach § 7 Abs. 1 Nr. 2 und Nr. 3 AWG

Gebietsansässige Kreditinstitute bedürfen der Genehmigung für die Ausführung von Verfügungen über Konten, Depots oder sonstige in Verwahrung oder Verwaltung befindliche Vermögenswerte Iraks oder Kuwaits, amtlicher Stellen in Irak oder Kuwait oder deren Beauftragter. Der Genehmigung bedürfen auch Verfügungen Iraks oder Kuwaits, amtlicher Stellen in Irak oder Kuwait oder deren Beauftragter über Vermögenswerte, die nicht bei gebietsansässigen Kreditinstituten gehalten werden.

§§ 53 und 54
(aufgehoben)

2. Titel
Meldevorschriften nach § 26 AWG

§ 55
Vermögensanlagen Gebietsansässiger in fremden Wirtschaftsgebieten

(1) Gebietsansässige haben Leistungen, die sie

1. an Gebietsfremde oder für deren Rechnung an Gebietsansässige erbringen und welche die Anlage von Vermögen in fremden Wirtschaftsgebieten zur Schaffung dauerhafter Wirtschaftsverbindungen (Direktinvestitionen) bezwecken, oder

2. von Gebietsfremden oder für deren Rechnung von Gebietsansässigen entgegennehmen und welche die Auflösung von Vermögen im Sinne von Nummer 1 zur Folge haben,

nach § 56 zu melden, wenn sie in folgenden Formen vollzogen werden:

a) Gründung oder Erwerb sowie Auflösung oder Veräußerung von Unternehmen,

b) Erwerb oder Veräußerung von Beteiligungen an Unternehmen,

c) Errichtung oder Erwerb sowie Aufhebung oder Veräußerung von Zweigniederlassungen oder Betriebsstätten,

d) Zuführung von Kapital zu Unternehmen, Zweigniederlassungen oder Betriebsstätten, die dem gebietsansässigen Kapitalgeber gehören oder an denen er beteiligt ist, sowie Rückführung von solchem Kapital,

e) Gewährung von Krediten an Unternehmen, Zweigniederlassungen oder Betriebsstätten, die dem gebietsansässigen Kreditgeber oder einem von ihm abhängigen Unternehmen gehören oder an denen der gebietsansässige Kreditgeber oder ein ihm abhängiges Unternehmen beteiligt ist, sowie Rückführung solcher Kredite.

(2) Absatz 1 findet keine Anwendung auf

1. Leistungen, die im Einzelfall den Wert von fünfzigtausend Deutsche Mark oder den Gegenwert in ausländischer Währung nicht übersteigen,

2. Leistungen, die sich auf die Anlage oder Auflösung von Vermögen in Unternehmen beziehen, an denen der Gebietsansässige oder ein von ihm abhängiges Unternehmen mit nicht mehr als 20 vom Hundert der Anteile beteiligt ist; das gilt auch für den Erwerb einer Beteiligung, sofern der Gebietsansässige nach dem Erwerb mit nicht mehr als 20 vom Hundert der Anteile an dem Unternehmen beteiligt ist, und für die Veräußerung einer Beteiligung, sofern der Gebietsansässige vor der Veräußerung mit nicht mehr als 20 vom Hundert der Anteile an dem Unternehmen beteiligt war,

3. Leistungen, die die Gewährung oder Rückführung von Krediten mit einer ursprünglich vereinbarten Laufzeit oder Kündigungsfrist von nicht mehr als zwölf Monaten zum Gegenstand haben,

4. Leistungen von Geldinstituten oder an Geldinstitute in der Form der Kreditgewährung oder Kreditrückführung (einschließlich der Begründung oder Rückführung von Gutachten).

(3) Die Meldevorschriften der §§ 59 bis 69 bleiben unberührt.

§ 56
Abgabe der Meldungen nach § 55

(1) Meldepflichtig ist der Gebietsansässige, der die Leistung in den Fällen des § 55 Abs. 1 erbringt oder entgegennimmt.

(2) Die Meldungen sind bis zum fünften Tage des auf den meldepflichtigen Vorgang folgenden Monats der Deutschen Bundesbank auf dem Vordruck „Vermögensanlagen Gebietsansässiger in fremden Wirtschaftsgebieten" (Anlage K 1) in vierfacher Ausfertigung zu erstatten. Sie sind bei der Landeszentralbank abzugeben, in deren Bereich der Meldepflichtige ansässig ist. Die Deutsche Bundesbank übersendet je eine Ausfertigung der Meldungen dem Bundesminister für Wirtschaft, dem Auswärtigen Amt und der örtlich zuständigen obersten Landesbehörde für Wirtschaft.

§ 56 a
Vermögen Gebietsansässiger in fremden Wirtschaftsgebieten

(1) Der Stand und ausgewählte Positionen der Zusammensetzung folgenden Vermögens in fremden Wirtschaftsgebieten sind nach § 56 b zu melden:

1. des Vermögens eines gebietsfremden Unternehmens, wenn dem Gebietsansässigen mehr als zwanzig vom Hundert der Anteile oder der Stimmrechte an dem Unternehmen zuzurechnen sind;

2. des Vermögens eines gebietsfremden Unternehmens, wenn mehr als zwanzig vom Hundert der Anteile oder Stimmrechte an diesem Unternehmen einem von einem Gebietsansässigen abhängigen gebietsfremden Unternehmen zuzurechnen sind;

3. des Vermögens Gebietsansässiger in ihren gebietsfremden Zweigniederlassungen und auf Dauer angelegten Betriebsstätten.

(2) Ein gebietsfremdes Unternehmen gilt im Sinne des Absatzes 1 Nr. 2 als von einem Gebietsansässigen abhängig, wenn dem Gebietsansässigen mehr als fünfzig vom Hundert der Anteile oder Stimmrechte an dem gebietsfremden Unternehmen zuzurechnen sind. Wenn einem von einem Gebietsansässigen abhängigen gebietsfremden Unternehmen sämtliche Anteile oder Stimmrechte an einem anderen gebietsfremden Unternehmen zuzurechnen sind, so ist auch das andere gebietsfremde Unternehmen und unter denselben Voraussetzungen jedes weitere Unternehmen im Sinne des Absatzes 1 Nr. 2 als von einem Gebietsansässigen abhängig anzusehen.

(3) Absatz 1 findet keine Anwendung, wenn die Bilanzsumme des gebietsfremden Unternehmens, an dem der Gebietsansässige oder ein anderes von ihm abhängiges gebietsfremdes Unternehmen beteiligt ist, oder das Betriebsvermögen der gebietsfremden Zweigniederlassung oder Betriebsstätte des Gebietsansässigen fünfhunderttausend Deutsche Mark nicht überschreitet. Absatz 1 findet ferner insoweit keine Anwendung, als dem Gebietsansässigen Unterlagen, die er zur Erfüllung seiner Meldepflicht benötigt, aus tatsächlichen oder rechtlichen Gründen nicht zugänglich sind.

§ 56 b
Abgabe der Meldungen nach § 56 a

(1) Die Meldungen sind einmal jährlich nach dem Stand des Bilanzstichtages des Meldepflichtigen oder, soweit der Meldepflichtige nicht bilanziert, nach dem Stand des 31. Dezember der Deutschen Bundesbank mit dem Vordruck „Vermögen Gebietsansässiger in fremden Wirtschaftsgebieten" (Anlage K 3) in doppelter Ausfertigung zu erstatten. Die Deutsche Bundesbank übersendet eine Ausfertigung der Meldungen dem Bundesminister für Wirtschaft.

(2) Stimmt der Bilanzstichtag eines gebietsfremden Unternehmens, an dem der Meldepflichtige oder ein anderes von ihm abhängiges gebietsfremdes Unternehmen beteiligt ist, nicht mit dem Bilanzstichtag des Meldepflichtigen oder, soweit der Meldepflichtige nicht bilanziert, nicht mit dem 31. Dezember überein, so kann bei der Berechnung des Vermögens von dem diesem Zeitpunkt unmittelbar vorangegangenen Bilanzstichtag des gebietsfremden Unternehmens ausgegangen werden.

(3) Die Meldungen sind jeweils spätestens bis zum letzten Werktag des sechsten auf den Bilanzstichtag des Meldepflichtigen oder, soweit der Meldepflichtige nicht bilanziert, des sechsten auf den 31. Dezember folgenden Kalendermonats bei der Landeszentralbank abzugeben, in deren Bereich der Meldepflichtige ansässig ist.

(4) Meldepflichtig ist der Gebietsansässige, dem das Vermögen unmittelbar oder über ein abhängiges gebietsfremdes Unternehmen am Bilanzstichtag des Gebietsansässigen oder, soweit er nicht bilanziert, am 31. Dezember jeweils zuzurechnen ist.

§ 57
Vermögensanlagen Gebietsfremder im Wirtschaftsgebiet

(1) Gebietsansässige haben Leistungen, die sie

1. von Gebietsfremden oder für deren Rechnung von Gebietsansässigen entgegennehmen und welche die Anlage von Vermögen im Wirtschaftsgebiet zur Schaffung dauerhafter Wirtschaftsverbindungen (Direktinvestitionen) bezwecken oder

2. an Gebietsfremde oder für deren Rechnung an Gebietsansässige erbringen und welche die Auflösung von Vermögen im Sinne von Nummer 1 zur Folge haben, nach § 58 zu melden, wenn sie in folgenden Formen vollzogen werden:

   a) Gründung oder Erwerb sowie Auflösung oder Veräußerung von Unternehmen,

   b) Erwerb oder Veräußerung von Beteiligungen an Unternehmen,

   c) Errichtung oder Erwerb sowie Aufhebung oder Veräußerung von Zweigniederlassungen oder Betriebsstätten,

   d) Zuführung von Kapital zu Unternehmen, Zweigniederlassungen oder Betriebstätten, die dem gebietsfremden Kapitalgeber gehören oder an denen er beteiligt ist, sowie Rückführung von solchem Kapital,

   e) Gewährung von Krediten an Unternehmen, Zweigniederlassungen oder Betriebsstätten, die dem gebietsfremden Kreditgeber oder einem von ihm abhängigen Unternehmen gehören oder an denen der gebietsfremde Kreditgeber oder ein von ihm abhängiges Unternehmen beteiligt ist, sowie Rückführung solcher Kredite.

(2) Absatz 1 findet keine Anwendung auf

1. Leistungen, die im Einzelfall den Wert von fünfzigtausend Deutsche Mark oder den Gegenwert in ausländischer Währung nicht übersteigen,

2. Leistungen, die sich auf die Anlage oder Auflösung von Vermögen in Unternehmen beziehen, an denen der Gebietsfremde oder ein von ihm abhängiges Unternehmen mit nicht mehr als 20 vom Hundert der Anteile beteiligt ist; das gilt auch für den Erwerb einer Beteiligung, sofern der Gebietsfremde nach dem Erwerb mit nicht mehr als 20 vom Hundert der Anteile an dem Unternehmen beteiligt ist, und für die Veräußerung einer Beteiligung, sofern der Gebietsfremde vor der Veräußerung mit nicht mehr als 20 vom Hundert der Anteile an dem Unternehmen beteiligt war,

3. Leistungen, die die Gewährung oder Rückführung von Krediten mit einer ursprünglich vereinbarten Laufzeit oder Kündigungsfrist von nicht mehr als zwölf Monaten zum Gegenstand haben,

4. Leistungen von Geldinstituten oder an Geldinstitute in der Form der Kreditgewährung oder Kreditrückführung (einschließlich der Begründung oder Rückführung von Guthaben).

(3) Die Meldevorschriften der §§ 59 bis 69 bleiben unberührt.

§ 58

Abgabe der Meldungen nach § 57

(1) Meldepflichtig ist der Gebietsansässige, der die Leistung in den Fällen des § 57 Abs. 1 entgegennimmt oder erbringt.

(2) Die Meldungen sind bis zum fünften Tage des auf den meldepflichtigen Vorgang folgenden Monats der Deutschen Bundesbank auf dem Vordruck „Vermögensanlagen Gebietsfremder im Wirtschaftsgebiet" (Anlage K 2) in vierfacher Ausfertigung zu erstatten. Im übrigen gilt § 56 Abs. 2 entsprechend.

§ 58a

Vermögen Gebietsfremder im Wirtschaftsgebiet

(1) Der Stand und ausgewählte Positionen der Zusammensetzung folgenden Vermögens im Wirtschaftsgebiet sind nach § 58b zu melden:

1. des Vermögens eines gebietsansässigen Unternehmens, wenn einem Gebietsfremden oder mehreren wirtschaftlich verbundenen Gebietsfremden zusammen mehr als zwanzig vom Hundert der Anteile oder Stimmrechte an dem gebietsansässigen Unternehmen zuzurechnen sind;

2. des Vermögens eines gebietsansässigen Unternehmens, wenn mehr als zwanzig vom Hundert der Anteile oder Stimmrechte an diesem Unternehmen einem von einem Gebietsfremden oder einem von mehreren wirtschaftlich verbundenen Gebietsfremden abhängigen gebietsansässigen Unternehmen zuzurechnen sind;

3. des Vermögens Gebietsfremder in ihren gebietsansässigen Zweigniederlassungen und auf Dauer angelegten Betriebsstätten.

(2) Gebietsfremde sind als wirtschaftlich verbunden im Sinne des Absatzes 1 Nr. 1 und 2 anzusehen, wenn sie gemeinsam wirtschaftliche Interessen verfolgen; dies gilt auch, wenn sie gemeinsam wirtschaftliche Interessen zusammen mit Gebietsansässigen verfolgen. Als solche wirtschaftlich verbundene Gebietsfremde gelten insbesondere:

1. natürliche und juristische gebietsfremde Personen, die sich zum Zwecke der Gründung oder des Erwerbs eines gebietsansässigen Unternehmens, des Erwerbs von Beteiligungen an einem solchen Unternehmen oder zur gemeinsamen Ausübung ihrer Anteilsrechte an einem solchen Unternehmen zusammengeschlossen haben; ferner natürliche und juristische gebietsfremde Personen, die gemeinsam wirtschaftliche Interessen verfolgen, indem sie an einem oder mehreren Unternehmen Beteiligungen halten;

2. natürliche gebietsfremde Personen, die miteinander verheiratet oder in gerader Linie verwandt, verschwägert oder durch Adoption verbunden oder in der Seitenlinie bis zum dritten Grade verwandt oder bis zum zweiten Grade verschwägert sind, oder

3. juristische gebietsfremde Personen, die im Sinne des § 15 des Aktiengesetzes miteinander verbunden sind.

(3) Ein gebietsansässiges Unternehmen gilt im Sinne des Absatzes 1 Nr. 2 als von einem Gebietsfremden oder von mehreren wirtschaftlich verbundenen Gebietsfremden abhängig, wenn dem Gebietsfremden oder den wirtschaftlich verbundenen Gebietsfremden zusammen

mehr als fünfzig vom Hundert der Anteile oder Stimmrechte an dem gebietsansässigen Unternehmen zuzurechnen sind.

(4) Absatz 1 findet keine Anwendung, wenn die Bilanzsumme des gebietsansässigen Unternehmens, an dem der Gebietsfremde, die wirtschaftlich verbundenen Gebietsfremden oder ein anderes von dem Gebietsfremden oder von den wirtschaftlich verbundenen Gebietsfremden abhängiges gebietsansässiges Unternehmen beteiligt sind, oder das Betriebsvermögen der gebietsansässigen Zweigniederlassung oder Betriebsstätte des Gebietsfremden fünfhunderttausend Deutsche Mark nicht überschreitet. Absatz 1 findet ferner insoweit keine Anwendung, als dem Gebietsansässigen Unterlagen, die er zur Erfüllung seiner Meldepflicht benötigt, aus tatsächlichen oder rechtlichen Gründen nicht zugänglich sind. Absatz 1 Nr. 1 und 2 findet keine Anwendung, wenn das gebietsansässige oder das abhängige gebietsansässige Unternehmen, an dem wirtschaftlich verbundene Gebietsfremde beteiligt sind, nicht erkennen kann, daß es sich bei den Gebietsfremden im Sinne des Absatzes 2 um wirtschaftlich verbundene Gebietsfremde handelt.

§ 58 b
Abgabe der Meldungen nach § 58 a

(1) Die Meldungen sind einmal jährlich nach dem Stand des Bilanzstichtages des Meldepflichtigen oder, soweit es sich bei dem Meldepflichtigen um eine nicht bilanzierende gebietsansässige Zweigniederlassung oder Betriebsstätte eines gebietsfremden Unternehmens handelt, nach dem Stand des Bilanzstichtages des gebietsfremden Unternehmens der Deutschen Bundesbank mit dem Vordruck „Vermögen Gebietsfremder im Wirtschaftsgebiet" (Anlage K 4) in doppelter Ausfertigung zu erstatten. Die Deutsche Bundesbank übersendet eine Ausfertigung der Meldungen dem Bundesminister für Wirtschaft.

(2) Die Meldungen sind spätestens bis zum letzten Werktag des sechsten auf den Bilanzstichtag des Meldepflichtigen oder, soweit es sich bei dem Meldepflichtigen um eine nicht bilanzierende gebietsansässige Zweigniederlassung oder Betriebsstätte eines gebietsfremden Unternehmens handelt, des sechsten auf den Bilanzstichtag des gebietsfremden Unternehmens folgenden Monats bei der Landeszentralbank abzugeben, in deren Bereich der Meldepflichtige ansässig ist.

(3) Meldepflichtig ist

1. in den Fällen des § 58 a Abs. 1 Nr. 1 das gebietsansässige Unternehmen,

2. in den Fällen des § 58 a Abs. 1 Nr. 2 das abhängige gebietsansässige Unternehmen,

3. in den Fällen des § 58 a Abs. 1 Nr. 3 die gebietsansässige Zweigniederlassung oder Betriebsstätte.

§ 58 c
Ausnahmen

Die Deutsche Bundesbank kann für einzelne Meldepflichtige oder für Gruppen von Meldepflichtigen vereinfachte Meldungen oder Abweichungen von Meldefristen oder Vordrucken zulassen oder einzelne Meldepflichtige oder Gruppen von Meldepflichtigen befristet oder widerruflich von einer Meldepflicht freistellen, soweit dafür besondere Gründe vorliegen oder der Zweck der Meldevorschriften nicht beeinträchtigt wird.

Kapitel VII
Zahlungsverkehr

1. Titel
Beschränkungen

(aufgehoben)

2. Titel
Meldevorschriften nach § 26 AWG

1. Untertitel
Allgemeine Vorschriften

§ 59
Meldung von Zahlungen

(1) Gebietsansässige haben Zahlungen, die sie

1. von Gebietsfremden oder für deren Rechnung von Gebietsansässigen entgegennehmen (eingehende Zahlungen) oder

2. an Gebietsfremde oder für deren Rechnung an Gebietsansässige leisten (ausgehende Zahlungen),

zu melden.

(2) Absatz 1 findet keine Anwendung auf

1. Zahlungen, die den Betrag von fünftausend Deutsche Mark oder den Gegenwert in ausländischer Währung nicht übersteigen,

2. Ausfuhrerlöse,

3. Zahlungen, die die Gewährung, Aufnahme oder Rückzahlung von Krediten (einschließlich der Begründung und Rückzahlung von Guthaben bei Geldinstituten) mit einer ursprünglich vereinbarten Laufzeit oder Kündigungsfrist von nicht mehr als zwölf Monaten zum Gegenstand haben,

4. Zahlungen natürlicher Personen für den Bezug von Waren zum persönlichen Gebrauch und für die Inanspruchnahme von Dienstleistungen zu persönlichen Zwecken.

(3) Zahlung im Sinne dieses Kapitels ist auch die Aufrechnung und die Verrechnung. Als Zahlung gilt ferner das Einbringen von Sachen und Rechten in Unternehmen, Zweigniederlassungen und Betriebsstätten.

§ 60
Form der Meldung

(1) Ausgehende Zahlungen, die über ein gebietsansässiges Geldinstitut oder eine Postanstalt im Wirtschaftsgebiet geleistet werden, sind mit dem Vordruck „Zahlungsauftrag im Außenwirtschaftsverkehr" (Anlage Z 1) zu melden.

(2) Eingehende und ausgehende Zahlungen außerhalb des Warenverkehrs, die durch Gebietsansässige, ausgenommen Geldinstitute, über ein Konto bei einem gebietsfremden Geldinstitut entgegengenommen oder geleistet werden, sind in doppelter Ausfertigung zu melden, und zwar

1. eingehende Zahlungen mit dem Vordruck „Auslandskontenmeldung (Eingänge)" (Anlage Z 2),

2. ausgehende Zahlungen mit dem Vordruck „Auslandskontenmeldung (Ausgänge)" (Anlage Z 3).

(3) Eingehende und ausgehende Zahlungen, die nicht nach den Absätzen 1 und 2 gemeldet werden müssen, sind mit dem Vordruck „Zahlungen im Außenwirtschaftsverkehr" (Anlage Z 4) in doppelter Ausfertigung zu melden. Für den Warenverkehr und für den übrigen Außenwirtschaftsverkehr sind getrennte Meldungen einzureichen.

(4) In den Meldungen sind die Kennzahlen des Leistungsverzeichnisses (Anlage LV) anzugeben.

(5) Bei abgabenbegünstigten Lieferungen und Leistungen an im Wirtschaftsgebiet stationierte ausländische Truppen sowie an das zivile Gefolge kann abweichend von Absatz 3 Satz 1 die Meldung auch durch Abgabe einer Durchschrift der Empfangsbestätigung der Truppen oder des zivilen Gefolges nach dem auf Grund der Abgabenvorschriften vorgeschriebenen Muster erstattet werden.

§ 61
Meldefrist

Die Meldungen sind abzugeben

1. bei Zahlungen nach § 60 Abs. 1
mit der Erteilung des Auftrages an das Geldinstitut oder die Postanstalt; der Auftraggeber kann die für die Deutsche Bundesbank bestimmte Ausfertigung des Zahlungsauftrages bei der Erteilung des Auftrages auch in verschlossenem Umschlag, auf dem sein Name und seine Anschrift als Absender angegeben sind, zur Weiterleitung an die Deutsche Bundesbank abgeben; in diesem Falle brauchen in der für das Geldinstitut oder die Postanstalt bestimmten Ausfertigung die statistischen Angaben und in der für die Deutsche Bundesbank bestimmten Ausfertigung die zahlungsverkehrstechnischen Angaben nicht ausgefüllt zu werden;

2. bei Zahlungen nach § 60 Abs. 2

    a) von Kontoinhabern, die im Handels- oder Genossenschaftsregister eingetragen sind, monatlich bis zum siebenten Tage des auf die Leistung oder Entgegennahme der Zahlungen folgenden Monats, wenn der Gesamtbetrag der nach § 59 Abs. 1 zu meldenden Zahlungen im Kalendermonat fünfzigtausend Deutsche Mark übersteigt,

    b) in den übrigen Fällen halbjährlich bis zum zehnten Tage des auf den Ablauf des Kalenderhalbjahres folgenden Monats;

3. bei Zahlungen nach § 60 Abs. 3

    bis zum siebenten Tage des auf die Leistung oder Entgegennahme der Zahlungen folgenden Monats; Sammelmeldungen sind zulässig.

§ 62
Meldung von Forderungen und Verbindlichkeiten

(1) Gebietsansässige, ausgenommen Geldinstitute, haben ihre Forderungen und Verbindlichkeiten gegenüber Gebietsfremden zu melden, wenn diese Forderungen oder Verbindlichkeiten bei Ablauf eines Monats jeweils zusammengerechnet mehr als fünfhunderttausend Deutsche Mark betragen.

(2) Die Forderungen und Verbindlichkeiten sind jeweils monatlich bis zum zehnten Tage des folgenden Monats nach dem Stand des letzten Werktages des Vormonats mit dem

Vordruck „Forderungen und Verbindlichkeiten aus Finanzbeziehungen mit Gebietsfremden" (Anlage Z 5 Blatt 1 und Blatt 2) in doppelter Ausfertigung zu melden, sofern nicht Absatz 3 etwas anderes vorschreibt.

(3) Forderungen und Verbindlichkeiten aus dem Waren- und Dienstleistungsverkehr mit Gebietsfremden einschließlich der geleisteten und entgegengenommenen Anzahlungen sind jeweils monatlich bis zum zwanzigsten Tage des folgenden Monats nach dem Stand des letzten Werktages des Vormonats mit dem Vordruck „Forderungen und Verbindlichkeiten gegenüber Gebietsfremden aus dem Waren- und Dienstleistungsverkehr" (Anlage Z 5 a) in doppelter Ausfertigung zu melden.

(4) Entfällt für einen Gebietsansässigen, der für einen vorangegangenen Meldestichtag meldepflichtig war, wegen Unterschreitens der in Absatz 1 genannten Betragsgrenze die Meldepflicht, so hat er dies bis zum zwanzigsten Tage des darauf folgenden Monats der Meldestelle schriftlich anzuzeigen.

§ 63

Meldestellen

(1) Die nach den §§ 59 und 62 vorgeschriebenen Meldungen sind der Deutschen Bundesbank zu erstatten. Sie sind bei der Landeszentralbank, Hauptstelle oder Zweigstelle, abzugeben, in deren Bereich der Meldepflichtige ansässig ist.

(2) In den Fällen des § 60 Abs. 1 ist die Meldung bei dem beauftragten Geldinstitut oder der beauftragten Postanstalt zur Weiterleitung an die Deutsche Bundesbank abzugeben.

§ 64

Ausnahmen

§ 58 c gilt entsprechend.

2. Untertitel

Ergänzende Meldevorschriften

§ 65

(aufgehoben)

§ 66

Zahlungen im Transithandel

(1) Für Zahlungen im Transithandel gelten die §§ 59 bis 61, 63 und 64. Ist die Ware bei Abgabe der Meldung bereits an einen Gebietsfremden weiter veräußert, so ist der Zahlungseingang zusammen mit dem Zahlungsausgang zu melden. Ist die Zahlung des gebietsfremden Erwerbers im Zeitpunkt des Zahlungsausgangs noch nicht eingegangen, so ist der vereinbarte Betrag der Zahlung zu melden.

(2) Wer eine ausgehende Zahlung im Transithandel gemeldet hat und die Transithandelsware danach einfuhrrechtlich abfertigen läßt, hat dies formlos bis zum zehnten Tage des auf die Einfuhrabfertigung folgenden Monats unter Angabe des gemeldeten Betrages und des Zeitpunktes der Zahlung mit dem Zusatz „Umstellung von Transithandel auf Wareneinfuhr" zu melden.

(3) Wer eine ausgehende Zahlung für eine Wareneinfuhr gemeldet hat und die Ware danach an einen Gebietsfremden veräußert, ohne daß diese einfuhrrechtlich abgefertigt worden ist, hat dies formlos bis zum zehnten Tage des auf die Veräußerung folgenden

Monats unter Angabe des gemeldeten Betrages mit dem Zusatz „Umstellung von Wareneinfuhr auf Transithandel" zu melden.

(4) In den Fällen der Absätze 2 und 3 sind ferner die Benennung der Ware, die Nummer des Warenverzeichnisses für die Außenhandelsstatistik, das Einkaufsland und die Währung, in der die Zahlung geleistet worden ist, anzugeben.

(5) Die Meldungen sind der Deutschen Bundesbank zu erstatten. Sie sind bei der Landeszentralbank, Hauptstelle oder Zweigstelle, abzugeben, in deren Bereich der Meldepflichtige ansässig ist.

§ 67
Zahlungen der Seeschiffahrtsunternehmen

Gebietsansässige, die ein Seeschiffahrtsunternehmen betreiben, haben abweichend von den §§ 59 bis 61 Zahlungen, die sie im Zusammenhang mit dem Betrieb der Seeschiffahrt entgegennehmen oder leisten, mit dem Vordruck „Einnahmen und Ausgaben der Seeschiffahrt" (Anlage Z 8) monatlich bis zum siebenten Tage des auf die Zahlung folgenden Monats der zuständigen Landeszentralbank in dreifacher Ausfertigung zu melden. Die Landeszentralbank übersendet eine Ausfertigung der zuständigen obersten Landesbehörde für Wirtschaft.

§ 68
(aufgehoben)

3. Untertitel
Meldevorschriften für Geldinstitute

§ 69
Meldungen der Geldinstitute

(1) Soweit Zahlungen nach Absatz 2 zu melden sind, finden die §§ 59 bis 63 keine Anwendung.

(2) Gebietsansässige Geldinstitute haben zu melden

1. eingehende und ausgehende Zahlungen für die Veräußerung oder den Erwerb von Wertpapieren, die das Geldinstitut für eigene oder fremde Rechnung an Gebietsfremde verkauft oder von Gebietsfremden kauft, sowie ausgehende Zahlungen, die das Geldinstitut im Zusammenhang mit der Einlösung inländischer Wertpapiere leistet,

    mit dem Vordruck „Wertpapiergeschäfte im Außenwirtschaftsverkehr" (Anlage Z 10) in doppelter Ausfertigung; statt dieses Vordrucks kann eine Durchschrift der Wertpapierabrechnung des Geldinstituts eingereicht werden, wenn sie die im Vordruck vorgesehenen Angaben enthält;

2. Zins- und Dividendenzahlungen an Gebietsfremde auf inländische Wertpapiere, die sie im Auftrag eines Gebietsfremden einziehen,

    mit dem Vordruck „Wertpapier-Erträge im Außenwirtschaftsverkehr" (Anlage Z 11);

3. eingehende und ausgehende Zahlungen für Zinsen und zinsähnliche Erträge und Aufwendungen (ausgenommen Wertpapierzinsen), die sie für eigene Rechnung von Gebietsfremden entgegennehmen oder an Gebietsfremde leisten, mit den Vordrucken „Zinseinnahmen und zinsähnliche Erträge im Außenwirtschaftsverkehr (ohne Wertpapierzinsen)" (Anlage Z 14) und „Zinsausgaben und zinsähnliche Aufwendungen im Außenwirtschaftsverkehr (ohne Wertpapierzinsen)" (Anlage Z 15);

4. im Zusammenhang mit dem Reiseverkehr und der Personenbeförderung

   a) eingehende Zahlungen einschließlich des Gegenwertes der in fremde Wirtschaftsgebiete versandten auf Deutsche Mark lautenden Noten und Münzen

      mit dem Vordruck „Zahlungseingänge im aktiven Reiseverkehr" (Anlage Z 12),

   b) ausgehende Zahlungen einschließlich des Gegenwertes der aus fremden Wirtschaftsgebieten eingegangenen auf Deutsche Mark lautenden Noten und Münzen

      mit dem Vordruck „Zahlungsausgänge im passiven Reiseverkehr" (Anlage Z 13).

(3) Absatz 2 Nr. 1 und 3 findet keine Anwendung auf Zahlungen, die den Betrag von fünftausend Deutsche Mark oder den Gegenwert in ausländischer Währung nicht übersteigen.

(4) Bei Meldungen nach Absatz 2 Nr. 1 sind die Kennzahlen des Leistungsverzeichnisses (Anlage LV) anzugeben.

(5) Es sind zu erstatten

1. Meldungen nach Absatz 2 Nr. 1, 2 und 4 monatlich bis zum fünften Tage des auf den meldepflichtigen Vorgang folgenden Monats,

2. Meldungen nach Absatz 2 Nr. 3 monatlich bis zum siebenten Tage des auf den meldepflichtigen Vorgang folgenden Monats. Zinsen und zinsähnliche Erträge und Aufwendungen im Kontokorrent- und Sparverkehr, einschließlich Zinsen auf Sparbriefe und Namens-Sparschuldverschreibungen, brauchen nur halbjährlich bis zum dreißigsten Tage nach Ablauf eines Kalenderhalbjahres gemeldet zu werden.

(6) Die Meldungen sind der Deutschen Bundesbank zu erstatten. Sie sind bei der Landeszentralbank, Hauptstelle oder Zweigstelle, abzugeben, in deren Bereich der Meldepflichtige ansässig ist.

Kapitel VII a
Besondere Beschränkungen gegen Irak und Kuwait

§ 69 a
Beschränkungen der Europäischen Gemeinschaften auf Grund der Resolution 661 des Sicherheitsrates der Vereinten Nationen (Kapitel VII der Charta) vom 6. August 1990

Zur Gewährleistung der Straf- und Bußgeldbewehrung entsprechender Verbote der Europäischen Gemeinschaften sind verboten:

(1)

1. Die Einfuhr aller Erzeugnisse mit Ursprung in oder Herkunft aus Irak oder Kuwait,

2. die Ausfuhr in diese Länder aller Erzeugnisse mit Ursprung in oder Herkunft aus der Gemeinschaft.

(2) Die folgenden Tätigkeiten im Geltungsbereich dieser Verordnung oder durch ein Schiff oder Luftfahrzeug, das berechtigt ist, die Bundesflagge oder das Staatszugehörigkeitszeichen der Bundesrepublik Deutschland zu führen, sowie jedem Deutschen im Sinne des § 69 d:

1. jegliche Handelstätigkeit oder jegliches Handelsgeschäft, einschließlich jeglicher Tätigkeit im Zusammenhang mit bereits geschlossenen oder teilweise erfüllten Geschäften, die das Ziel oder die Wirkung haben, die Ausfuhr jeglichen Erzeugnisses mit Ursprung in oder Herkunft aus Irak oder Kuwait zu fördern,

2. der Verkauf oder die Lieferung jeglichen Erzeugnisses gleich welchen Ursprungs und welcher Herkunft

   a) an jegliche natürliche oder juristische Person in Irak oder in Kuwait,

   b) an jegliche sonstige natürliche oder juristische Person zum Zwecke jeglicher Handelstätigkeit auf oder ausgehend von dem Gebiet Iraks oder Kuwaits,

3. jegliche Tätigkeit, die das Ziel oder die Wirkung haben, diese Verkäufe oder diese Lieferungen zu fördern.

(3) Absatz 1 Nr. 1 und Absatz 2 Nr. 1 stehen der Verbringung folgender Erzeugnisse in den Geltungsbereich dieser Verordnung nicht entgegen:

a) Erzeugnisse mit Ursprung in oder Herkunft aus Irak oder Kuwait, die vor dem 7. August 1990 ausgeführt worden sind;

b) Erzeugnisse mit Ursprung in Irak, deren Einfuhr durch den vom Sicherheitsrat der Vereinten Nationen aufgrund seiner Resolution 661 (1990)[1] eingesetzten Sanktionsausschuß gemäß § 23 der Resolution 687 (1991)[2] genehmigt worden ist.

Die Einfuhr von Erzeugnissen gemäß Buchstabe b bedarf der Genehmigung. Die Einfuhrgenehmigung ist auf einem Vordruck nach Anlage E3 zu beantragen und zu erteilen. Antragsberechtigt ist nur der Einführer.

(4) Absatz 1 Nr. 2 und Absatz 2 Nr. 2 gelten nicht für die folgenden Erzeugnisse:

a) Alle Erzeugnisse, die ausschließlich für medizinische Zwecke bestimmt sind;

b) Nahrungsmittel, soweit sie dem mit der Resolution des Sicherheitsrates Nr. 661 (1990) eingesetzten Sanktionsausschuß gemeldet worden sind;

c) Güter und Lieferungen für die notwendigsten Bedürfnisse der Zivilbevölkerung, soweit sie durch den unter Buchstabe b genannten Ausschuß des Sicherheitsrates in dem vereinfachten und beschleunigten „Kein-Einwand"-Verfahren entsprechend der Resolution 687 (1991)[3] genehmigt worden sind.

Die Ausfuhr der genannten Erzeugnisse bedarf der Genehmigung. Die Ausfuhrgenehmigung ist auf dem hierfür vorgesehenen Vordruck zu beantragen und zu erteilen. Antragsberechtigt ist nur der Ausführer.

---

1. § 6 der Resolution 661 (1990) des Sicherheitsrats der Vereinten Nationen lautet: Der Sicherheitsrat „beschließt, gemäß Regel 28 der vorläufigen Geschäftsordnung des Sicherheitsrats einen aus sämtlichen Ratsmitgliedern bestehenden Ausschuß des Sicherheitsrats einzusetzen, mit dem Auftrag, die nachstehenden Aufgaben wahrzunehmen, dem Rat Bericht zu erstatten und Bemerkungen und Empfehlungen dazu vorzulegen:

   a) Prüfung der vom Generalsekretär vorzulegenden Berichte über den Stand der Durchführung dieser Resolution;

   b) Einholung weiterer Informationen von allen Staaten über die von ihnen ergriffenen Maßnahmen zur wirksamen Durchführung der Bestimmungen dieser Resolution"

2. § 23 der Resolution 687 (1991) des Sicherheitsrats der Vereinten Nationen lautet: Der Sicherheitsrat „beschließt, daß der Sicherheitsratsausschuß gemäß Resolution 661 (1990) bis zu einer Beschlußfassung durch den Sicherheitsbeirat nach Ziffer 22 bevollmächtigt ist, Ausnahmen von dem Verbot der Einfuhr aus Irak stammender Rohstoffe und Erzeugnisse zu genehmigen, soweit dies notwendig ist, um sicherzustellen, daß auf irakischer Seite ausreichende Finanzmittel zur Durchführung der in Ziffer 20 genannten Aktivitäten vorhanden sind."

3. § 20 der Resolution 687 (1991) des Sicherheitsrats der Vereinten Nationen lautet: Der Sicherheitsrat „beschließt mit sofortiger Wirkung, daß das in Resolution 661 (1990) enthaltene Verbot des Verkaufs und der Lieferung von Rohstoffen und Erzeugnissen an Irak, mit Ausnahme von Medikamenten und medizinischen Lieferungen, und das Verbot diesbezüglicher Finanztransaktionen weder Anwendung findet auf Nahrungsmittel, die dem Sicherheitsratsausschuß gemäß Resolution 661 (1990) zur Situation zwischen Irak und Kuwait notifiziert werden, noch, vorbehaltlich der Zustimmung des Ausschusses nach dem vereinfachten und beschleunigten ‚Kein-Einwand'-Verfahren, auf Güter und Versorgungsgegenstände zur Deckung ziviler Grundbedürfnisse, wie sie im Bericht des Generalsekretärs vom 20. März 1991 und in weiteren Ermittlungen des humanitären Bedarfs durch den Ausschuß festgestellt werden."

(5) Unbeschadet der in den Absätzen 1 und 2 festgelegten Verbote sind folgende Tätigkeiten im Geltungsbereich dieser Verordnung, einschließlich des Luftraums, oder ausgehend von dem Geltungsbereich dieser Verordnung oder durch ein Schiff oder Luftfahrzeug, das berechtigt ist, die Bundesflagge oder das Staatszugehörigkeitszeichen der Bundesrepublik Deutschland zu führen, verboten und jedem deutschen Staatsangehörigen untersagt:

Alle die Förderung der Wirtschaft von Irak oder Kuwait bezweckenden oder bewirkenden anderen Dienstleistungen als Finanzdienstleistungen

a) zum Zwecke jeglicher in Irak oder Kuwait oder von diesen Ländern aus betriebenen Wirtschaftstätigkeit oder

b) an eine der folgenden Personen:

- Jedwede natürliche Person in Irak oder Kuwait,

- jedwede nach den Rechtsvorschriften von Irak oder Kuwait gebildete oder eingetragene juristische Person,

- jedwede Einrichtung, die innerhalb oder außerhalb von Irak oder Kuwait eine Wirtschaftstätigkeit ausübt und von Personen oder Einrichtungen kontrolliert wird, die in Irak oder Kuwait ansässig sind oder nach den Rechtsvorschriften eines dieser Länder gebildet oder eingetragen wurden.

Das Verbot gilt nicht für Dienstleistungen der Post und Telekommunikation sowie medizinische Dienstleistungen, die für den Betrieb bestehender Krankenhäuser notwendig sind, sowie für andere Dienstleistungen als Finanzdienstleistungen, die auf Verträge oder Vertragszusätze zurückgehen, welche vor Inkrafttreten des in Absätzen 1 und 2 enthaltenen Verbots abgeschlossen wurden und mit deren Ausführung vor diesem Zeitpunkt begonnen wurde. Darüber hinaus gilt das Verbot nicht für andere Dienstleistungen als Finanzdienstleistungen, die notwendigerweise in Zusammenhang stehen mit den Erzeugnissen, die Absatz 3 Buchstabe b unterfallen, oder dem Gebrauch der in Absatz 4 genannten Erzeugnisse.

(6) Absatz 2 Nr. 2 und Absatz 5 stehen Handelsgeschäften und anderen Dienstleistungen als Finanzdienstleistungen nicht entgegen, die außerhalb des Staatsgebiets von Irak oder Kuwait mit Einrichtungen kuwaitischen Rechts durchgeführt werden, die von der rechtmäßigen Regierung des Staates Kuwait kontrolliert und anerkannt werden.

§ 69 b
**Beschränkung nach § 7 Abs. 1 AWG
auf Grund der Resolution 661 des Sicherheitsrates der Vereinten Nationen
(Kapitel VII der Charta) vom 6. August 1990**

Die Durchfuhr aller Waren durch das Wirtschaftsgebiet ist verboten, wenn Empfangsland, Versendungs- oder Ursprungsland der Irak oder Kuwait ist. Satz 1 gilt nicht für die in § 69a Abs. 3 und 4 genannten Erzeugnisse.

§ 69 c
Beschränkung nach § 7 Abs. 1 AWG

Die Weitergabe der in § 45 Abs. 2 genannten Kenntnisse an Gebietsfremde, die im Irak oder Kuwait ansässig sind, ist verboten.

§ 69 d
Beschränkung nach § 7 Abs. 1 AWG und Abs. 3 AWG

Dienstleistungen Deutscher in Irak oder Kuwait sind verboten, wenn sich die Dienstleistungen auf Waren und sonstige Gegenstände nach § 7 Abs. 2 Nr. 1 AWG einschließlich ihrer Entwicklung und Herstellung beziehen und wenn der Deutsche

1. Inhaber eines Personaldokumentes der Bundesrepublik Deutschland ist oder
2. verpflichtet wäre, einen Personalausweis zu besitzen, falls er eine Wohnung im Geltungsbereich dieses Gesetzes hätte.

§ 69 e
**Beschränkung nach § 7 Abs. 1 AWG
auf Grund der Resolution 661 des Sicherheitsrates der Vereinten Nationen
(Kapitel VII der Charta) vom 6. August 1990**

(1) Die Leistung von Zahlungen oder die Übertragung von Vermögenswerten durch Gebietsansässige im Zusammenhang mit nach § 69a verbotenen Handelsgeschäften an Gebietsfremde, die in Irak oder Kuwait ansässig sind, ist verboten.

(2) Sonstige Zahlungen oder die Übertragung sonstiger Vermögenswerte durch Gebietsansässige

a) an Irak oder Kuwait,

b) an amtliche Stellen in Irak oder Kuwait oder deren Beauftragte,

c) an Gebietsfremde in Irak oder Kuwait,

d) an Gebietsfremde, wenn die Zahlungen oder Übertragungen für Irak oder Kuwait, amtliche Stellen in Irak oder Kuwait oder deren Beauftragte oder für Unternehmen mit Sitz in Irak oder Kuwait bestimmt sind, auch wenn die Zahlungen oder Übertragungen nicht in Irak oder Kuwait selbst erfolgen,

bedürfen der Genehmigung.

§ 69 f
Aufhebung des Embargos gegen Kuwait

Die in den §§ 38, 52 und 69a bis e enthaltenen Beschränkungen gegen Irak und Kuwait gelten ab 2. März 1991 nicht mehr gegen Kuwait.

**Kapitel VII b
Besondere Beschränkungen gegen Libyen
auf Grund der Resolution 748 (1992)
des Sicherheitsrates der Vereinten Nationen
(Kapitel VII der Charta)
vom 31. März 1992**

§ 69 g
Beschränkungen nach § 7 Abs. 1 und 3 AWG

(1) Folgende Tätigkeiten sind verboten:

1. die Lieferung von Luftfahrzeugen oder Bestandteilen von Luftfahrzeugen nach Libyen; Dienstleistungen für die Entwicklung, Herstellung, Montage oder Wartung libyscher Luftfahrzeuge oder von Bestandteilen libyscher Luftfahrzeuge; die Bescheinigung der Lufttüchtigkeit für libysche Luftfahrzeuge; Zahlungen auf Grund neuer Ansprüche aus bestehenden Versicherungsverträgen oder der Abschluß neuer Direktversicherungsverträge für libysche Luftfahrzeuge,

2. die Lieferung von Rüstungsmaterial und damit im Zusammenhang stehender Waren aller Art sowie Ersatzteilen, einschließlich des Verkaufs oder der Lieferung von Waffen,

Munition, militärischen Fahrzeugen und Ausrüstungsgegenständen hierfür und paramilitärischer Polizeiausrüstung; ebenso die Lieferung jeder Art von Ausrüstung, von Nachschub und der Abschluß von Lizenzabkommen für die Herstellung oder die Wartung der genannten Waren,

3. Dienstleistungen, die sich auf technische Beratung, Unterstützung oder Ausbildung im Hinblick auf die Lieferung, Herstellung, Wartung oder den Gebrauch der in Nummer 2 genannten Gegenstände beziehen,

4. Rechtsgeschäfte und Handlungen der libyschen Luftverkehrsgesellschaft im Außenwirtschaftsverkehr.

(2) Absatz 1 Nr. 2 und 3 gilt entsprechend für Tätigkeiten Deutscher im Sinne des § 69 d im Ausland.

Kapitel VII c
Besondere Beschränkungen gegen Serbien und Montenegro

§ 69 h
Beschränkungen der Europäischen Gemeinschaften auf Grund der Resolutionen 757 (1992), 787 (1992) und 820 (1993) des Sicherheitrates der Vereinten Nationen (Kapitel VII der Charta)

(1) Zur Gewährleistung der Strafbewehrung entsprechender Verbote der Europäischen Gemeinschaften sind verboten

1. das Verbringen von Erzeugnissen und Waren aller Art mit Ursprung in der, mit Herkunft aus der oder nach Durchfuhr durch die Bundesrepublik Jugoslawien (Serbien und Montenegro) in das Wirtschaftsgebiet,

2. die Ausfuhr in oder die Durchfuhr durch die Bundesrepublik Jugoslawien (Serbien und Montenegro) von Erzeugnissen und Waren aller Art mit Ursprung in dem, mit Herkunft aus dem oder nach Durchfuhr durch das Wirtschaftsgebiet,

3. das Befahren des Küstenmeers der Bundesrepublik Jugoslawien (Serbien und Montenegro) im kommerziellen Seeverkehr,

4. alle Tätigkeiten, die eine unmittelbare oder mittelbare Förderung der unter den Nummern 1, 2 oder 3 genannten Handlungen bezwecken oder bewirken,

5. die Erbringung nichtfinanzieller Dienstleistungen an natürliche oder juristische Personen für die Zwecke von Geschäftsvorgängen in der Bundesrepublik Jugoslawien (Serbien und Montenegro).

(2) Die Verbote nach Absatz 1 gelten nicht für

1. die Ausfuhr aus dem Wirtschaftsgebiet von Gütern des medizinischen Bedarfs und von Nahrungsmitteln in die Bundesrepublik Jugoslawien (Serbien und Montenegro) nach vorheriger Mitteilung an den gemäß der Resolution 724 (1991) des Sicherheitsrates der Vereinten Nationen eingesetzten Ausschuß und die Durchfuhr solcher Güter durch das Wirtschaftsgebiet, soweit sie dem Ausschuß notifiziert worden sind. Die Ausfuhr dieser Erzeugnisse und Waren bedarf einer Genehmigung durch die zuständige deutsche Behörde. Diese ist auf dem hierfür vorgesehenen Vordruck zu beantragen. Antragsberechtigt ist nur der Ausführer,

2. die Ausfuhr aus dem Wirtschaftsgebiet von humanitären Bedarfsgütern in die Bundesrepublik Jugoslawien (Serbien und Montenegro) nach Genehmigung durch den in Nummer 1 genannten Ausschuß, die von Fall zu Fall nach dem „Unbedenklichkeitsverfahren" erteilt wird, und die Durchfuhr solcher Güter durch das Wirtschaftsgebiet, soweit sie auf Antrag von dem Ausschuß genehmigt worden ist. Die Ausfuhr der genannten Erzeugnisse und Waren bedarf einer Genehmigung durch die zuständige deutsche Behörde. Diese ist auf dem hierfür vorgesehenen Vordruck zu beantragen. Antragsberechtigt ist nur der Ausführer,

3. das Verbringen in das Wirtschaftsgebiet von Erzeugnissen und Waren aus oder mit Ursprung in der Bundesrepublik Jugoslawien (Serbien und Montenegro), die vor dem 31. Mai 1992 aus dieser Republik ausgeführt worden sind, sowie von Erzeugnissen und Waren, deren rechtmäßige Durchfuhr durch diese Republik vor dem 26. April 1993 begonnen hat,

4. die Durchfuhr durch die Bundesrepublik Jugoslawien (Serbien und Montenegro) von Erzeugnissen und Waren, soweit dies von dem in Nummer 1 genannten Ausschuß im Einzelfall genehmigt worden ist und sofern sich im Falle der Durchfuhr auf der Donau der Transport einer effektiven Überwachung auf der Strecke zwischen Vidin/Calafat und Mohacs unterzieht. Die Durchfuhr der Erzeugnisse und Waren bedarf einer Genehmigung durch die zuständige deutsche Behörde. Diese ist, in Übereinstimmung mit den Leitlinien des Ausschusses, formlos zu beantragen,

5. Dienstleistungen im Bereich der Telekommunikation und des Postdienstes sowie juristische Dienstleistungen im Einklang mit den Vorschriften dieses Kapitels; weiterhin Dienstleistungen, deren Erbringung für humanitäre oder sonstige außergewöhnliche Zwecke erforderlich ist und von dem in Nummer 1 genannten Ausschuß im Einzelfall genehmigt worden ist. Anträge sind, in Übereinstimmung mit den Leitlinien des Ausschusses, formlos an die zuständige Behörde zu richten,

6. das Befahren des Küstenmeeres der Bundesrepublik Jugoslawien (Serbien und Montenegro) im kommerziellen Seeverkehr, wenn der in Nummer 1 genannte Ausschuß dies im Einzelfall genehmigt hat oder im Falle höherer Gewalt,

7. Tätigkeiten, die eine unmittelbare oder mittelbare Förderung der unter den Nummern 1 bis 6 genannten Handlungen bezwecken oder bewirken.

(3) Luftfahrzeugen, die in der Bundesrepublik Jugoslawien (Serbien und Montenegro) landen wollen oder von dort abgeflogen sind, ist es verboten, von einem Flughafen im Geltungsbereich dieser Verordnung abzufliegen, dort zu landen oder den Geltungsbereich dieser Verordnung zu überfliegen, es sei denn, der Flug wurde aus humanitären oder sonstigen Gründen, die mit den entsprechenden Entschließungen des Sicherheitsrates der Vereinten Nationen im Einklang stehen, von dem in Absatz 2 Nr. 1 genannten Ausschuß genehmigt.

(4) Diese Beschränkungen gelten im Geltungsbereich dieser Verordnung einschließlich des Luftraumes der Bundesrepublik Deutschland, in allen der Rechtshoheit der Bundesrepublik Deutschland unterstehenden Luftfahrzeugen und Schiffen sowie für Tätigkeiten Deutscher im Ausland. Sie gelten ungeachtet der Rechte und Verpflichtungen aus internationalen Übereinkünften oder aus Verträgen, die vor dem 31. Mai 1992 geschlossen worden sind, oder aus vor diesem Zeitpunkt erteilten Lizenzen oder Genehmigungen.

(5) Die Beschränkungen gelten nicht für Tätigkeiten im Rahmen der Schutztruppe der Vereinten Nationen (UNPROFOR), der Konferenz über das ehemalige Jugoslawien und der Überwachungsmission der Europäischen Gemeinschaften.

(6) § 18 ist anzuwenden.

§ 69i
Beschränkungen der Europäischen Gemeinschaften auf Grund der Resolution 820 (1993) des Sicherheitsrates der Vereinten Nationen (Kapitel VII der Charta)

(1) Zur Gewährleistung der Strafbewehrung entsprechender Verbote der Europäischen Gemeinschaften sind verboten

1. das Verbringen in das Wirtschaftsgebiet von Erzeugnissen und Waren aller Art mit Ursprung in den VN-Schutzgebieten in der Republik Kroatien und in den von bosnisch-serbischen Streitkräften kontrollierten Gebieten der Republik Bosnien-Herzegowina, mit Herkunft aus diesen oder nach Durchfuhr durch diese Gebiete,

2. die Ausfuhr in oder Durchfuhr durch die in Nummer 1 genannten Gebiete von Erzeugnissen und Waren aller Art mit Ursprung im, mit Herkunft aus dem oder nach Durchfuhr durch das Wirtschaftsgebiet,

sofern nicht eine ordnungsgemäße Genehmigung der Regierung der Republik Bosnien-Herzegowina oder der Regierung der Republik Kroatien vorliegt. Diese Genehmigung ist der zuständigen deutschen Behörde vorzulegen.

(2) Das Verbot nach Absatz 1 gilt nicht für humanitäre Bedarfsgüter einschließlich Güter des medizinischen Bedarfs und Nahrungsmittel, die von internationalen humanitären Organisationen verteilt werden.

(3) Einfuhr, Ausfuhr und Durchfuhr nach Absatz 1 bedürfen einer Genehmigung der zuständigen deutschen Behörde; diese wird erst erteilt, wenn die Genehmigung nach Absatz 1 vorliegt. Ein- und Ausfuhrgenehmigungen sind auf dem hierfür vorgesehenen Vordruck zu beantragen. Antragsberechtigt ist bei Einfuhren nur der Einführer, bei Ausfuhren nur der Ausführer. Durchfuhrgenehmigungen sind formlos zu beantragen.

(4) Erteilte Genehmigungen sind auf drei Monate befristet. Die Geltungsdauer kann auf Antrag in begründeten Fällen verlängert oder einmal für insgesamt drei Monate erneuert werden. Genehmigungen, die bei Ablauf dieser Geltungsdauer nicht in Anspruch genommen worden sind, sind an die erteilende Behörde zurückzusenden.

(5) Bei allen Ausfuhren nach den Republiken Kroatien und Bosnien-Herzegowina und allen Einfuhren aus diesen Ländern hat der Ausführer oder Einführer eine schriftliche Erklärung gegenüber den Zollbehörden abzugeben, daß die Waren nicht für die in Absatz 1 Satz 1 genannten Gebiete bestimmt sind oder aus diesen Gebieten stammen. Einer solchen Erklärung bedarf es nicht, wenn eine Genehmigung für die Ausfuhr, Einfuhr oder Durchfuhr nach Absatz 3 Satz 1 vorgelegt wird.

(6) Diese Beschränkungen gelten im Geltungsbereich dieser Verordnung einschließlich des Luftraumes der Bundesrepublik Deutschland, in allen der Rechtshoheit der Bundesrepublik Deutschland unterstehenden Luftfahrzeugen und Schiffen sowie für Tätigkeiten Deutscher im Ausland. Sie gelten ungeachtet der Rechte und Verpflichtungen aus internationalen Übereinkünften oder aus Verträgen, die vor dem 31. Mai 1992 geschlossen worden sind, oder aus vor diesem Zeitpunkt erteilten Lizenzen oder Genehmigungen.

(7) Die Beschränkungen gelten nicht für Tätigkeiten im Rahmen der Schutztruppe der Vereinten Nationen (UNPROFOR), der Konferenz über das ehemalige Jugoslawien und der Überwachungsmission der Europäischen Gemeinschaften.

(8) § 18 ist anzuwenden.

§ 69 k
Beschränkungen nach § 7 Abs. 1 AWG auf Grund der Resolutionen 757 (1992) und 820 (1993) des Sicherheitsrates der Vereinten Nationen (Kapitel VII der Charta)

(1) Verboten sind Verfügungen über Konten und Depots bei gebietsansässigen Kreditinstituten und über vermögenswerte Ansprüche

1. der Bundesrepublik Jugoslawien (Serbien und Montenegro) und deren amtlicher Stellen,
2. von juristischen Personen mit Sitz in der Bundesrepublik Jugoslawien (Serbien und Montenegro),
3. anderer gebietsfremder oder gebietsansässiger juristischer Personen, Personenhandelsgesellschaften, Zweigniederlassungen oder Betriebsstätten, die direkt oder indirekt von der Bundesrepublik Jugoslawien (Serbien und Montenegro), deren amtlichen Stellen oder deren Beauftragten oder von juristischen Personen mit Sitz in der Bundesrepublik Jugoslawien (Serbien oder Montenegro) oder von deren Beauftragten kontrolliert werden,
4. von Personen, soweit sie als Beauftragte der in den Nummern 1 bis 3 genannten juristischen Personen, Personenhandelsgesellschaften oder Einrichtungen tätig werden.

(2) Die Verbote nach Absatz 1 gelten nicht für

1. Verfügungen im Zusammenhang mit

    a) Handelsgeschäften, die vor dem 29. April 1993 abgeschlossen worden sind, wenn auch die Gegenleistung vor diesem Stichtag erbracht worden ist, soweit Personen im Sinne von Absatz 1 Nr. 3 oder deren Beauftragte betroffen sind,

    b) Bankgeschäften mit Personen im Sinne von Absatz 1 Nr. 3, die vor dem 29. April 1993 abgeschlossen worden sind, sowie anderen Bankgeschäften, die vor dem 31. Mai 1992 abgeschlossen worden sind,

    c) humanitären Lieferungen oder Leistungen, insbesondere Erzeugnissen für medizinische Zwecke, Lebensmitteln und Güter für die notwendigsten Bedürfnisse der Bevölkerung,

    d) notwendigen Betriebskosten im Wirtschaftsgebiet, insbesondere für Miete, Strom, Gehaltszahlungen, Steuern, Zinsen und Gebühren, sowie

2. sonstige Verfügungen zugunsten von Gebietsansässigen, wenn die Zwecke der Resolution 820 (1993) des Sicherheitsrates der Vereinten Nationen nicht gefährdet werden.

In den Fällen dieses Absatzes bedarf es einer Genehmigung. Sie wird nur erteilt, wenn die Zwecke der Resolution 820 (1993) des Sicherheitsrates der Vereinten Nationen nicht gefährdet werden.

(3) Genehmigungspflichtig sind Zahlungen durch Gebietsansässige zugunsten

1. der in Absatz 1 genannten Personen,
2. von sonstigen Empfängern in Serbien oder Montenegro.

Die Genehmigung wird nur erteilt, wenn ein wichtiger Grund vorliegt und die Zwecke der Resolution 820 (1993) des Sicherheitsrates der Vereinten Nationen nicht gefährdet werden.

(4) Verträge über Finanzdienstleistungen, die eine unmittelbare oder mittelbare Förderung der Wirtschaftstätigkeit in der Bundesrepublik Jugoslawien (Serbien und Montenegro)

bezwecken oder bewirken, bedürfen einer Genehmigung, soweit sie nicht bereits nach § 69h Abs. 1 Nr. 4 verboten sind. Absatz 3 Satz 2 gilt entsprechend.

Kapitel VIII
Bußgeldvorschriften

§ 70
Ordnungswidrigkeiten

(1) Ordnungswidrig im Sinne des § 33 Abs. 1 und 7 des Außenwirtschaftsgesetzes handelt, wer vorsätzlich oder fahrlässig

1. entgegen § 4a eine Boykott-Erklärung abgibt,

1a. entgegen § 5 Abs. 1 oder 2, § 5a Abs. 1, §§ 5c, 5d oder 5e, auch in Verbindung mit § 4b, ohne Genehmigung Waren oder Unterlagen ausführt,

1b. entgegen § 5b, auch in Verbindung mit § 4b, Waren oder Unterlagen ausführt,

2. entgegen § 40 Abs. 1 Satz 1 ohne Genehmigung Waren im Rahmen eines Transithandelsgeschäftes veräußert,

2a. entgegen § 43b Rechtsgeschäfte oder Handlungen vornimmt,

3. entgegen § 44 Abs. 1 ohne Genehmigung Seeschiffe verchartert,

4. entgegen § 45 Abs. 1 ohne Genehmigung Waren in Schiffe oder Luftfahrzeuge von Gebietsfremden einbaut,

5. entgegen § 45 Abs. 2 ohne Genehmigung nicht allgemein zugängliche Kenntnisse weitergibt,

6. entgegen § 45 Abs. 3 ohne Genehmigung Lizenzen erteilt oder nicht allgemein zugängliche Kenntnisse weitergibt,

6a. entgegen § 45a Verträge abschließt, erfüllt oder Geschäfte besorgt,

6b. entgegen § 45b Abs. 1 oder 2 Dienstleistungen ohne Genehmigung erbringt,

6c. entgegen § 45c ohne Genehmigung Verträge abschließt, erfüllt oder Geschäfte besorgt,

7. entgegen § 38 Abs. 1 bis 5 Waren oder Unterlagen durch das Wirtschaftsgebiet befördert, im Falle des Absatzes 5 Satz 1, zweite Alternative, obwohl er von der zuständigen Behörde entsprechend unterrichtet worden ist,

8. entgegen § 52 ohne Genehmigung Verfügungen vornimmt oder

9. einer Vorschrift der §§ 69a, 69b, 69c, 69d oder 69e über Beschränkungen gegen Irak und Kuwait zuwiderhandelt.

(2) Ordnungswidrig im Sinne des § 33 Abs. 3 Nr. 1 des Außenwirtschaftsgesetzes handelt, wer vorsätzlich oder fahrlässig

1. entgegen § 44 Abs. 2 ohne Genehmigung beim Abschluß von Frachtverträgen mitwirkt,

2. entgegen § 44a ohne Genehmigung Verträge abschließt, erfüllt oder Geschäfte besorgt,

3. entgegen § 46 Frachtverträge abschließt oder Seeschiffe chartert oder

4. entgegen § 47 Abs. 1 oder § 49 Abs. 1 ohne Genehmigung dort bezeichnete Rechtsgeschäfte vornimmt.

(3) Ordnungswidrig im Sinne des § 33 Abs. 3 Nr. 2, Abs. 7 des Außenwirtschaftsgesetzes handelt, wer vorsätzlich oder fahrlässig

1. entgegen § 6a Abs. 1 Satz 1, Abs. 2 Satz 1 oder Abs. 3 Satz 1 oder 20c Abs. 1 Satz 1 ohne Genehmigung Waren ausführt oder

2. entgegen § 51 Abs. 1 Zahlungen oder sonstige Leistungen bewirkt.

(4) Ordnungswidrig im Sinne des § 33 Abs. 4 Satz 1 oder Abs. 5 Nr. 2 des Außenwirtschaftsgesetzes handelt, wer als Ausführer oder Anmelder der Verordnung (EWG) Nr. 2913/92 des Rates vom 12. Oktober 1992 zur Festlegung des Zollkodex der Gemeinschaften (ABl. EG Nr. L 302 S. 1) zuwiderhandelt, indem er

1. entgegen Artikel 161 Abs. 2 in Verbindung mit Abs. 5 eine Ausfuhranmeldung nicht oder nicht richtig abgibt und dadurch eine zur Ausfuhr bestimmte Gemeinschaftsware nicht ordnungsgemäß in das Ausfuhrverfahren überführt oder

2. entgegen Artikel 182 Abs. 3 Satz 3, auch in Verbindung mit § 16b Satz 2, eine Zollanmeldung nicht oder nicht richtig abgibt.

(5) Ordnungswidrig im Sinne des § 33 Abs. 4 Satz 1 oder Abs. 5 Nr. 2 des Außenwirtschaftsgesetzes handelt, wer der Verordnung (EWG) Nr. 3269/92 der Kommission vom 10. November 1992 mit Durchführungsvorschriften zu den Artikeln 161, 182 und 183 der Verordnung (EWG) Nr. 2913/92 des Rates zur Festlegung des Zollkodex der Gemeinschaften hinsichtlich der Ausfuhrregelung, der Wiederausfuhr sowie der Waren, die aus dem Zollgebiet der Gemeinschaft verbracht werden (ABl. EG Nr. L 326 S. 11), auch in Verbindung mit § 16b Satz 2, zuwiderhandelt, indem er

1. als Anmelder entgegen Artikel 6 Abs. 1, auch in Verbindung mit Artikel 30, das Exemplar Nr. 3 des Einheitspapiers der Ausgangszollstelle nicht vorlegt oder die zur Ausfuhr überlassenen Waren dieser Zollstelle nicht gestellt,

2. eine unvollständige Ausfuhranmeldung nach Artikel 12 Abs. 1, auch in Verbindung mit Artikel 30, nicht richtig abgibt oder entgegen Artikel 16 Abs. 1, auch in Verbindung mit Artikel 30, eine unvollständige Anmeldung nicht oder nicht richtig vervollständigt oder nicht durch eine ordnungsgemäß erstellte Anmeldung ersetzt,

3. einer vollziehbaren Anordnung nach Artikel 19 in Verbindung mit Artikel 21 Satz 1 zweiter Anstrich über Form oder Inhalt der vereinfachten Anmeldung, nach Artikel 19 in Verbindung mit Artikel 21 Satz 2 über Form, Inhalt oder Frist der ergänzenden Anmeldung, nach Artikel 22 Abs. 2 in Verbindung mit Artikel 27 Abs. 1 Satz 2 vierter Anstrich über den Inhalt des Exemplars Nr. 3 oder nach Artikel 22 Abs. 2 in Verbindung mit Artikel 27 Abs. 1 Satz 2 fünfter Anstrich über eine Modalität oder Frist der ergänzenden Anmeldung, jeweils auch in Verbindung mit Artikel 30, zuwiderhandelt,

4. als Ausführer entgegen Artikel 25 Abs. 1 Buchstabe a den zuständigen Zollstellen den Abgang der Waren vor Abgang der Waren aus den in Artikel 22 genannten Orten nicht mitteilt oder einer vollziehbaren Anordnung nach Artikel 25 Abs. 1 Satz 1 Buchstabe a des Anschreibeverfahrens über Form und Modalitäten der Mitteilung zuwiderhandelt,

5. als Ausführer entgegen Artikel 25 Abs. 1 Buchstabe b die Waren vor Abgang aus den in Artikel 22 genannten Orten in seiner Buchführung nicht oder nicht richtig anschreibt oder

6. entgegen Artikel 31 Abs. 3 ein Kontrollexemplar T 5 der Ausgangszollstelle nicht vorlegt.

(6) Ordnungswidrig im Sinne des § 33 Abs. 5 Nr. 2 des Außenwirtschaftsgesetzes handelt, wer

1. entgegen § 3 einen Genehmigungsbescheid der Genehmigungsstelle nicht oder nicht rechtzeitig zurückgibt oder entgegen § 3a einen Genehmigungsbescheid nicht oder nicht für die vorgeschriebene Dauer aufbewahrt,

2. als Anmelder entgegen § 9 Abs. 1 Satz 1, auch in Verbindung mit § 16 b, eine Ausfuhrsendung bei der Ausfuhrzollstelle nicht oder nicht in der vorgeschriebenen Weise stellt,

3. als Verfrachter, Frachtführer oder Besitzer der Ladung entgegen § 9 Abs. 6 Satz 1 bis 3 oder 5 ein Ladungsverzeichnis nicht, nicht richtig oder nicht rechtzeitig einreicht,

4. als Schiffsführer entgegen § 9 Abs. 6 Satz 4 die Erklärung nicht abgibt,

5. als Anmelder entgegen § 10 Abs. 3, auch in Verbindung mit § 16 b, eine Ausfuhrsendung von dem angegebenen Ort entfernt,

6. als Ausführer eine Ausfuhrkontrollmeldung nach § 13 Abs. 1 Satz 2 oder § 16 Abs. 2 Satz 1, jeweils auch in Verbindung mit § 16 b, oder § 18 Abs. 4 Satz 1 nicht richtig abgibt,

7. entgegen § 13 Abs. 6 Satz 1 bis 4, auch in Verbindung mit § 18 Abs. 4 Satz 2, § 15 Abs. 1 Satz 1 oder Abs. 2, §§ 50 a, 50 b, 55 bis 63 oder 66 bis 69 eine Meldung nicht, nicht richtig oder nicht rechtzeitig erstattet,

8. als Anmelder entgegen § 14 Abs. 2 Satz 2, auch in Verbindung mit §§ 16 b, 19 Abs. 1 Satz 2 oder § 21 Abs. 2, die vorgeschriebene schriftliche Erklärung nicht abgibt,

9. als Anmelder entgegen § 18 Abs. 2 Satz 1 die Ausfuhrgenehmigung oder entgegen § 18 Abs. 2 Satz 3 die Sammelgenehmigung nicht oder nicht rechtzeitig vorlegt,

10. als Einführer entgegen § 27 Abs. 2 Nr. 2, auch in Verbindung mit § 31 Abs. 1, ein Ursprungszeugnis oder eine Ursprungserklärung nicht, nicht rechtzeitig oder mit nicht richtigem Inhalt vorlegt,

11. als Einführer entgegen § 27 Abs. 2 Nr. 3 in Verbindung mit § 27 a Abs. 1, 3 oder 4 eine Einfuhrkontrollmeldung nicht, nicht richtig oder nicht rechtzeitig vorlegt oder entgegen § 27 a Abs. 5 eine Meldung nicht, nicht richtig oder nicht rechtzeitig abgibt,

12. als Einführer

a) entgegen § 28 a Abs. 1 und 3, auch in Verbindung mit Absatz 7 Satz 1, eine Einfuhrerklärung nicht, nicht richtig oder rechtzeitig abgibt oder entgegen § 28 a Abs. 8 eine Unterlage nicht vorlegt oder eine zusätzliche Angabe nicht macht oder

b) entgegen § 28 a Abs. 5 Satz 1, auch in Verbindung mit Absatz 7 Satz 1, die Einfuhrerklärung nicht oder nicht rechtzeitig vorlegt,

13. als Einführer oder Transithändler

a) entgegen § 29 b Abs. 2, auch in Verbindung mit § 43 a Satz 2, Angaben nicht oder nicht richtig macht oder

b) entgegen § 29 b Abs. 3, auch in Verbindung mit § 43 a Satz 2, eine Einfuhr nicht oder nicht rechtzeitig nachweist, eine Anzeige nicht oder nicht rechtzeitig erstattet, eine Bescheinigung nicht oder nicht rechtzeitig zurückgibt, eine Mitteilung nicht oder nicht rechtzeitig macht oder eine neue Bescheinigung nicht oder nicht rechtzeitig erwirkt,

14. als Einführer entgegen § 31 Abs. 1 die Einfuhrgenehmigung nicht oder nicht rechtzeitig vorlegt.

Kapitel IX
Übergangs- und Schlußvorschriften

§ 71
(gestrichen)

§ 72
Inkrafttreten, Außerkrafttreten

Diese Verordnung tritt am 1. Januar 1987 in Kraft.

Gleichzeitig tritt die Außenwirtschaftsverordnung in der Fassung der Bekanntmachung vom 3. August 1981 (BGBl. I S. 853), zuletzt geändert durch die Verordnung vom 10. September 1986 (BGBl. I S. 1494), außer Kraft.

Übergangsregelung

der 29. Verordnung zur Änderung der Außenwirtschaftsverordnung

Artikel 2

(1) Zulassungen zur Vorausanmeldung nach § 15 Abs. 1 in der bis zum Inkrafttreten dieser Verordnung geltenden Fassung gelten bis zum 31. Dezember 1993 fort, soweit der gesamte Ausfuhrvorgang im Wirtschaftsgebiet erfolgt. Im übrigen werden die Zulassungen unwirksam. Soweit Zulassungen nach Satz 1 fortgelten, umfassen sie nicht mehr Ausfuhren nach Libyen. § 9 Abs. 5 und § 13 Abs. 2 gelten entsprechend.

(2) Zulassungen zur Vorausanmeldung nach § 15 Abs. 5 in der bis zum Inkrafttreten dieser Verordnung geltenden Fassung gelten fort, soweit der gesamte Ausfuhrvorgang im Wirtschaftsgebiet erfolgt. Im übrigen werden die Zulassungen unwirksam. Soweit Zulassungen nach Satz 1 fortgelten, umfassen sie nicht mehr Ausfuhren nach Libyen. § 13 Abs. 2 bis 4 und 6 gilt entsprechend.

(3) Zulassungen zum vereinfachten Verfahren nach § 16 Abs. 1 und 2 in der bis zum Inkrafttreten dieser Verordnung geltenden Fassung gelten bis zum 31. Dezember 1993 fort, soweit der gesamte Ausfuhrvorgang im Wirtschaftsgebiet erfolgt. Im übrigen werden die Zulassungen unwirksam. Soweit Zulassungen nach Satz 1 fortgelten, umfassen sie nicht mehr Ausfuhren nach Libyen. Anstelle der Versand-Ausfuhrerklärung nach § 18 Abs. 3 in der bis zum Inkrafttreten dieser Verordnung geltenden Fassung ist bei der Ausgangszollstelle eine unvollständige Anmeldung nach den Artikeln 11 bis 16 der Verordnung (EWG) Nr. 3269/92 abzugeben. Falls das Käufer- oder das Bestimmungsland bzw. das Land des Einbaus der Ausfuhrsendung in der Länderliste H genannt ist, ist der unvollständigen Anmeldung eine Versicherung des Ausführers gemäß § 9 Abs. 5 Satz 1 beizufügen. § 9 Abs. 5 Satz 2 gilt entsprechend.

(4) Die in den Anlagen A 1 und A 3 in der bis zum Inkrafttreten dieser Verordnung geltenden Fassung genannten Vordrucke können bis zum 31. Dezember 1993 verwendet werden.

Bundesanzeiger vom 12. März 1993 Seite 2177

Bundesministerium für Wirtschaft

Veröffentlichung
gemäß § 34 Abs. 4 des Außenwirtschaftsgesetzes
der Verordnung (EWG) Nr. 3541/92 des Rates vom 7. Dezember 1992
zum Verbot der Erfüllung irakischer Ansprüche in bezug auf Verträge und Geschäfte,
deren Durchführung
durch die Resolution 661 (1990) des Sicherheitsrates der Vereinten Nationen
und mit ihr in Verbindung stehende Resolutionen berührt wurde
(ABl. EG Nr. L 361 S. 1)

Vom 4. März 1993

Nachstehend wird zur Herbeiführung einer Strafbewehrung nach § 34 Abs. 4 des Außenwirtschaftsgesetzes der Text der Verordnung (EWG) Nr. 3541/92 veröffentlicht. Dieser Rechtsakt der Europäischen Gemeinschaften dient der Durchführung der vom Sicherheitsrat der Vereinten Nationen nach Kapitel VII der Charta in § 29 der Resolution 687 (1991) vom 3. April 1991 beschlossenen wirtschaftlichen Sanktionsmaßnahmen.

VERORDNUNG (EWG) Nr. 3541/92 DES RATES
vom 7. Dezember 1992
zum Verbot der Erfüllung irakischer Ansprüche
in bezug auf Verträge und Geschäfte,
deren Durchführung
durch die Resolution 661 (1990) des Sicherheitsrates der Vereinten Nationen
und mit ihr in Verbindung stehende Resolutionen berührt wurde

DER RAT DER EUROPÄISCHEN GEMEINSCHAFTEN

in Erwägung nachstehender Gründe:

Mit den Verordnungen (EWG) Nr. 2340/90[1] und (EWG) Nr. 3155/90[2] hat die Gemeinschaft Maßnahmen zur Verhinderung ihres Handelsverkehrs mit Irak getroffen.

Der Sicherheitsrat der Vereinten Nationen hat am 3. April 1991 die Resolution 687 (1991) angenommen; § 29 dieser Resolution betrifft Ansprüche Iraks im Zusammenhang mit Verträgen und Geschäften, deren Durchführung durch vom Sicherheitsrat im Rahmen der Resolution 661 (1990) und hiermit in Verbindung stehenden Resolutionen beschlossene Maßnahmen berührt wurde.

Die Gemeinschaft und ihre im Rahmen der politischen Zusammenarbeit vereinigten Mitgliedstaaten sind sich darin einig, daß Irak den § 29 der Resolution 687 (1991) des Sicherheitsrates der Vereinten Nationen in allen Punkten einhalten muß, und sind der Ansicht, daß bei jeder Entscheidung über eine Lockerung oder Aufhebung der gemäß § 21 der Resolution 687 des Sicherheitsrates gegen Irak ergriffenen Maßnahmen, insbesondere etwaigen Mißachtungen des § 29 dieser Resolution, Rechnung getragen werden muß.

Infolge des Embargos gegen Irak sind Wirtschaftsunternehmen in der Gemeinschaft und in Drittländern dem Risiko von Ansprüchen von irakischer Seite ausgesetzt.

1. ABl. Nr. L 213 vom 9. 8. 1990 S. 1. Verordnung zuletzt geändert durch die Verordnung (EWG) Nr. 1194/91 (ABl. Nr. L 115 vom 8. 5. 1991, S. 37).
2. ABl. Nr. L 304 vom 1. 11. 1990, S. 1. Verordnung zuletzt geändert durch die Verordnung (EWG) Nr. 1194/91 (ABl. Nr. L 115 vom 8. 5. 1991, S. 37).

Es ist erforderlich, Wirtschaftsunternehmen auf Dauer gegen solche Ansprüche zu schützen und Irak daran zu hindern, einen Ausgleich für negative Folgen des Embargos zu erhalten.

Die Gemeinschaft und ihre Mitgliedstaaten haben im Rahmen der politischen Zusammenarbeit vereinbart, ein Gemeinschaftsinstrument einzusetzen, um innerhalb der Gemeinschaft eine einheitliche Anwendung von § 29 der Resolution 687 (1991) des Sicherheitsrates der Vereinten Nationen zu gewährleisten.

Eine solche einheitliche Anwendung ist unbedingt erforderlich, um die Ziele des Vertrages zur Gründung der Europäischen Wirtschaftsgemeinschaft zu verwirklichen und insbesondere, um Wettbewerbsverzerrungen zu vermeiden.

Der Vertrag enthält nur in Artikel 235 Befugnisse zum Erlaß dieser Verordnung;

gestützt auf den Vertrag zur Gründung der Europäischen Wirtschaftsgemeinschaft, insbesondere auf Artikel 235,

auf Vorschlag der Kommission,

nach Stellungnahme des Europäischen Parlaments[3] –

HAT FOLGENDE VERORDNUNG ERLASSEN:

Artikel 1

Im Sinne dieser Verordnung gilt folgendes:

1. „Vertrag oder Geschäft" bezeichnet jeglichen Vorgang, ungeachtet seiner Form und des auf ihn anwendbaren Rechts, bei dem dieselben oder verschiedene Parteien durch einen oder mehrere Verträge oder vergleichbare Verpflichtungen gebunden werden; in diesem Sinne schließt der Begriff „Vertrag" alle – auch unter rechtlichen Gesichtspunkten unabhängigen – finanziellen Garantien und Gegengarantien sowie Kredite ein, ebenso alle Nebenvereinbarungen, die auf einen solchen Vorgang zurückgehen.

2. „Anspruch" bezeichnet
jede vor oder nach Inkrafttreten dieser Verordnung gestellte strittige oder nichtstrittige Forderung, die mit der Durchführung eines Vertrages oder Geschäfts im Zusammenhang steht, insbesondere

    a) die Forderung nach Erfüllung einer Verpflichtung aus oder in Verbindung mit einem Vertrag oder Geschäft;

    b) die Forderung nach Verlängerung oder Zahlung einer finanziellen Garantie oder Gegengarantie in jeglicher Form;

    c) Die Forderung nach Schadloshaltung in Verbindung mit einem Vertrag oder Geschäft;

    d) einen Gegenanspruch;

    e) die Forderung nach Anerkennung oder Vollstreckung – auch im Wege der Zwangsvollstreckung – eines Gerichtsurteils, eines Schiedsspruchs oder eines gleichwertigen Beschlusses, ungeachtet des Ortes, an dem sie ergangen sind.

3. „Vom Sicherheitsrat der Vereinten Nationen im Rahmen der Resolution 661 (1990) und hiermit in Verbindung stehenden Resolutionen beschlossene Maßnahmen" bezeichnet Maßnahmen des Sicherheitsrates der Vereinten Nationen oder Maßnahmen der Europäischen Gemeinschaften, eines Staates, eines Landes oder einer internationalen Organisation, die in Anwendung der relevanten Entscheidungen des Sicherheitsrates oder im Zusammenhang bzw. in Übereinstimmung mit diesen Entscheidungen getroffen wurden,

---

3. Stellungnahme vom 19. November 1992 (noch nicht im Amtsblatt veröffentlicht).

oder im Zusammenhang mit der Invasion und Besetzung Kuwaits durch Irak vom Sicherheitsrat genehmigte Aktionen, einschließlich militärischer Aktionen.

4. „Natürliche oder juristische Person in Irak" bezeichnet

   a) den irakischen Staat sowie jede irakische Körperschaft des öffentlichen Rechts;

   b) jede natürliche Person mit Aufenthaltsort oder Wohnsitz in Irak;

   c) jede juristische Person mit Sitz oder Entscheidungszentrum in Irak;

   d) jede juristische Person, die direkt oder indirekt von einer oder mehreren der oben aufgeführten Personen kontrolliert wird.

Unbeschadet des Artikels 2 ist davon auszugehen, daß die Durchführung eines Vertrages oder Geschäfts auch dann von den vom Sicherheitsrat der Vereinten Nationen im Rahmen der Resolution 661 (1990) und hiermit in Verbindung stehenden Resolutionen beschlossenen Maßnahmen betroffen wurde, wenn das Bestehen oder der Inhalt des Anspruchs direkt oder indirekt auf diese Maßnahmen zurückgeht.

Artikel 2

(1) Es ist verboten, Ansprüche folgender Personen zu erfüllen oder Maßnahmen im Hinblick auf ihre Erfüllung zu treffen, wenn diese Ansprüche auf einen Vertrag oder ein Geschäft zurückzuführen sind oder mit einem Vertrag oder Geschäft im Zusammenhang stehen, dessen Durchführung direkt oder indirekt, ganz oder teilweise durch die vom Sicherheitsrat der Vereinten Nationen im Rahmen der Resolutionen 661 (1990) und hiermit in Verbindung stehenden Resolutionen beschlossenen Maßnahmen berührt wurde:

Ansprüche:

a) natürliche oder juristische Personen in Irak oder von Personen, die durch eine natürliche oder juristische Person in Irak handeln;

b) natürlicher oder juristischer Personen, die direkt oder indirekt im Auftrag oder zugunsten einer oder mehrerer natürlicher oder juristischer Personen in Irak handeln;

c) natürlicher oder juristischer Personen, die eine Forderungsabtretung oder eine Forderung im Auftrag einer oder mehrerer natürlicher oder juristischer Personen in Irak geltend machen;

d) jeder anderen in § 29 der Resolution 687 (1991) des Sicherheitsrates der Vereinten Nationen bezeichneten Person;

e) natürlicher oder juristischer Personen auf Leistungen aufgrund oder im Zusammenhang mit einer finanziellen Garantie oder Gegengarantie zugunsten einer oder mehrerer der oben aufgeführten natürlichen oder juristischen Personen.

(2) Dieses Verbot gilt im Gebiet der Gemeinschaft sowie für jeden Staatsangehörigen eines Mitgliedstaats und für jede nach den Rechtsvorschriften eines Mitgliedstaats eingetragene oder gegründete juristische Person.

Artikel 3

Unbeschadet der vom Sicherheitsrat der Vereinten Nationen im Rahmen der Resolution 661 (1990) und hiermit in Verbindung stehenden Resolutionen beschlossenen Maßnahmen findet Artikel 2 keine Anwendung auf

a) Ansprüche im Zusammenhang mit Geschäften, mit Ausnahme von finanziellen Garantien und Gegengarantien, wenn die in Artikel 2 genannten natürlichen oder juristischen Personen vor einem Gericht eines Mitgliedstaates nachweisen, daß der Anspruch von den Parteien vor Annahme der vom Sicherheitsrat der Vereinten Nationen im Rahmen der Resolution 661 (1990) und hiermit in Verbindung stehenden Resolutionen beschlossenen Maßnahmen anerkannt wurde und daß diese Maßnahmen keine Auswirkungen auf Bestehen oder Inhalt des Anspruchs hatten;

b) Zahlungsansprüche aufgrund eines Versicherungsvertrags, wenn das betreffende Ereignis vor Annahme der in Artikel 2 genannten Maßnahmen eingetreten ist, oder aufgrund eines Versicherungsvertrags in einem Mitgliedstaat, in dem ein solcher Vertrag zwingend vorgeschrieben ist;

c) Zahlungsansprüche betreffend Geldbeträge, die auf ein im Rahmen von Maßnahmen nach Artikel 2 gesperrtes Konto eingezahlt wurden, sofern diese Zahlung nicht Beträge betrifft, die als Garantie für die in Artikel 2 genannten Verträge eingezahlt wurden;

d) Ansprüche aus Arbeitsverträgen, die den Rechtsvorschriften der Mitgliedstaaten unterliegen;

e) Ansprüche auf Bezahlung von Waren, wenn die in Artikel 2 genannten Personen vor einem Gericht eines Mitgliedstaats nachweisen, daß die Waren vor Annahme der gemäß Resolution 661 (1990) des Sicherheitsrates der Vereinten Nationen und hiermit in Verbindung stehenden Resolutionen beschlossenen Maßnahmen ausgeführt wurden und daß diese Maßnahmen keine Auswirkungen auf Bestehen oder Inhalt des Anspruchs hatten;

f) Ansprüche im Zusammenhang mit Beträgen, wenn die in Artikel 2 genannten Personen vor einem Gericht eines Mitgliedstaats nachweisen, daß die Beträge sich auf ein Darlehen beziehen, das vor Annahme der gemäß Resolution 661 (1990) des Sicherheitsrates der Vereinten Nationen und hiermit in Verbindung stehenden Resolutionen beschlossenen Maßnahmen gewährt wurde, und daß diese Maßnahmen keine Auswirkung auf Bestehen oder Inhalt des Anspruchs hatten.

Voraussetzung hierfür ist, daß der Anspruch keine Zins-, Entschädigungs- oder sonstigen Zahlungen zum Ausgleich dafür beinhaltet, daß die Erfüllung des Vertrages bzw. die Ausführung des Geschäfts infolge dieser Maßnahmen nicht gemäß den vereinbarten Bedingungen erfolgen konnte.

Artikel 4

Bei jedem Verfahren zur Durchsetzung eines Anspruchs trägt die Beweislast dafür, daß die Erfüllung des Anspruchs nicht aufgrund von Artikel 2 untersagt ist, die Person, die den Anspruch geltend macht.

Artikel 5

Jeder Mitgliedstaat legt Sanktionen für den Fall der Verletzung der Bestimmungen dieser Verordnung fest.

Artikel 6

Diese Verordnung tritt am Tag ihrer Veröffentlichung im Amtsblatt der Europäischen Gemeinschaften in Kraft.

Diese Verordnung ist in allen ihren Teilen verbindlich und gilt unmittelbar in jedem Mitgliedstaat.

Geschehen zu Brüssel am 7. Dezember 1992

Im Namen des Rates
der Präsident
D. HURD

Bonn, den 4. März 1993
V B 2 – 966 093/4 –

Bundesministerium für Wirtschaft
Im Auftrag
Dr. Schomerus

Verordnung zur Regelung von Zuständigkeiten im Außenwirtschaftsverkehr

Vom 18. Juli 1977
(BGBl. I S. 1308, zuletzt geändert durch Gesetz vom 28. Februar 1992, BGBl. I S. 376)

Auf Grund des § 28 Abs. 3 des Außenwirtschaftsgesetzes in der im Bundesgesetzblatt Teil III, Gliederungsnummer 7400-1, veröffentlichten bereinigten Fassung, der zuletzt durch § 24 des Gesetzes vom 23. Juni 1976 (BGBl. I S. 1608, 2902) geändert worden ist, verordnet die Bundesregierung mit Zustimmung des Bundesrates:

§ 1

(1) Das Bundesausfuhramt ist zuständig für die Erteilung von Genehmigungen nach §§ 5, 5 a, 5 c, 38 Abs. 2 und 3, §§ 40, 43 b, 45, 45 b und 69 a Abs. 4 der Außenwirtschaftsverordnung.

(2) Das Bundesamt für Wirtschaft ist zuständig für die Erteilung von Genehmigungen

1. in den Berichen der Warenausfuhr (Kapitel II der Außenwirtschaftsverordnung), mit Ausnahme der in Absatz 1 genannten Bereiche, der Wareneinfuhr (§ 10 Abs. 1 des Außenwirtschaftsgesetzes und Kapitel III der Außenwirtschaftsverordnung), wenn sich die Genehmigungen auf Waren der gewerblichen Wirtschaft beziehen, sowie in dem Bereich der Durchfuhr nach § 38 Abs. 5 der Außenwirtschaftsverordnung.

2. in den von § 44 a der Außenwirtschaftsverordnung erfaßten Bereichen des Dienstleistungsverkehrs.

(3) Der Bundesminister für Verkehr ist zuständig für die Erteilung von Genehmigungen im Bereich des Dienstleistungsverkehrs auf dem Gebiet des Verkehrswesens (§§ 44, 44 b, 46 und 47 AWV).

§ 2

Die Zuständigkeiten des Bundesministers für Verkehr nach § 1 Abs. 2 werden übertragen

1. für die Erteilung von Genehmigungen in den von den §§ 44 und 46 AWV erfaßten Bereichen der Seeschiffahrt

   a) auf die Wasser- und Schiffahrtsdirektion Nordwest, wenn der Antragsteller seinen Wohnsitz oder Sitz in den Ländern Bremen, Niedersachsen oder Nordrhein-Westfalen hat,

   b) auf die Wasser- und Schiffahrtsdirektion Nord in den übrigen Fällen;

2. für die Erteieluug von Genehmigungen in dem von § 47 AWV erfaßten Bereich der Binnenschiffahrt

   a) auf die Wasser- und Schiffahrtsdirektion West, wenn die Reise im Rheinstromgebiet unterhalb Rolandseck oder im Gebiet der westdeutschen Kanäle, der Weser oder der Elbe beginnt,

   b) auf die Wasser- und Schiffahrtsdirektion Südwest in den übrigen Fällen.

§ 3

(gegenstandslos)

§ 4

Diese Verordnung tritt am Tage nach der Verkündung in Kraft.[1] Gleichzeitig tritt die Verordnung zur Regelung von Zuständigkeiten im Außenwirtschaftsverkehr vom 12. Dezember 1967 (BGBl. I S. 1214), geändert durch die Verordnung vom 10. August 1973 (BGBl. I S. 981), außer Kraft.

---

1. Die Verordnung ist am 24. Juli 1977 in Kraft getreten.

Verordnung
zur Regelung von Zuständigkeiten im Außenwirtschaftsverkehr mit Erzeugnissen der Ernährungs- und Landwirtschaft

Vom 17. März 1977
(BGBl. I S. 467)

Auf Grund des § 28 Abs. 2 b des Außenwirtschaftsgesetzes in der im Bundesgesetzblatt Teil III, Gliederungsnummer 7400-1, veröffentlichten bereinigten Fassung, der zuletzt durch das Gesetz über die Neuorganisation der Marktordnungsstellen vom 23. Juni 1976 (BGBl. I S. 1608) geändert worden ist, wird im Einvernehmen mit dem Bundesminister für Wirtschaft verordnet:

§ 1

Für den Waren- und Dienstleistungsverkehr nach den §§ 5, 6, 7 bis 16 des Außenwirtschaftsgesetzes mit anderen als den in § 28 Abs. 2 a des Außenwirtschaftsgesetzes genannten Erzeugnissen der Ernährungs- und Landwirtschaft und mit Erzeugnissen, für die der Rat oder die Kommission der Europäischen Gemeinschaften in Ergänzung oder zur Sicherung der Regelungen einer gemeinsamen Marktorganisation Vorschriften erläßt, sind ausschließlich zuständig

1. die Bundesanstalt für landwirtschaftliche Marktordnung für diejenigen Erzeugnisse, für die sie nach dem Gesetz zur Durchführung der gemeinsamen Marktorganisationen vom 31. August 1972 (BGBl. I S. 1617) in der jeweils geltenden Fassung und der auf Grund dieses Gesetzes erlassenen Rechtsverordnungen zuständige Marktordnungsstelle ist,

2. das Bundesamt für Ernährung und Forstwirtschaft für die übrigen Erzeugnisse.

§ 2

Es werden aufgehoben

1. die Verordnung zur Übertragung von Zuständigkeiten im Außenwirtschaftsverkehr auf die Einfuhr- und Vorratsstelle für Getreide und Futtermittel vom 6. November 1967 (BGBl. I S. 1125), zuletzt geändert durch § 2 der Verordnung zur Übertragung von Zuständigkeiten für bestimmte Marktordnungswaren auf die Einfuhr- und Vorratsstelle für Getreide und Futtermittel vom 8. September 1972 (BGBl. I S. 1731),

2. die Verordnung zur Übertragung von Zuständigkeiten im Außenwirtschaftsverkehr auf das Bundesamt für Ernährung und Forstwirtschaft vom 8. September 1972 (BGBl. I S. 1729).

§ 3
(gegenstandslos)

§ 4

Diese Verordnung tritt am Tage nach der Verkündung in Kraft.[1]

---

1. Die Verordnung ist am 24. März 1977 in Kraft getreten.

Länderlisten des Außenwirtschaftsgesetzes und der Außenwirtschaftsverordnung

Vorbemerkung:

Die Länderlisten A/B und C sowie AKP sind dem Außenwirtschaftsgesetz zugeordnet, die Länderlisten D, E, F 1, F 2, F 3, G 1, G 2, H und I gehören zur Außenwirtschaftsverordnung.

Länderliste A/B

Die Länderliste A/B enthält Länder und Gebiete, deren Einfuhr in die Bundesrepublik Deutschland weitgehend liberalisiert ist.

Ägypten
Äquatorialguinea
Äthiopien
Afghanistan
Algerien
Amerikan. Jungferninseln
Amerikanisch-Ozeanien
Andorra
Angola
Antigua und Barbuda
Argentinien
Australien
Australisch-Ozeanien
  (Heard- und McDonaldinseln, Kokosinseln, Weihnachts- und Norfolkinseln)
Bahamas
Bahrain
Bangladesch
Barbados
Belgien und Luxemburg
Belize
Benin
Bermuda
Bhutan
Birma
Bolivien
Bosnien-Herzegowina
Botsuana
Brasilien
Brit. Gebiet im Indischen Ozean
  (Tschagosinseln)
Brunei
Bundesrepublik Deutschland
Burkina Faso
Burundi
Ceuta und Melilla
Chile

Costa Rica
Dänemark
Dominica
Dominikanische Republik
Dschibuti
Ecuador
Elfenbeinküste
El Salvador
Färöer
Falklandinseln
Fidschi
Finnland
Föderierte Staaten von Mikronesien
Frankreich (einschl. Monaco)
Französisch-Guayana
Französisch-Polynesien
Gabun
Gambia
Ghana
Gibraltar
Grenada
Griechenland
Grönland
Guadeloupe
Guatemala
Guinea
Guinea-Bissau
Guyana
Haiti
Honduras
Hongkong
Indien (einschl. Sikkim)
Indonesien
Irak
Iran
Irland
Island

Israel
Italien (einschl. San Marino)
Jamaika
Japan
Jemen
Jordanien
Kaimaninseln
Kamerun
Kambodscha (Kamputschea)
Kanada
Kanarische Inseln
Kap Verde
Katar
Kenia
Kiribati
Kolumbien
Komoren
Kongo
Kroatien
Kuwait
Laos
Lesotho
Libanon
Liberia
Libyen
Macau
Madagaskar
Malawi
Malaysia
    (Malaiischer Bund, Sabah, Sarawak)
Malediven
Mali
Malta
Marokko
Marshall-Inseln
Martinique
Mauretanien
Mauritius
Mayotte
Gebiet der ehemaligen jugoslawischen
    Republik Mazedonien
Mexiko
Mosambik
Myanmar
Namibia
Nauru
Nepal
Neukaledonien und zugehörige Gebiete
Neuseeländisch-Ozeanien
    (Tokelau- und Niue-Inseln); Cookinseln
Neuseeland
Nicaragua

Niederländische Antillen
Niederlande
Niger
Nigeria
Norwegen
    (einschl. Svalbard [Spitzbergen])
Österreich
    (ohne Jungholz und Mittelberg)
Oman
Pakistan
Panama
Papua-Neuguinea
Paraguay
Peru
Philippinen
Pitcairn
Polargebiete
Portugal
    (einschl. Azoren und Madeira)
Réunion
Ruanda
Salomonen
Sambia
São Tomé und Principe
Saudi-Arabien
Schweden
Schweiz
    (einschl. Büsingen, Liechtenstein)
Seychellen und zugehörige Gebiete
Senegal
Serbien und Montenegro
Sierra Leone
Simbabwe
Singapur
Slowenien
Somalia
Spanien
Sri Lanka (Ceylon)
St. Christoph-(St. Kitts)-Nevis
St. Helena und zugehörige Gebiete
St. Lucia
St. Pierre und Miquelon
St. Vincent
Sudan
Südafrika
Südkorea
Surinam
Swasiland
Syrien
Taiwan
Tansania
Thailand

Togo
Tonga
Trinidad und Tobago
Tschad
Türkei
Tunesien
Turks- und Caicosinseln
Tuvalu
Uganda
Ungarn
Uruguay
Vanuatu
Vatikanstadt

Venezuela
Vereinigte Arabische Emirate
Vereinigtes Königreich
 (Großbritannien, Nordirland,
 Brit. Kanalinseln und Insel Man)
Vereinigte Staaten von Amerika
 (einschl. Puerto Rico)
Wallis und Futuna
Westsamoa
Zaire
Zentralafrikanische Republik
Zypern

Länderliste C

In der Länderliste C sind Länder des früheren Ostblocks und Kuba aufgeführt. Der Wirtschaftsverkehr der Bundesrepublik Deutschland mit diesen Ländern unterliegt einer Reihe besonderer Vorschriften.

Albanien
Armenien
Aserbaidschan
Bulgarien
China
Estland
Georgien
Kasachstan
Kirgistan
Kuba
Lettland
Litauen
Moldau

Mongolei
Nordkorea
Polen
Rumänien
Rußland
Slowakei
Tadschikistan
Tschechische Republik
Turkmenistan
Ukraine
Usbekistan
Vietnam
Weißrußland (Belarus)

Länderliste AKP
(afrikanische, karibische und pazifische Staaten)

Äquatorialguinea	Haiti	Senegal
Äthiopien	Jamaika	Seschellen
Angola	Kamerun	Sierra Leone
Antigua und	Kap Verde	Simbabwe
Barbuda	Kenia	Somalia
Bahamas	Kiribati	St. Kitts und Nevis
Barbados	Komoren	St. Lucia
Belize	Kongo	St. Vincent und die
Benin	Lesotho	Grenadinen
Botsuana	Liberia	Sudan
Burkina Faso	Madagaskar	Surinam
Burundi	Malawi	Swasiland
Dominica	Mali	Tansania
Dominikanische	Mauretanien	Togo
Republik	Mauritius	Tonga
Dschibuti	Mosambik	Trinidad und Tobago
Elfenbeinküste	Namibia	Tschad
Fidschi	Niger	Tuvalu
Gabun	Nigeria	Uganda
Gambia	Papua-Neuguinea	Vanuatu
Ghana	Ruanda	Westsamoa
Grenada	Salomonen	Zaire
Guinea	Sambia	Zentralafrikanische
Guinea-Bissau	Sáo Tomé und	Republik
Guyana	Principe	

Anlage L
zur Außenwirtschaftsverordnung

Länderliste D

Land	Ausstellende Behörde
Australien	Department of Foreign Affairs and Trade Economic and Trade Development Division Canberra A.C.T. 2600
Belgien	Office Central des Contingents et Licences Rue de Mot 24–26 1040 B r u x e l l e s
Dänemark	Industri- & Handelstyrelsen Tagensvej 135 220 K o b e n h a v n N Tel.: 85 10 66.
Finnland	Lisenssivirasto Lastenkodinkatu 00 180 Helsinki PL 116, 00 181 Helsinki Telefax 69 49 801.

Land	Ausstellende Behörde
Frankreich	Ministère de l'Economie et des Finances Direction Générale des Douanes et Droits Indirect Service des Autorisation financières et commerciales – SAFICO – 42, Rue de Clichy 75436 Paris Cedex 09
Griechenland	Bank von Griechenland Exportabteilung Panepistimioustraße 21 10250 Athen
Großbritannien und Nordirland (Vereinigtes Königreich einschl. Brit. Kanalinseln und Insel Man)	Department of Trade and Industry Export Licensing Unit, Kingsgate House, 68–74 Victoria Street London SW1E 6SW Tel.: 01 2 15 78 77 Telex: 88 11 074.
Hongkong	Trade Department Strategic Commodities Section of the Trade Licensing (Non-Textiles) Branch Ocean Centre Canton Road, Kowloon Hong Kong Tel.: 3-7 22 24 37 oder 3-7 22 25 21 Telex: 45 126 CNDI HX Fax: 3-7 23 61 35
Irland[1]	Department of Industry and Commerce Trade Regulation Branch Frederick House South Frederick Street Dublin 2
Italien	Ministerio del Commercio con l'Estero Direzione Generale Import-Export Divisions IV Roma (EUR)
Japan	Ministry of International Trade and Industry (MITI) International Trade Administration Bureau, Export Division 1-3-1, Kasumigaseki Chiyoda-Ku Tokyo 100 – Regionalbüros in allen größeren Städten –
Jugoslawien[2]	Wirtschaftskammer Jugoslawiens Der Rat für die Wirtschaftsbeziehungen mit dem Ausland Knez Mihailova 10 – Postfach Beograd / Jugoslawien

1. End Use Certificate.
2. Endverbleibsbestätigung.

Land	Ausstellende Behörde
Kanada	Director, Office of Special Trade Policy Ministry of Industry, Trade and Commerce 235, Queen Street Ottawa, KLA OH5
Luxemburg	Ministère des Affaires Etrangères Office des Licences 6, rue de la Congrégation 1352 Luxembourg
Niederlande	Centrale Dienst voor In- en Uitvoer Engelse Kamp 2 9700 Rd Groningen Tel.: (0 50) 23 91 11
Norwegen	Det Kgl. Department for Handel og Skipsfart Seksjons for Eksport- og Importregulering Klingenberggt. 0032 Oslo 1 Telegrammadr.: Handelslisens Tel.: 31 40 50
Österreich	Bundesministerium für wirtschaftliche Angelegenheiten Landstraßer Hauptstraße 55–57 1031 Wien Tel.: (02 22) 72 56 41
Portugal	Ministério do Comercio e Tourismo Av. de República 79 1000 Lisboa
Schweden[3]	The Association of Swedish Chambers of Commerce & Industry Po Box 160 50 103 22 Stockholm Telex: 156 38 Chambers
Schweiz[4]	Eidgenössisches Volkswirtschaftsdepartement Bundesamt für Außenwirtschaft Abteilung für Ein- und Ausfuhr Zieglerstraße 30 3003 Bern
Singapur	Trade Development Board Controller of Imports and Exports 1 Maritime Square Nr. 10–40 World Trade Center Telok Blangah Road 0409 Singapore

---

3. International Import Certificate Sweden.
4. Einfuhrzertifikat.

Land	Ausstellende Behörde
Slowenien	Wirtschaftskammer der Republik Slowenien Gospodarska zbornica Slovenije Slovenska 41 (früher Titova 19) 61000 Ljubljana Tel.: (00 38 61) 15 01 22 Fax: (00 38 61) 21 95 36
Spanien	Ministerio de Economía y Hacienda Direción General de Transacciones Exteriores
Türkei	Ministry of Foreign Affairs Ankara
Ungarn	Ministerium für internationale Wirtschaftsbeziehungen der Republik Ungarn Büro für Ausfuhrkontrollen Hold U. 17 1054 Budapest
Vereinigte Staaten von Amerika (einschl. Puerto Rico)	U.S. Department of Commerce International Trade Administration Office of Export Licencing Washington D.C. 20230 Phone 202-377-3808 Room 1617 M – Regionalbüros in allen größeren Städten –

Länderliste E

Land	Ausstellende Behörde
Australien	Department of Defence Assistant Secretary Industry and Policy Planning Branch F I 35 Russell Offices Canberra, ACT, 2600
Belgien	Office Central des Contingents et Licences, Rue de Mot 24–26 1040 Bruxelles Centrale Dienst voor Contingenten en Vergunningen De Motstraat 24–26 1040 Brussel
Bolivien	Banco Central de Bolivia Cajón Postal 3118 La Paz
Dänemark	Industriministeriets Licenskontor Landemaerket 29 1119 Kopenhagen K

Land	Ausstellende Behörde
Frankreich	Ministère de l'Economie et du Budget et de la Privatisation Direction Générale des Douanes et Droits Indirects Division F – Autorisations Commerciales 93, Rue de Rivoli 75001 Paris
Gibraltar	Minister for Economic Development and Trade 12 Library Street Gibraltar
Griechenland	Bank von Griechenland Exportabteilung Panepistimioustraße 21 10250 Athen
Großbritannien und Nordirland	Department of Trade and Industry Section OT 2–3C 1 Victoria Street London SW 1 H OET
Hongkong	Trade Department Ocean Centre 5 Canton Road, Kowloon Hongkong
Italien	Ministerio del Commercio con l'Estero Direzione Generale delle Valute Divisione II Viale America 00144 Roma
Japan	Ministry of International Trade and Industry (MITI) Foreign Trade Department Export Division 1-3-1, Kasumigaseki Chiyoda-Ku Tokyo 100
Kanada	Department of External Affairs Special Trade Relations Bureau Lester B. Pearson Building 125, Sussex Drive Ottawa, K1A OG 2
Luxemburg	Ministère des Affaires Etrangères Office des Licences 6, rue de la Congrégation 1352 Luxembourg
Marokko	Direction de commerce extérieur Division commerciale Rabat

Land	Ausstellende Behörde
Neuseeland	The Collector of Customs Private Bag Wellington
Niederlande	Centrale Dienst voor In- en Uitvoer Engelse Kamp 2 9700 Rd Groningen
Norwegen	Det Kgl. Department for Handel og Skipsfart Seksjon for Export- og Importregulering Postbox 81 21 DEP. 0032 Oslo 1
Philippinen	Philippine International Trading Corporation Tordesillas Street Makati, Metro Manila
Portugal	Ministério da Indústria e Comércio Direcção General do Comércio Externo Repartição do Licenciamento Av. da República, 79 1094 Lisboa Codex
Republik Südafrika	Department of Trade and Industry Private Bag X84 Pretoria 0001
Schweiz	Eidgenössisches Volkswirtschaftsdepartment Bundesamt für Außenwirtschaft Abteilung für Ein- und Ausfuhr Zieglerstraße 30 3003 Bern (anstelle eines Durchfuhrberechtigungsscheins eine unbeglaubigte Kopie der Ausfuhrgenehmigung)
Tunesien	Service des Finances Extérieures Banque Centrale de Tunisie Place de la Monnaie Tunis
Vereinigte Staaten von Amerika	United States Department of Commerce International Trade Administration Office of Export Licencing Washington, D.C. 20230

Länderliste F 1

Ägypten
Albanien
Armenien
Aserbaidschan

Brasilien
Bulgarien
Chile
Ecuador

Georgien
Kasachstan
Kirgistan
Kolumbien
Kuba
Liberia
Moldau
Mongolische Volksrepublik
Nordkorea
Panama
Polen
Rumänien

Russische Föderation
Sri Lanka
Syrien
Tadschikistan
Tschechoslowakei
Turkmenistan
Ukraine
Ungarn
Usbekistan
Vietnam
Volksrepublik China
Weißrußland

Länderliste F 2

Äquatorialguinea
Äthiopien
Afghanistan
Algerien
Amerik. Jungferninseln
Amerikanisch-Ozeanien
Andorra
Angola
Argentinien
Australien
Australisch-Ozeanien (Heard- und McDonaldinseln, Kokosinseln, Weihnachts- und Norfolkinseln)
Bahamas
Bahrain
Bangladesch
Belgien und Luxemburg
Belize
Benin
Bermuda
Bhutan
Bolivien
Bosnien-Herzegowina
Botsuana
Brit. Gebiet im Indischen Ozean (Tschagosinseln)
Brunei
Burkina Faso
Burundi
Ceuta und Melilla
Costa Rica
Dänemark
Dominica
Dominikanische Republik
Dschibuti
Elfenbeinküste
El Salvador

Estland
Färöer
Falklandinseln und zugehörige Gebiete
Fidschi
Finnland
Frankreich (einschl. Monaco)
Französisch-Guayana
Französisch-Polynesien
Gabun
Gambia
Ghana
Gibraltar
Griechenland
Grönland
Großbritannien und Nordirland (Vereinigtes Königreich einschl. Brit. Kanalinseln und Insel Man)
Guadeloupe
Guatemala
Guinea-Bissau
Hongkong
Indien (einschl. Sikkim)
Irak
Iran
Island
Israel
Italien (einschl. San Marino)
Jamaika
Japan
Jordanien
Jugoslawien (Makedonien)
Jugoslawien (Montenegro)
Jugoslawien (Serbien)
Kamerun
Kamputschea (Kambodscha)
Kanada
Katar

Kenia
Kiribati
Komoren
Kroatien
Kuwait
Laos
Lesotho
Lettland
Libanon
Libyen
Litauen
Macau
Madagaskar
Malawi
Malaysia (Malaiischer Bund, Sabah, Sarawak)
Malediven
Mali
Malta
Marokko
Martinique
Mauretanien
Mauritius
Mexiko
Mosambik
Namibia
Nauru
Nepal
Neukaledonien und zugehörige Gebiete
Neuseeländisch-Ozeanien (Tokelau- und Niue-Inseln): Cookinseln
Neuseeland
Nicaragua
Niederländische Antillen (Curaçao, Aruba usw.)
Niederlande
Niger
Nigeria
Nordjemen
Norwegen (einschl. Svalbard [Spitzbergen])
Österreich (ohne Jungholz und Mittelberg)
Oman
Pakistan
Papua-Neuguinea
Paraguay
Peru
Philippinen
Pitcairninseln
Portugal (einschl. Azoren und Madeira)

Republik Guinea
Republik Guyana
Republik Haiti
Republik Honduras
Republik Irland
Republik Kap Verde
Republik Südafrika
Réunion
Ruanda
Salomonen
Sambia
São Tomé und Principe
Saudi-Arabien
Schweden
Schweiz (einschl. Büsingen, Liechtenstein)
Senegal
Seychellen und zugehörige Gebiete
Sierra Leone
Singapur
Slowenien
Somalia
Spanien
St. Lucia
St. Vincent
Sudan
Südjemen
Südkorea
Surinam
Swasiland
Taiwan
Tansania
Thailand
Togo
Tonga
Trinidad und Tobago
Tschad
Türkei
Tunesien
Tuvalu
Uganda
Vatikanstadt
Vereinigte Staaten von Amerika (einschl. Puerto Rico)
Volksrepublik Kongo
Wallis und Futuna
Wanuatu (ehem. Neue Hebriden)
Westindien
Westsamoa
Zaire
Zentralafrikanische Republik
Zypern

Länderliste G 1

Äquatorialguinea
Äthiopien
Afghanistan
Amerikan. Jungferninseln
Amerikanisch-Ozeanien
Andorra
Angola
Australien
Australisch-Ozeanien (Heard-
  und McDonaldinseln, Kokosinseln,
  Weihnachts- und Norfolkinseln)
Bahamas
Bahrain
Belgien und Luxemburg
Belize
Benin
Bermuda
Bhutan
Botsuana
Brit. Gebiet im Indischen Ozean
  (Tschagoinseln)
Brunei
Burkina Faso
Burundi
Ceuta und Melilla
Costa Rica
Dänemark
Dominikanische Republik
Dschibuti
Elfenbeinküste
El Salvador
Färöer
Falklandinseln und zugehörige Gebiete
Fidschi
Finnland
Frankreich (einschl. Monaco)
Französisch-Guayana
Französisch-Polynesien
Gabun
Gambia
Ghana
Gibraltar
Griechenland
Grönland
Großbritannien und Nordirland
  (Vereinigtes Königreich einschl.
  Brit. Kanalinseln und Insel Man)
Guatemala
Guinea-Bissau
Hongkong

Island
Israel
Italien (einschl. San Marino)
Jamaika
Japan
Jordanien
Kamerun
Kamputschea (Kambodscha)
Kanada
Katar
Kenia
Kiribati
Komoren
Kuwait
Laos
Lesotho
Libanon
Liberia
Libyen
Macau
Madagaskar
Malawi
Malaysia (Malaiischer Bund, Sabah,
  Sarawak)
Malediven
Mali
Malta
Mauretanien
Mauritius
Mosambik
Namibia
Nauru
Nepal
Neukaledonien und zugehörige Gebiete
Neuseeländisch-Ozeanien (Tokelau- und
  Niue-Inseln); Cookinseln
Neuseeland
Nicaragua
Niederländische Antillen (Curaçao,
  Aruba usw.)
Niederlande
Niger
Nigeria
Nordjemen
Norwegen (einschl. Svalbard
  [Spitzbergen])
Österreich (ohne Jungholz
  und Mittelberg)
Panama
Paraguay

Peru
Philippinen
Pitcairninseln
Portugal (einschl. Azoren
  und Madeira)
Republik Guinea
Republik Guyana
Republik Haiti
Republik Honduras
Republik Irland
Republik Kap Verde
Republik Südafrika
Réunion
Ruanda
Salomonen
Sambia
São Tomé und Principe
Saudi-Arabien
Schweden
Schweiz (einschl. Büsingen,
  Liechtenstein)
Senegal
Seschellen und zugehörige Gebiete
Sierra Leone
Singapur
Somalia
Spanien
Sri Lanka (Ceylon)
St. Lucia

St. Vincent
Sudan
Südjemen
Südkorea
Surinam
Swasiland
Taiwan
Tansania
Thailand
Togo
Tonga
Trinidad und Tobago
Tschad
Türkei
Tunesien
Tuvalu
Uganda
Union Myanmar
Uruguay
Vatikanstadt
Vereinigte Staaten von Amerika
  (einschl. Puerto Rico)
Volksrepublik Kongo
Wallis und Futuna
Westindien
Westsamoa
Zaire
Zentralafrikanische Republik
Zypern

Länderliste G 2

Äquatorialguinea
Äthiopien
Afghanistan
Amerikan. Jungferninseln
Amerikanisch-Ozeanien
Andorra
Angola
Argentinien
Australien
Australisch-Ozeanien (Heard-
  und McDonaldinseln, Kokosinseln,
  Weihnachts- und Norfolkinseln)
Bahamas
Bahrain
Bangladesch
Belgien und Luxemburg
Belize
Benin
Bermuda

Bhutan
Bolivien
Botsuana
Brasilien
Brit. Gebiet im Indischen Ozean
  (Tschagosinseln)
Brunei
Burkina Faso
Burundi
Ceuta und Melilla
Chile
Costa Rica
Dänemark
Dominikanische Republik
Dschibuti
Ecuador
Elfenbeinküste
El Salvador
Färöer

Falklandinseln und zugehörige Gebiete
Fidschi
Finnland
Frankreich (einschl. Monaco)
Französisch-Guayana
Französisch-Polynesien
Gabun
Gambia
Ghana
Gibraltar
Griechenland
Grönland
Großbritannien und Nordirland (Vereinigtes Königreich einschl. Brit. Kanalinseln und Insel Man)
Guatemala
Guinea-Bissau
Hongkong
Indien (einschl. Sikkim)
Indonesien
Irak
Iran
Island
Israel
Italien (einschl. San Marino)
Jamaika
Japan
Jordanien
Kamerun
Kamputschea (Kambodscha)
Kanada
Katar
Kenia
Kiribati
Kolumbien
Komoren
Kuwait
Laos
Lesotho
Libanon
Liberia
Libyen
Macau
Madagaskar
Malawi
Malaysia (Malaiischer Bund, Sabah, Sarawak)
Malediven
Mali
Malta
Marokko
Mauretanien

Mauritius
Mexiko
Mosambik
Namibia
Nauru
Nepal
Neukaledonien und zugehörige Gebiete
Neuseeländisch-Ozeanien (Tokelau- und Niue-Inseln); Cookinseln
Neuseeland
Nicaragua
Niederländische Antillen (Curaçao, Aruba usw.)
Niederlande
Niger
Nigeria
Nordjemen
Norwegen (einschl. Svalbard [Spitzbergen])
Österreich
Pakistan
Panama
Paraguay
Peru
Philippinen
Pitcairninseln
Portugal (einschl. Azoren und Madeira)
Republik Guinea
Republik Guyana
Republik Haiti
Republik Honduras
Republik Irland
Republik Kap Verde
Republik Südafrika
Réunion
Ruanda
Salomonen
Sambia
São Tomé und Principe
Saudi-Arabien
Schweden
Schweiz (einschl. Büsingen, Liechtenstein)
Senegal
Seschellen und zugehörige Gebiete
Sierra Leone
Singapur
Spanien
Sri Lanka (Ceylon)
Sudan
Südjemen

Südkorea
Swasiland
Taiwan
Tansania
Thailand
Togo
Tonga
Trinidad und Tobago
Tschad
Türkei
Tunesien
Tuvalu
Uganda

Union Myanmar
Uruguay
Vatikanstadt
Venezuela
Vereinigte Staaten von Amerika
 (einschl. Puerto Rico)
Volksrepublik Kongo
Wallis und Futuna
Westsamoa
Zaire
Zentralafrikanische Republik
Zypern

Länderliste H

Ägypten
Afghanistan
Albanien
Algerien
Angola
Brasilien
Bulgarien
China
Indien
Irak
Iran
Israel
Jemen
Jordanien
Jugoslawien*
Kambodscha
Katar

Kuba
Kuwait
Libanon
Libyen
Mauretanien
Mosambik
Myanmar
Nordkorea
Pakistan
Rumänien
Saudi-Arabien
Somalia
Südafrika
Syrien
Taiwan
Vietnam

Länderliste I

In der Länderliste I sind einige Staaten aufgeführt, die dem Vertrag über die Nichtverbreitung von Kernwaffen nicht beigetreten sind

Chile
Dschibuti
Guyana
Komoren
Niger

Oman
Tansania
Vanuatu
Vereinigte Arabische Emirate

---

* Jugoslawien im Sinne der Länderliste H umfaßt das Staatsgebiet Jugoslawiens am 22. Dezember 1991.

Anlage LV
zur Außenwirtschaftsverordnung

Leistungsverzeichnis
A. Dienstleistungen und unentgeltliche Leistungen

Einnahmen und Ausgaben[1]	Kennzahl
1. Reiseverkehr und Personenbeförderung	
Reiseverkehr und Personenbeförderung (ohne Ausgaben für Personenbeförderung im Wirtschaftsgebiet)	010
Ausgaben für Personenbeförderung im Wirtschaftsgebiet	020
2. Transport	
Einnahmen gebietsansässiger Transportunternehmen im Güterverkehr (einschl. Spedition)[2]	200
Ausgaben für Frachten, Chartergebühren und Mieten im deutschen Außenhandel	
an gebietsfremde Seeschiffahrtsunternehmen[5]	
bei der deutschen Einfuhr	210
bei der deutschen Ausfuhr	220
an gebietsfremde Binnenschiffahrtsunternehmen	230
an sonstige gebietsfremde Verkehrsunternehmen	240
im Verkehr zwischen dritten Ländern	
im Transithandel[3]	250
im Speditionsgeschäft	260
im Verkehr innerhalb des Wirtschaftsgebiets	270
3. Transportnebenleistungen	
Einnahmen im Zusammenhang mit Transporten	
z. B. für Hafengebühren, Notreparaturen, Laden, Löschen, Bemusterung, ausgenommen Einnahmen für die Lieferung von Waren für den Bedarf ausländischer Beförderungsmittel,	
der Seehäfen und Seehafenbetriebe	300
der Binnen- und Lufthafenbetriebe und anderer Verkehrshilfsbetriebe	310
Ausgaben für Transportnebenkosten	
z. B. Treibstoffe und sonstiger Bedarf von Fahrzeugen (ausgenommen Ausgaben für die Einfuhr von Waren für den Bedarf von Beförderungsmitteln[4]), Hafengebühren, Konsulatsgebühren, Notreparaturen, Laden, Löschen, Bemusterung usw.	
durch deutsche Verkehrsunternehmen[5]	320
durch deutsche Außenhandelsfirmen und Spediteure	330

Die Fußnoten sind im Anschluß an Teil D des Leistungsverzeichnisses aufgeführt.

Einnahmen und Ausgaben[1]	Kenn-zahl
4. Privater Versicherungsverkehr	
Versicherungsnehmer und andere Begünstigte aus Versicherungsverträgen, ausgenommen Versicherungsunternehmen	
Lebensversicherung...	400
Transportversicherung	
Einnahmen...	410
Ausgaben	
für die deutsche Einfuhr......................................	410
für die deutsche Ausfuhr	411
Sonstiger Versicherungsverkehr[6]	420
Versicherungsunternehmen	
Direktversicherung	
Einnahmen und Ausgaben aus Versicherungsverträgen mit Gebietsfremden	
Lebensversicherung...	440
Transportversicherung für die Ein- und Ausfuhr	441
andere Versicherungen	442
Ausgaben aus Versicherungsverträgen mit Gebietsansässigen	
Lebensversicherung...	443
Transportversicherung für die Ein- und Ausfuhr	444
andere Versicherungen	445
Rückversicherung	
Einnahmen und Ausgaben aus abfließendem Geschäft	450
Einnahmen und Ausgaben aus einfließendem Geschäft	451
Sonstige **Einnahmen** von Gebietsfremden mit Ausnahme von Vermögenserträgnissen............................	460
5. Verschiedene Dienstleistungen	
Verwertung, Erwerb und Auswertung von Urheberrechten, Erfindungen, Verfahren usw.	500
Filmgeschäft (einschl. Gagen)	510
Entgelte für selbständige Arbeit (z. B. Beratung, Rechtsvertretung usw., soweit nicht anderswo zu erfassen)	520
Entgelte für unselbständige Arbeit	521
Pensionen, Renten, Sozialversicherung	522
Provisionen[5 6]	523

---

[1] Die Fußnoten sind im Anschluß an Teil D des Leistungsverzeichnisses aufgeführt.

Einnahmen und Ausgaben[1]	Kenn-zahl
Regiekosten sowie Zuschüsse an Tochterunternehmen, Zweigniederlassungen und Betriebsstätten[7]	530
Werbe- und Informationskosten	540
Aktive und passive Lohnveredelung	550
Reparaturen an Transport- und Verkehrsmitteln (ohne Notreparaturen), an Maschinen, Gebäuden usw.	560
Einnahmen aus Bauleistungen, Montagen und Ausbesserungen durch gebietsansässige Firmen in fremden Wirtschaftsgebieten	570
Ausgaben (Unkosten) gebietsansässiger Firmen für Maschinen, Material und Arbeitsentgelte bei Bauleistungen, Montagen und Ausbesserungen in fremden Wirtschaftsgebieten	580
Ausgaben für Bauleistungen, Montagen und Ausbesserungen durch gebietsfremde Firmen im Wirtschaftsgebiet	570
Einnahmen auf Grund von Warenlieferungen und Dienstleistungen an gebietsfremde Firmen bei Bauleistungen, Montagen und Ausbesserungen im Wirtschaftsgebiet	580
Bundespost	590

6. **Nebenleistungen im Waren- und Dienstleistungsverkehr**
 (Ersatz- und Rückzahlungen, Preisnachlaß- und Haftungszahlungen, Zollerstattungen und dergleichen)

im Warenverkehr	600
im Dienstleistungsverkehr	610

7. **Bund, Länder und Gemeinden**[8,9]

Einnahmen des Bundes, der Länder und Gemeinden[8] (Steuern, Zahlungen zum Lastenausgleich, Gebühren, Spenden und dgl.)	700
Ausgaben des Bundes, der Länder und Gemeinden[8,9]	
Zahlungen an deutsche diplomatische Vertretungen	710
Wiedergutmachungsleistungen[10]	720
Lastenausgleichs- und Unterstützungszahlungen	730
Beiträge an internationale Organisationen, Gebühren und dgl.	740
Ausgaben im Rahmen der Entwicklungshilfe	750
Sonstige Ausgaben	760

8. **Einnahmen und Ausgaben Privater im Verkehr mit gebietsfremden Behörden**[8,9]**, Zahlungen infolge von Erbschaft, sonstige unentgeltliche Zuwendungen**
 Einnahmen Privater von gebietsfremden Behörden[8,9] (Unterstützungszahlungen, Entschädigungen und dgl.) sowie

---

Die Fußnoten sind im Anschluß an Teil D des Leistungsverzeichnisses aufgeführt.

Einnahmen und Ausgaben[1]	Kennzahl
Ausgaben Privater an gebietsfremde Behörden und diplomatische Vertretungen (Steuern, Gebühren, Spenden und dgl.)	800
Zahlungen infolge von Erbschaft, Vermächtnis, Mitgift, Restitution, Ein- und Auswanderung	850
Unterstützungs- und Unterhaltszahlungen, sonstige unentgeltliche Zuwendungen[11]	851
9. **Sonstige Zahlungen, die nicht den Kapital- oder Warenverkehr betreffen**	900
z. B. Zahlungen im Zusammenhang mit Garantien, Bürgschaften und Warentermingeschäften;	
Gewinne aus staatlich genehmigten Spielen (z. B. Lotterie, Lotto, Toto, Rennwetten) und Spieleinsätze, Preise und Belohnungen; Schadenersatz auf Grund unerlaubter Handlung, Havarie und sonstiger außervertraglicher Haftungsgründe; Geldstrafen, Geldbußen, Herausgabe einer ungerechtfertigten Bereicherung;	
Stornierungen, Irrläufer u. ä.	

B. Kapitalverkehr und Kapitalerträge

Einnahmen und Ausgaben[1]	Kennzahl
I. Vermögensanlagen Gebietsansässiger in fremden Wirtschaftsgebieten einschl. Kredite und Bankguthaben[12]	
1. **Ausländische Wertpapiere und Geldmarktpapiere**	
Festverzinsliche Wertpapiere	
Staats- und Gemeindeanleihen	101
Andere Anleihen	102
Dividendenpapiere (nur Beteiligungen, die bis zu 20 % des Nennkapitals betragen) und Zertifikate von Kapitalanlagegesellschaften	104
Geldmarktpapiere	105
2. **Direktinvestitionen in fremden Wirtschaftsgebieten**	
Anteile am gezeichneten Kapital und an den Rücklagen von gebietsfremden Unternehmen, Zweigniederlassungen und Betriebsstätten, sofern dem Kapitalgeber mehr als 20 % des Nennkapitals des betreffenden Unternehmens zustehen[13] [14]	111
Kredite (außer von Geldinstituten oder an Geldinstitute) mit einer Laufzeit von mehr als 12 Monaten an gebietsfremde Unternehmen, Zweigniederlassungen und Betriebsstätten, sofern dem Kreditgeber oder einem von ihm abhängigen Unternehmen mehr als 20 % des Nennkapitals des betreffenden Unternehmens zustehen	112

Die Fußnoten sind im Anschluß an Teil D des Leistungsverzeichnisses aufgeführt.

Einnahmen und Ausgaben[1]	Kennzahl

3. **Kredite an sowie Bankguthaben bei Gebietsfremde(n)**

Kredite und Bankguthaben mit einer Laufzeit von bis zu 12 Monaten .. —[15]

Kredite (ohne Direktinvestitionskredite) und Bankguthaben mit einer Laufzeit von mehr als 12 Monaten. 121

4. **Grundstücke und Rechte an Grundstücken in fremden Wirtschaftsgebieten** 131

5. **Sonstiger Kapitalverkehr** 139

II. **Vermögensanlagen Gebietsfremder im Wirtschaftsgebiet einschl. Kredite und Bankguthaben**[12]

1. **Inländische Wertpapiere und Geldmarktpapiere**

Festverzinsliche Wertpapiere (ohne Auslandsbonds)

Staats- und Gemeindeanleihen. 141

Andere Anleihen 142

Auslandsbonds[16]. 143

Dividendenpapiere (nur Beteiligungen, die bis zu 20 % des Nennkapitals betragen) und Zertifikate von Kapitalanlagegesellschaften 144

Geldmarktpapiere. 145

2. **Direktinvestitionen im Wirtschaftsgebiet**

Anteile am gezeichneten Kapital und an den Rücklagen von gebietsansässigen Unternehmen, Zweigniederlassungen und Betriebsstätten, sofern dem Kapitalgeber mehr als 20 % des Nennkapitals des betreffenden Unternehmens zustehen)[13] [14]. 151

Kredite (außer von Geldinstituten oder an Geldinstitute) mit einer Laufzeit von mehr als 12 Monaten an gebietsansässige Unternehmen, Zweigniederlassungen und Betriebsstätten, sofern dem Kreditgeber oder einem von ihm abhängigen Unternehmen mehr als 20 % des Nennkapitals zustehen. 152

3. **Kredite an sowie Bankguthaben bei Gebietsansässige(n)**

Kredite und Bankguthaben mit einer Laufzeit von bis zu 12 Monaten .. —[15]

Kredite (ohne Direktinvestitionskredite) und Bankguthaben mit einer Laufzeit von mehr als 12 Monaten. . . . . . , ... 161

4. **Grundstücke und Rechte an Grundstücken im Wirtschaftsgebiet** 171

5. **Sonstiger Kapitalverkehr** 179

III. **Kapitalerträge**

(ohne die nach B IV zu meldenden Leistungen)

1. **Pacht und Miete aus Grundbesitz** 181

Die Fußnoten sind im Anschluß an Teil D des Leistungsverzeichnisses aufgeführt.

Einnahmen und Ausgaben[1]	Kennzahl
2. Zinsen[16]	
auf Staats- und Gemeindeanleihen	182
auf andere festverzinsliche Wertpapiere	183
auf Kredite, Darlehen und Hypotheken (einschl. Bankzinsen)	184
3. Gewinne	
aus Dividendenpapieren und Zertifikaten von Kapitalanlagegesellschaften	185
aus nicht in Wertpapieren verbrieften Geschäfts- und Kapitalanteilen	186
IV. Leistungen im Rahmen des Abkommens vom 27. Februar 1953 über Deutsche Auslandsschulden[17]	
1. Zinsen	191
2. Tilgungen und sonstige Rückzahlungen	192
3. Gebühren und sonstige Nebenkosten	193

C. Warenverkehr[1]

Einnahmen	Kennzahl
1. Warenausfuhr	Ausfuhrerlöse sind nicht meldepflichtig
2. Transithandel	keine Kennzahl
3. Warenlieferungen für den Bedarf von	
Seeschiffen fremder Flagge	991
ausländischen Binnenschiffen, Land- und Luftfahrzeugen	992
diplomatischen und konsularischen Vertretungen im Wirtschaftsgebiet	993
4. Sonstiger Warenverkehr	997

Ausgaben[18]	Kennzahl
1. Wareneinfuhr	keine Kennzahl
2. Transithandel	keine Kennzahl

Die Fußnoten sind im Anschluß an Teil D des Leistungsverzeichnisses aufgeführt.

Einnahmen und Ausgaben[1]	Kenn-zahl
3. Einkauf von Waren zur ungewissen Verwendung	994
4. Einkauf von Waren, die ohne Entgelt (z. B. zur Veredelung oder zur Lagerung) in den freien Verkehr verbracht worden sind	995
5. Einfuhr von Waren für den Bedarf von Schiffen und Luftfahrzeugen sowie von diplomatischen und konsularischen Vertretungen	996
6. Sonstige Wareneinfuhren im erleichterten Einfuhrverfahren, Weiterleitung von Inkassoerlösen aus der Wareneinfuhr, sonstiger Warenverkehr	997

D. Lieferungen und Leistungen
an die im Wirtschaftsgebiet stationierten ausländischen Streitkräfte

Einnahmen	Kenn-zahl
1. Einnahmen aus Warenlieferungen	998
2. Einnahmen aus sonstigen Leistungen	999

Anmerkungen

1. Bei Lieferungen und Leistungen im Zusammenhang mit der Stationierung ausländischer Streitkräfte ist für Einnahmen die Kennzahl 998 oder 999, für Ausgaben die Kennzahl 997 zu verwenden.
2. Ohne Einnahmen der deutschen Seeschiffahrt im Zusammenhang mit der Personenbeförderung und dem Güterverkehr (Sondermeldung gemäß § 67 AWV auf Vordruck Anlage Z 8 zur AWV).
3. Einschließlich sonstiger Nebenkosten im Transithandel (vgl. auch Anmerkung 6).
4. Ausgaben für derartige Einfuhren siehe Teil C – Warenverkehr.
5. Ohne Ausgaben der deutschen Seeschiffahrt für Chartergebühren, Transportnebenkosten und Provisionen (Sondermeldung gemäß § 67 AWV auf Vordruck Anlage Z 8 zur AWV).
6. Ausgaben im Zusammenhang mit dem Transithandel unter Kennzahl 250 (vgl. auch Anmerkung 3).
7. Zahlungen für Investitionszwecke siehe Teil B – Kapitalverkehr.
8. Ohne Einnahmen und Ausgaben im Waren- und Kapitalverkehr sowie ohne Kapitalerträge.
9. Pensionen, Renten, Sozialversicherung unter Kennzahl 522.
10. Ohne Zahlungen an die Israel-Mission, jedoch einschließlich Zahlungen im Zusammenhang mit Rückerstattungen.
11. Soweit diese nicht unter den Kennzahlen 700, 710–760 oder 800 zu melden sind.
12. Einschließlich Hypotheken und Schuldscheindarlehen, ohne Kredite mit einer vereinbarten Laufzeit oder Kündigungsfrist bis zu 12 Monaten einschließlich (vgl. Anmerkung 15).
13. Nicht verbriefte Anteile am gezeichneten Kapital und an den Rücklagen bis zu 20 % sind unter den Kennzahlen 139 bzw. 179 – Sonstiger Kapitalverkehr – auszuweisen.
14. Zuschüsse an Zweigniederlassungen und Betriebsstätten sind unter der Kennzahl 530 – Einnahmen oder Ausgaben für Regiekosten und Zuschüsse an Tochterunternehmen, Zweigniederlassungen und Betriebsstätten – zu melden.
15. Bei Zahlungen, die die Gewährung, Aufnahme oder Rückzahlung von Krediten betreffen (einschließlich der Begründung und Rückzahlung von Guthaben bei Geldinstituten) mit einer vereinbarten Laufzeit oder Kündigungsfrist bis zu 12 Monaten einschließlich sind Zahlungsmeldungen nicht abzugeben, sondern nach § 62 AWV die Bestände auf Vordruck Anlage Z 5 zur AWV zu melden.
16. Zinsen auf Auslandsbonds fallen unter die Kennzahl 191.
17. Als Eingänge sind die aus fremden Wirtschaftsgebieten zurückfließenden Zins- und Tilgungszahlungen auf den inländischen Besitz an Auslandsbonds sowie ggf. Stornierungen zu melden.
18. Soweit entsprechende Ausgaben vorkommen, gilt die Kennzahl 997.

Ausführungsgesetz zu Artikel 26 Abs. 2 des Grundgesetzes
(Gesetz über die Kontrolle von Kriegswaffen)

in der Fassung der Bekanntmachung vom 22. November 1990
(BGBl. I S. 2506)
(zuletzt geändert durch Artikel 17 des Gesetzes vom 21. Dezember 1992, BGBl. I S. 2149).

Inhaltsübersicht

ERSTER ABSCHNITT
Genehmigungsvorschriften

	§
Begriffsbestimmung	1
Herstellung und Inverkehrbringen	2
Beförderung innerhalb des Bundesgebietes	3
Beförderung außerhalb des Bundesgebietes	4
Auslandsgeschäfte	4 a
Befreiungen	5
Versagung der Genehmigung	6
Widerruf der Genehmigung	7
Erteilung und Widerruf der Allgemeinen Genehmigung	8
Entschädigung im Falle des Widerrufs	9
Inhalt und Form der Genehmigung	10
Genehmigungsbehörden	11

ZWEITER ABSCHNITT
Überwachungs- und Ausnahmevorschriften

Pflichten im Verkehr mit Kriegswaffen	12
Sicherstellung und Erziehung	13
Überwachungsbehörden	14
Bundeswehr und andere Organe	15

DRITTER ABSCHNITT
Besondere Vorschriften für Atomwaffen

Nukleare Aufgaben im Nordatlantischen Bündnis	16
Verbot von Atomwaffen	17

VIERTER ABSCHNITT
Besondere Vorschriften für biologische und chemische Waffen

Verbot von biologischen und chemischen Waffen	18

FÜNFTER ABSCHNITT
Straf- und Bußgeldvorschriften

Strafvorschriften gegen Atomwaffen	19
Strafvorschriften gegen biologische und chemische Waffen	20
Taten außerhalb des Geltungsbereichs dieses Gesetzes	21
Ausnahmen	22
Sonstige Strafvorschriften	22 a

Verletzung von Ordnungsvorschriften	22 b
Verwaltungsbehörden	23
Einziehung	24
aufgehoben	25

SECHSTER ABSCHNITT
Übergangs- und Schlußvorschriften

Vor Inkrafttreten des Gesetzes erteilte Genehmigungen	26
Anzeige der Ausübung der tatsächlichen Gewalt	26 a
Übergangsregelungen für das in Artikel 3 des Einigungsvertrages genannte Gebiet	26 b
Zwischenstaatliche Verträge	27
Berlin-Klausel	28
Inkrafttreten	29
Kriegswaffenliste	Anlage

ERSTER ABSCHNITT
Genehmigungsvorschriften

§ 1
Begriffsbestimmung

(1) Zur Kriegsführung bestimmte Waffen im Sinne dieses Gesetzes (Kriegswaffen) sind die in der Anlage zu diesem Gesetz (Kriegswaffenliste) aufgeführten Gegenstände, Stoffe und Organismen.

(2) Die Bundesregierung wird ermächtigt, durch Rechtsverordnung mit Zustimmung des Bundesrates die Kriegswaffenliste entsprechend dem Stand der wissenschaftlichen, technischen und militärischen Erkenntnisse derart zu ändern und zu ergänzen, daß sie alle Gegenstände, Stoffe und Organismen enthält, die geeignet sind, allein, in Verbindung miteinander oder mit anderen Gegenständen, Stoffen oder Organismen Zerstörungen oder Schäden an Personen oder Sachen zu verursachen und als Mittel der Gewaltanwendung bei bewaffneten Auseinandersetzungen zwischen Staaten zu dienen.

(3) Für Atomwaffen im Sinne des § 17 Abs. 2 sowie für biologische und chemische Waffen im Sinne der Kriegswaffenliste gelten die besonderen Vorschriften des Dritten und Vierten Abschnitts sowie die Strafvorschriften der §§ 19 bis 21.

§ 2
Herstellung und Inverkehrbringen

(1) Wer Kriegswaffen herstellen will, bedarf der Genehmigung.

(2) Wer die tatsächliche Gewalt über Kriegswaffen von einem anderen erwerben oder einem anderen überlassen will, bedarf der Genehmigung.

§ 3
Beförderung innerhalb des Bundesgebietes

(1) Wer Kriegswaffen im Bundesgebiet außerhalb eines abgeschlossenen Geländes befördern lassen will, bedarf der Genehmigung.

(2) Der Genehmigung bedarf ferner, wer Kriegswaffen, die er hergestellt oder über die er die tatsächliche Gewalt erworben hat, im Bundesgebiet außerhalb eines abgeschlossenen Geländes selbst befördern will.

(3) Kriegswaffen dürfen nur eingeführt, ausgeführt, durch das Bundesgebiet durchgeführt oder sonst in das Bundesgebiet oder aus dem Bundesgebiet verbracht werden, wenn die hierzu erforderliche Beförderung im Sinne des Absatzes 1 oder 2 genehmigt ist.

(4) Für die Beförderung von Kriegswaffen, die außerhalb des Bundesgebietes ein- und ausgeladen werden und unter Zollüberwachung ohne Wechsel des Frachtführers oder im Schiffsverkehr über Freihäfen ohne Lagerung durch das Bundesgebiet durchgeführt werden, kann auch – unbeschadet der Regelung des § 27 – eine Allgemeine Genehmigung erteilt werden.

§ 4
Beförderung außerhalb des Bundesgebietes

(1) Wer Kriegswaffen, die außerhalb des Bundesgebietes ein- und ausgeladen und durch das Bundesgebiet nicht durchgeführt werden, mit Seeschiffen, die die Bundesflagge führen, oder mit Luftfahrzeugen, die in die Luftfahrzeugrolle der Bundesrepublik eingetragen sind, befördern will, bedarf der Genehmigung.

(2) Für die Beförderung von Kriegswaffen im Sinne des Absatzes 1 in und nach bestimmten Gebieten kann auch eine Allgemeine Genehmigung erteilt werden.

§ 4 a
Auslandsgeschäfte

(1) Wer einen Vertrag über den Erwerb oder das Überlassen von Kriegswaffen, die sich außerhalb des Bundesgebietes befinden, vermitteln oder die Gelegenheit zum Abschluß eines solchen Vertrags nachweisen will, bedarf der Genehmigung.

(2) Einer Genehmigung bedarf auch, wer einen Vertrag über das Überlassen von Kriegswaffen, die sich außerhalb des Bundesgebietes befinden, abschließen will.

(3) Die Absätze 1 und 2 sind nicht anzuwenden, wenn die Kriegswaffen in Ausführung des Vertrags in das Bundesgebiet eingeführt oder durchgeführt werden sollen.

§ 5
Befreiungen

(1) Einer Genehmigung nach den §§ 2 bis 4 a bedarf nicht, wer unter der Aufsicht oder als Beschäftigter eines anderen tätig wird. In diesen Fällen bedarf nur der andere der Genehmigung nach den §§ 2 bis 4 a.

(2) Wer Kriegswaffen auf Grund einer Genehmigung nach § 3 Abs. 1 befördert, bedarf für den Erwerb der tatsächlichen Gewalt über diese Kriegswaffen von dem Absender und die Überlassung der tatsächlichen Gewalt an den in der Genehmigungsurkunde genannten Empfänger keiner Genehmigung nach § 2 Abs. 2.

(3) Einer Genehmigung nach § 2 Abs. 2 bedarf ferner nicht, wer die tatsächliche Gewalt über Kriegswaffen

1. demjenigen, der Kriegswaffen auf Grund einer Genehmigung nach § 3 Abs. 1 befördert, überlassen oder von ihm erwerben will, sofern der Absender und der Empfänger in der Genehmigungsurkunde genannt sind,

2. der Bundeswehr, dem Zollgrenzdienst, einer für die Aufrechterhaltung der öffentlichen Sicherheit zuständigen Behörde oder Dienststelle oder einer Behörde des Strafvollzugs überlassen oder von diesen zur Instandsetzung oder zur Beförderung erwerben will.

§ 6
Versagung der Genehmigung

(1) Auf die Erteilung einer Genehmigung besteht kein Anspruch.

(2) Die Genehmigung **kann** insbesondere versagt werden, wenn

1. Grund zu der Annahme besteht, daß ihre Erteilung dem Interesse der Bundesrepublik an der Aufrechterhaltung guter Beziehungen zu anderen Ländern zuwiderlaufen würde,

2. a) der Antragsteller, sein gesetzlicher Vertreter, bei juristischen Personen das vertretungsberechtigte Organ oder ein Mitglied eines solchen Organs, bei Personenhandelsgesellschaften ein vertretungsberechtigter Gesellschafter, sowie der Leiter eines Betriebes oder eines Betriebsteiles des Antragstellers,

   b) derjenige, der Kriegswaffen befördert,

   c) derjenige, der die tatsächliche Gewalt über Kriegswaffen dem Beförderer überläßt oder von ihm erwirbt,

   nicht Deutscher im Sinne des Artikels 116 des Grundgesetzes ist oder den Wohnsitz oder gewöhnlichen Aufenthalt außerhalb des Bundesgebietes hat,

3. eine im Zusammenhang mit der genehmigungsbedürftigen Handlung nach anderen Vorschriften erforderliche Genehmigung nicht nachgewiesen wird.

(3) Die Genehmigung **ist zu** versagen, wenn

1. die Gefahr besteht, daß die Kriegswaffen bei einer friedenstörenden Handlung, insbesondere bei einem Angriffskrieg, verwendet werden,
2. Grund zu der Annahme besteht, daß die Erteilung der Genehmigung völkerrechtliche Verpflichtungen der Bundesrepublik verletzen oder deren Erfüllung gefährden würde,
3. Grund zu der Annahme besteht, daß eine der in Absatz 2 Nr. 2 genannten Personen die für die beabsichtigte Handlung erforderliche Zuverlässigkeit nicht besitzt.

(4) Andere Vorschriften, nach denen für die in den §§ 2 bis 4a genannten Handlungen eine Genehmigung erforderlich ist, bleiben unberührt.

§ 7
Widerruf der Genehmigung

(1) Die Genehmigung kann jederzeit widerrufen werden.

(2) Die Genehmigung ist zu widerrufen, wenn einer der in § 6 Abs. 3 genannten Versagungsgründe nachträglich offenbar geworden oder eingetreten ist, es sei denn, daß der Grund innerhalb einer zu bestimmenden Frist beseitigt wird.

(3) Wird die Genehmigung widerrufen, so trifft die Genehmigungsbehörde Anordnungen über den Verbleib oder die Verwertung der Kriegswaffen. Sie kann insbesondere anordnen, die Kriegswaffen innerhalb angemessener Frist unbrauchbar zu machen oder einem zu ihrem Erwerb Berechtigten zu überlassen und dies der Überwachungsbehörde nachzuweisen. Nach fruchtlosem Ablauf der Frist können die Kriegswaffen sichergestellt und eingezogen werden. § 13 Abs. 3 gilt entsprechend.

§ 8
Erteilung und Widerruf der Allgemeinen Genehmigung

(1) Die Allgemeine Genehmigung im Sinne des § 3 Abs. 4 und des § 4 Abs. 2 wird durch Rechtsverordnung erteilt.

(2) Die Allgemeine Genehmigung kann durch Rechtsverordnung ganz oder teilweise widerrufen werden, insbesondere wenn Grund zu der Annahme besteht, daß die allgemein genehmigten Beförderungen dem Interesse der Bundesrepublik an der Aufrechterhaltung guter Beziehungen zu anderen Ländern zuwiderlaufen würden.

(3) Die Allgemeine Genehmigung ist durch Rechtsverordnung ganz oder teilweise zu widerrufen, wenn

1. die Gefahr besteht, daß die auf Grund der Allgemeinen Genehmigung beförderten Kriegswaffen bei einer friedenstörenden Handlung, insbesondere bei einem Angriffskrieg, verwendet werden,
2. Grund zu der Annahme besteht, daß durch die allgemein genehmigten Beförderungen völkerrechtliche Verpflichtungen der Bundesrepublik verletzt würden oder deren Erfüllung gefährdet würde.

(4) Rechtsverordnungen nach den Absätzen 1 bis 3 werden von der Bundesregierung erlassen; sie bedürfen nicht der Zustimmung des Bundesrates.

§ 9
Entschädigung im Falle des Widerrufs

(1) Wird eine Genehmigung nach den §§ 2, 3 Abs. 1 oder 2, § 4 Abs. 1 oder § 4a ganz oder teilweise widerrufen, so ist ihr Inhaber vom Bund angemessen in Geld zu entschädigen. Die Entschädigung bemißt sich nach den vom Genehmigungsinhaber nachgewiesenen zweckentsprechenden Aufwendungen. Anderweitige, den Grundsätzen einer ordnungsmäßigen Wirtschaftsführung entsprechende Verwertungsmöglichkeiten sind zu berücksichtigen. Wegen der Höhe der Entschädigung steht im Streitfalle der Rechtsweg vor den ordentlichen Gerichten offen.

(2) Der Anspruch auf eine Geldentschädigung entfällt, wenn der Inhaber der Genehmigung oder die für ihn auf Grund der Genehmigung tätigen Personen durch ihr schuldhaftes Verhalten Anlaß zum Widerruf der Genehmigung gegeben haben, insbesondere wenn

1. diese Personen gegen die Vorschriften dieses Gesetzes, gegen die auf Grund dieses Gesetzes ergangenen Rechtsverordnungen oder gegen Anordnungen der Genehmigungs- oder Überwachungsbehörde erheblich oder wiederholt verstoßen haben,
2. die Genehmigung auf Grund des § 7 Abs. 2 in Verbindung mit § 6 Abs. 3 Nr. 3 widerrufen worden ist.

§ 10
Inhalt und Form der Genehmigung

(1) Die Genehmigung kann inhaltlich beschränkt, befristet und mit Auflagen verbunden werden.

(2) Nachträgliche Befristungen und Auflagen sind jederzeit zulässig. § 9 gilt entsprechend.

(3) Die Genehmigung bedarf der Schriftform; sie muß Angaben über Art und Menge der Kriegswaffen enthalten. Die Genehmigung zur Herstellung der in Teil B der Kriegswaffenliste genannten Kriegswaffen kann ohne Beschränkung auf eine bestimmte Menge, die Genehmigung zur Beförderung von Kriegswaffen kann ohne Beschränkung auf eine bestimmte Art und Menge erteilt werden.

§ 11
Genehmigungsbehörden

(1) Für die Erteilung und den Widerruf einer Genehmigung ist die Bundesregierung zuständig.

(2) Die Bundesregierung wird ermächtigt, durch Rechtsverordnung, die der Zustimmung des Bundesrates nicht bedarf, die Befugnis zur Erteilung und zum Widerruf der Genehmigung in den Fällen der §§ 2, 3 Abs. 1 und 2 und des § 4a

1. für den Bereich der Bundeswehr auf den Bundesminister für Verteidigung,
2. für den Bereich des Zollgrenzdienstes auf den Bundesminister der Finanzen,
3. für den Bereich der für die Aufrechterhaltung der öffentlichen Sicherheit zuständigen Behörden oder Dienststellen sowie der Behörden des Strafvollzugs auf den Bundesminister des Innern,
4. für alle übrigen Bereiche auf den Bundesminister für Wirtschaft

zu übertragen.

(3) Die Befugnis zur Erteilung und zum Widerruf der Genehmigung in den Fällen des § 4 Abs. 1 kann durch Rechtsverordnung, die der Zustimmung des Bundesrates nicht bedarf,

auf den Bundesminister für Verkehr übertragen werden, der diese Befugnis im Einvernehmen mit dem Bundesminister des Auswärtigen ausübt.

(4) Die Bundesregierung wird ferner ermächtigt, durch Rechtsverordnung mit Zustimmung des Bundesrates die erforderlichen Vorschriften zur näheren Regelung des Genehmigungsverfahrens zu erlassen.

(5) Das Bundesamt für Verfassungsschutz kann bei der Prüfung der Zuverlässigkeit gemäß § 6 Abs. 3 Nr. 3 herangezogen werden.

ZWEITER ABSCHNITT
Überwachungs- und Ausnahmevorschriften

§ 12
Pflichten im Verkehr mit Kriegswaffen

(1) Wer eine nach diesem Gesetz genehmigungsbedürftige Handlung vornimmt, hat die erforderlichen Maßnahmen zu treffen,

1. um zu verhindern, daß die Kriegswaffen abhanden kommen oder unbefugt verwendet werden,

2. um zu gewährleisten, daß die gesetzlichen Vorschriften und behördlichen Anordnungen zum Schutze von geheimhaltungsbedürftigen Gegenständen, Tatsachen, Erkenntnissen oder Mitteilungen beachtet werden.

(2) Wer Kriegswaffen herstellt, befördern läßt oder selbst befördert oder die tatsächliche Gewalt über Kriegswaffen von einem anderen erwirbt oder einem anderen überläßt, hat ein Kriegswaffenbuch zu führen, um den Verbleib der Kriegswaffen nachzuweisen. Dies gilt nicht in den Fällen des § 5 Abs. 1 und 2 sowie für Beförderungen in den Fällen des § 5 Abs. 3 Nr. 2.

(3) Wer Kriegswaffen befördern lassen will, hat bei der Übergabe zur Beförderung eine Ausfertigung der Genehmigungsurkunde zu übergeben. Dies gilt nicht für Beförderungen durch die Deutsche Bundespost.

(4) Wer eine Beförderung von Kriegswaffen ausführt, hat eine Ausfertigung der Genehmigungsurkunde mitzuführen, den zuständigen Behörden oder Dienststellen, insbesondere den Eingangs- und Ausgangszollstellen, unaufgefordert vorzuzeigen und auf Verlangen zur Prüfung auszuhändigen. Dies gilt nicht für Beförderungen durch die Deutsche Bundespost.

(5) Wer berechtigt ist, über Kriegswaffen zu verfügen, hat der zuständigen Überwachungsbehörde den Bestand an Kriegswaffen sowie dessen Veränderungen unter Angabe der dazu erteilten Genehmigungen innerhalb der durch Rechtsvorschrift oder durch Anordnung der zuständigen Überwachungsbehörde bestimmten Fristen zu melden.

(6) Wer

1. als Erwerber von Todes wegen, Finder oder in ähnlicher Weise die tatsächliche Gewalt über Kriegswaffen erlangt,

2. als Konkursverwalter, Zwangsverwalter oder in ähnlicher Weise die tatsächliche Gewalt über Kriegswaffen erlangt,

3. die tatsächliche Gewalt über Kriegswaffen verliert,

4. Kenntnis vom Verbleib einer Kriegswaffe erlangt, über die niemand die tatsächliche Gewalt ausübt,

hat dies der zuständigen Überwachungsbehörde oder einer für die Aufrechterhaltung der öffentlichen Sicherheit zuständigen Behörde oder Dienststelle unverzüglich anzuzeigen. Im Falle der Nummer 1 hat der Erwerber der tatsächlichen Gewalt über die Kriegswaffen innerhalb einer von der Überwachungsbehörde zu bestimmenden Frist die Kriegswaffen unbrauchbar zu machen oder einem zu ihrem Erwerb Berechtigten zu überlassen und dies der Überwachungsbehörde nachzuweisen. Die Überwachungsbehörde kann auf Antrag Ausnahmen von Satz 2 zulassen, wenn ein öffentliches Interesse besteht. Die Ausnahmen können befristet und mit Bedingungen und Auflagen verbunden werden. Nachträgliche Befristungen und Auflagen sind jederzeit zulässig.

(7) Die Bundesregierung wird ermächtigt, durch Rechtsverordnung mit Zustimmung des Bundesrates

1. die erforderlichen Vorschriften zur Durchführung der Absätze 1 bis 6 zu erlassen,

2. geringe Mengen an Kriegswaffen und geringfügige Bestandsveränderungen von der Buchführungs-, Melde- und Anzeigepflicht (Absatz 2, 5 und 6) auszunehmen, soweit hierdurch öffentliche Interessen nicht gefährdet werden,

3. eine Kennzeichnung für Kriegswaffen vorzuschreiben, die den Hersteller oder Einführer ersichtlich macht.

§ 13
Sicherstellung und Einziehung

(1) Die Überwachungsbehörden und die für die Aufrechterhaltung der öffentlichen Sicherheit zuständigen Behörden oder Dienststellen können Kriegswaffen sicherstellen,

1. wenn Tatsachen die Annahme rechtfertigen, daß der Inhaber der tatsächlichen Gewalt nicht die erforderliche Zuverlässigkeit besitzt, insbesondere die Kriegswaffen an einen Nichtberechtigten weitergeben oder sie unbefugt verwenden wird, oder

2. wenn dies erforderlich ist, um Staatsgeheimnisse zu schützen.

(2) Die Überwachungsbehörden können die sichergestellten Kriegswaffen einziehen, wenn dies zur Abwehr einer Gefahr für die öffentliche Sicherheit oder Ordnung erforderlich ist und weniger einschneidende Maßnahmen nicht ausreichen.

(3) Werden Kriegswaffen eingezogen, so geht mit der Unanfechtbarkeit der Einziehungsverfügung das Eigentum an ihnen auf den Staat über. Rechte Dritter an den Kriegswaffen erlöschen. Der Eigentümer oder ein dinglich Berechtigter wird vom Bund unter Berücksichtigung des Verkehrswerts angemessen in Geld entschädigt. Eine Entschädigung wird nicht gewährt, wenn der Eigentümer oder dinglich Berechtigte wenigstens leichtfertig dazu beigetragen hat, daß die Gefahr für die öffentliche Sicherheit oder Ordnung entstanden ist. In diesem Falle kann eine Entschädigung gewährt werden, soweit es eine unbillige Härte wäre, sie zu versagen.

(4) Bei Gefahr im Verzuge kann auch die Bundeswehr unter den in Absatz 1 genannten Voraussetzungen Kriegswaffen sicherstellen.

§ 14
Überwachungsbehörden

(1) Für die Überwachung der nach diesem Gesetz genehmigungsbedürftigen Handlungen und der Einhaltung der in § 12 genannten Pflichten ist

1. in den Fällen der §§ 2 und 3 Abs. 1 und 2 sowie des § 4a der Bundesminister für Wirtschaft und

2. in den Fällen des § 4 der Bundesminister für Verkehr zuständig.

(2) Für die Überwachung der Einfuhr, Ausfuhr und Durchfuhr sowie des sonstigen Verbringens von Kriegswaffen in das Bundesgebiet oder aus dem Bundesgebiet (§ 3 Abs. 3 und 4) sind der Bundesminister der Finanzen und die von ihm bestimmten Zolldienststellen zuständig.

(3) Die Überwachungsbehörden (Absatz 1 und 2) können zur Erfüllung ihrer Aufgaben, insbesondere zur Überwachung der Bestände an Kriegswaffen und deren Veränderungen,

1. die erforderlichen Auskünfte verlangen,
2. Betriebsaufzeichnungen und sonstige Unterlagen einsehen und prüfen,
3. Besichtigungen vornehmen.

(4) Die von den Überwachungsbehörden beauftragten Personen dürfen Räume und Grundstücke betreten, soweit es ihr Auftrag erfordert. Das Grundrecht des Artikels 13 auf Unverletzlichkeit der Wohnung wird insoweit eingeschränkt.

(5) Wer einer Genehmigung nach den §§ 2 bis 4a bedarf, ist verpflichtet, die erforderlichen Auskünfte zu erteilen, die Betriebsaufzeichnungen und sonstige Unterlagen zur Einsicht und Prüfung vorzulegen und das Betreten von Räumen und Grundstücken zu dulden. Das gleiche gilt für Personen, denen die in § 12 genannten Pflichten obliegen.

(6) Der zur Erteilung einer Auskunft Verpflichtete kann die Auskunft auf solche Fragen verweigern, deren Beantwortung ihn selbst oder einen der in § 383 Abs. 1 Nr. 1 bis 3 der Zivilprozeßordnung bezeichneten Angehörigen der Gefahr strafgerichtlicher Verfolgung oder eines Verfahrens nach dem Gesetz über Ordnungswidrigkeiten aussetzen würde.

(7) Die Bundesregierung wird ermächtigt, durch Rechtsverordnung mit Zustimmung des Bundesrates die erforderlichen Vorschriften zur Durchführung der nach Absatz 3 zulässigen Überwachungsmaßnahmen zu erlassen und das Verfahren der Überwachungsbehörden zu regeln.

(8) Der Bundesminister für Wirtschaft wird ermächtigt, durch Rechtsverordnung, die der Zustimmung des Bundesrates nicht bedarf, die ihm nach Absatz 1 zustehenden Überwachungsbefugnisse auf das Bundesausfuhramt zu übertragen.

§ 15

Bundeswehr und andere Organe

(1) Die §§ 2 bis 4a und 12 gelten nicht für die Bundeswehr, die Polizeien des Bundes und den Zollgrenzdienst.

(2) Die übrigen für die Aufrechterhaltung der öffentlichen Sicherheit zuständigen Behörden oder Dienststellen sowie die Behörden des Strafvollzugs bedürfen keiner Genehmigung

1. für den Erwerb der tatsächlichen Gewalt über Kriegswaffen,
2. für die Überlassung der tatsächlichen Gewalt über Kriegswaffen an einen anderen zur Instandsetzung oder zur Beförderung und
3. für die Beförderung von Kriegswaffen in den Fällen des § 3 Abs. 2.

§ 12 findet insoweit keine Anwendung.

(3) § 4a gilt nicht für Behörden oder Dienststellen im Rahmen ihrer amtlichen Tätigkeit.

DRITTER ABSCHNITT
Besondere Vorschriften für Atomwaffen

§ 16
Nukleare Aufgaben im Nordatlantischen Bündnis

Die Vorschriften dieses Abschnitts und die Strafvorschriften der §§ 19 und 21 gelten, um Vorbereitung und Durchführung der nuklearen Mitwirkung im Rahmen des Nordatlantikvertrages vom 4. April 1949 oder für einen Mitgliedstaat zu gewährleisten, nur für Atomwaffen, die nicht der Verfügungsgewalt von Mitgliedstaaten dieses Vertrages unterstehen oder die nicht im Auftrag solcher Staaten entwickelt oder hergestellt werden.

§ 17
Verbot von Atomwaffen

(1) Unbeschadet des § 16 ist es verboten,

1. Atomwaffen zu entwickeln, herzustellen, mit ihnen Handel zu treiben, von einem anderen zu erwerben oder einem anderen zu überlassen, einzuführen, auszuführen, durch das Bundesgebiet durchzuführen oder sonst in das Bundesgebiet oder aus dem Bundesgebiet zu verbringen oder sonst die tatsächliche Gewalt über sie auszuüben,

1a. einen anderen zu einer Nummer 1 bezeichneten Handlung zu verleiten oder

2. eine in Nummer 1 bezeichnete Handlung zu fördern.

(2) Atomwaffen im Sinne des Absatzes 1 sind

1. Waffen aller Art, die Kernbrennstoffe oder radioaktive Isotope enthalten oder eigens dazu bestimmt sind, solche aufzunehmen oder zu verwenden, und Massenzerstörungen, Massenschäden oder Massenvergiftungen hervorrufen können

2. Teile, Vorrichtungen, Baugruppen oder Substanzen, die eigens für eine in Nummer 1 genannte Waffe bestimmt sind.

Für die Begriffsbestimmung der Atomwaffen gelten außerdem Satz 2 der Einleitung und Abschnitt I Buchstabe c der Anlage II zum Protokoll Nr. III des revidierten Brüsseler Vertrages vom 23. Oktober 1954.

VIERTER ABSCHNITT
Besondere Vorschriften für biologische und chemische Waffen

§ 18
Verbot von biologischen und chemischen Waffen

Es ist verboten,

1. biologische oder chemische Waffen zu entwickeln, herzustellen, mit ihnen Handel zu treiben, von einem anderen zu erwerben oder einem anderen zu überlassen, einzuführen, auszuführen, durch das Bundesgebiet durchzuführen oder sonst in das Bundesgebiet oder aus dem Bundesgebiet zu verbringen oder sonst die tatsächliche Gewalt über sie auszuüben,

1a. einen anderen zu einer in Nummer 1 bezeichneten Handlung zu verleiten oder

2. eine in Nummer 1 bezeichnete Handlung zu fördern.

FÜNFTER ABSCHNITT
Straf- und Bußgeldvorschriften

§ 19

Strafvorschriften gegen Atomwaffen

(1) Mit Freiheitsstrafe von einem Jahr bis zu fünf Jahren wird bestraft, wer

1. Atomwaffen im Sinne des § 17 Abs. 2 entwickelt, herstellt, mit ihnen Handel treibt, von einem anderen erwirbt oder einem anderen überläßt, einführt, ausführt, durch das Bundesgebiet durchführt oder sonst in das Bundesgebiet oder aus dem Bundesgebiet verbringt oder sonst die tatsächliche Gewalt über sie ausübt,

1a. einen anderen zu einer in Nummer 1 bezeichneten Handlung verleitet oder

2. eine in Nummer 1 bezeichnete Handlung fördert.

(2) Mit Freiheitsstrafe nicht unter zwei Jahren wird bestraft, wer

1. eine in Absatz 1 bezeichnete Handlung gewerbsmäßig oder als Mitglied einer Bande, die sich zur fortgesetzten Begehung solcher Straftaten verbunden hat, unter Mitwirkung eines anderen Bandenmitglieds begeht oder

2. durch eine in Absatz 1 bezeichnete Handlung

   a) die Sicherheit der Bundesrepublik Deutschland,

   b) das friedliche Zusammenleben der Völker oder

   c) die auswärtigen Beziehungen der Bundesrepublik Deutschland erheblich

gefährdet.

(3) In minder schweren Fällen

1. des Absatzes 1 ist die Strafe Freiheitsstrafe bis zu drei Jahren oder Geldstrafe und

2. des Absatzes 2 Freiheitsstrafe von drei Monaten bis zu fünf Jahren.

(4) Handelt der Täter in den Fällen des Absatzes 1 Nr. 1 fahrlässig oder in den Fällen des Absatzes 1 Nr. 1a oder 2 leichtfertig, so ist die Strafe Freiheitsstrafe bis zu zwei Jahren oder Geldstrafe.

(5) Wer in den Fällen

1. des Absatzes 2 Nr. 2 die Gefahr fahrlässig verursacht oder

2. des Absatzes 2 Nr. 2 in Verbindung mit Absatz 1 Nr. 1 fahrlässig oder in Verbindung mit Absatz 1 Nr. 1a oder 2 leichtfertig handelt und die Gefahr fahrlässig verursacht,

wird mit Freiheitsstrafe bis zu drei Jahren oder mit Geldstrafe bestraft.

(6) Die Absätze 1 bis 5 gelten nicht für eine Handlung, die

1. zur Vernichtung von Atomwaffen durch die dafür zuständigen Stellen oder

2. zum Schutz gegen Wirkungen von Atomwaffen oder zur Abwehr dieser Wirkungen

geeignet und bestimmt ist.

§ 20
Strafvorschriften gegen biologische und chemische Waffen

(1) Mit Freiheitsstrafe nicht unter zwei Jahren wird bestraft, wer

1. biologische oder chemische Waffen entwickelt, herstellt, mit ihnen Handel treibt, von einem anderen erwirbt oder einem anderen überläßt, einführt, ausführt, durch das Bundesgebiet durchführt oder sonst in das Bundesgebiet oder aus dem Bundesgebiet verbringt oder sonst die tatsächliche Gewalt über sie ausübt,

1a. einen anderen zu einer in Nummer 1 bezeichneten Handlung verleitet oder

2. eine in Nummer 1 bezeichnete Handlung fördert.

(2) In minder schweren Fällen des Absatzes 1 ist die Strafe Freiheitsstrafe von drei Monaten bis zu fünf Jahren.

(3) Handelt der Täter in den Fällen des Absatzes 1 Nr. 1 fahrlässig oder in den Fällen des Absatzes 1 Nr. 1a oder 2 leichtfertig, so ist die Strafe Freiheitsstrafe bis zu drei Jahren oder Geldstrafe.

(4) Die Absätze 1 bis 3 gelten nicht für eine Handlung, die

1. zur Vernichtung von chemischen Waffen durch die dafür zuständigen Stellen oder

2. zum Schutz gegen Wirkungen von biologischen oder chemischen Waffen oder zur Abwehr dieser Wirkungen

geeignet und bestimmt ist.

§ 21
Taten außerhalb des Geltungsbereichs dieses Gesetzes

§ 19 Abs. 2 Nr. 2, Abs. 3 Nr. 2, Abs. 5 und 6 sowie § 20 gelten, unabhängig vom Recht des Tatorts, auch für Taten, die außerhalb des Geltungsbereichs dieser Vorschriften begangen werden, wenn der Täter Deutscher ist und

1. Inhaber eines Personaldokuments der Bundesrepublik Deutschland ist oder

2. verpflichtet wäre, einen Personalausweis zu besitzen, falls er eine Wohnung im Geltungsbereich dieser Vorschrift hätte.

§ 22
Ausnahmen

Die §§ 18, 20 und 21 gelten nicht für eine auf chemische Waffen bezogene dienstliche Handlung

1. des Mitglieds oder der zivilen Arbeitskraft einer Truppe oder eines zivilen Gefolges im Sinne des Abkommens zwischen den Parteien des Nordatlantikvertrages über die Rechtsstellung ihrer Truppen vom 19. Juni 1951 oder

2. eines Deutschen in Stäben oder Einrichtungen, die auf Grund des Nordatlantikvertrages vom 4. April 1949 gebildet worden sind.

§ 22a
Sonstige Strafvorschriften

(1) Mit Freiheitsstrafe von einem Jahr bis zu fünf Jahren wird bestraft, wer

1. Kriegswaffen ohne Genehmigung nach § 2 Abs. 1 herstellt,

2. die tatsächliche Gewalt über Kriegswaffen ohne Genehmigung nach § 2 Abs. 2 von einem anderen erwirbt oder einem anderen überläßt,

3. im Bundesgebiet außerhalb eines abgeschlossenen Geländes Kriegswaffen ohne Genehmigung nach § 3 Abs. 1 oder 2 befördern läßt oder selbst befördert,

4. Kriegswaffen einführt, ausführt, durch das Bundesgebiet durchführt oder sonst in das Bundesgebiet oder aus dem Bundesgebiet verbringt, ohne daß die hierzu erforderliche Beförderung genehmigt ist,

5. mit Seeschiffen, welche die Bundesflagge führen, oder mit Luftfahrzeugen, die in die Luftfahrzeugrolle der Bundesrepublik Deutschland eingetragen sind, absichtlich oder wissentlich Kriegswaffen ohne Genehmigung nach § 4 befördert, die außerhalb des Bundesgebietes ein- und ausgeladen und durch das Bundesgebiet nicht durchgeführt werden,

6. über Kriegswaffen sonst die tatsächliche Gewalt ausübt, ohne daß

   a) der Erwerb der tatsächlichen Gewalt auf einer Genehmigung nach diesem Gesetz beruht oder

   b) eine Anzeige nach § 12 Abs. 6 Nr. 1 oder § 26a erstattet worden ist,

   soweit nicht auf tragbare Schußwaffen nach § 6 Abs. 3 des Waffengesetzes dessen Vorschriften anzuwenden sind, oder

7. einen Vertrag über den Erwerb oder das Überlassen ohne Genehmigung nach § 4a Abs. 1 vermittelt oder eine Gelegenheit hierzu nachweist oder einen Vertrag ohne Genehmigung nach § 4a Abs. 2 abschließt.

(2) In besonders schweren Fällen ist die Strafe Freiheitsstrafe von einem Jahr bis zu zehn Jahren. Ein besonders schwerer Fall liegt in der Regel vor, wenn der Täter in den Fällen des Absatzes 1 Nr. 1 bis 4, 6 oder 7 gewerbsmäßig oder als Mitglied einer Bande, die sich zur fortgesetzten Begehung solcher Straftaten verbunden hat, unter Mitwirkung eines anderen Bandenmitglieds handelt.

(3) In minder schweren Fällen ist die Strafe Freiheitsstrafe bis zu drei Jahren oder Geldstrafe.

(4) Wer fahrlässig eine in Absatz 1 Nr. 1 bis 4, 6 oder 7 bezeichnete Handlung begeht, wird mit Freiheitsstrafe bis zu zwei Jahren oder mit Geldstrafe bestraft.

(5) Nach Absatz 1 Nr. 3 oder 4 wird nicht bestraft, wer Kriegswaffen, die er in das Bundesgebiet eingeführt oder sonst verbracht hat, freiwillig und unverzüglich einer Überwachungsbehörde, der Bundeswehr oder einer für die Aufrechterhaltung der öffentlichen Sicherheit zuständigen Behörde oder Dienststelle abliefert. Gelangen die Kriegswaffen ohne Zutun desjenigen, der sie in das Bundesgebiet eingeführt oder sonst verbracht hat, in die tatsächliche Gewalt einer der in Satz 1 genannten Behörden oder Dienststellen, so genügt sein freiwilliges und ernsthaftes Bemühen, die Kriegswaffen abzuliefern.

§ 22b
Verletzung von Ordnungsvorschriften

(1) Ordnungswidrig handelt, wer vorsätzlich oder fahrlässig

1. eine Auflage nach § 10 Abs. 1 nicht, nicht vollständig oder nicht rechtzeitig erfüllt,

2. das Kriegswaffenbuch nach § 12 Abs. 2 nicht, unrichtig oder nicht vollständig führt,

3. Meldungen nach § 12 Abs. 5 oder Anzeigen nach § 12 Abs. 6 nicht, unrichtig, nicht vollständig oder nicht rechtzeitig erstattet oder eine Auflage nach § 12 Abs. 6 Satz 4 oder 5 nicht erfüllt,

4. Auskünfte nach § 14 Abs. 5 nicht, unrichtig, nicht vollständig oder nicht rechtzeitig erteilt,

5. Betriebsaufzeichnungen und sonstige Unterlagen entgegen § 14 Abs. 5 nicht, nicht vollständig oder nicht rechtzeitig vorlegt,

6. der Pflicht nach § 14 Abs. 5 zur Duldung des Betretens von Räumen und Grundstücken zuwiderhandelt.

(2) Die Ordnungswidrigkeit kann mit einer Geldbuße bis zu zehntausend Deutsche Mark geahndet werden.

(3) Ordnungswidrig handelt ferner, wer vorsätzlich oder fahrlässig entgegen § 12 Abs. 3 bei der Übergabe zur Beförderung von Kriegswaffen eine Ausfertigung der Genehmigungsurkunde nicht übergibt oder entgegen § 12 Abs. 4 bei der Beförderung eine Ausfertigung der Genehmigungsurkunde nicht mitführt. Die Ordnungswidrigkeit kann mit einer Geldbuße bis zu eintausend Deutsche Mark geahndet werden.

§ 23
Verwaltungsbehörden

Der Bundesminister für Wirtschaft, der Bundesminister für Verkehr und der Bundesminister der Finanzen sind, soweit sie nach § 14 Abs. 1 und 2 für die Überwachung zuständig sind, zugleich Verwaltungsbehörde im Sinne des § 36 Abs. 1 Nr. 1 des Gesetzes über Ordnungswidrigkeiten. § 36 Abs. 3 des Gesetzes über Ordnungswidrigkeiten gilt entsprechend.

§ 24
Einziehung

(1) Kriegswaffen, auf die sich eine Straftat nach §§ 19, 20, 21 oder 22a bezieht, können zugunsten des Bundes eingezogen werden; § 74a des Strafgesetzbuches ist anzuwenden. Sie werden auch ohne die Voraussetzungen des § 74 Abs. 2 des Strafgesetzbuches eingezogen, wenn das Wohl der Bundesrepublik Deutschland es erfordert; dies gilt auch dann, wenn der Täter ohne Schuld gehandelt hat.

(2) Die Entschädigungspflicht nach § 74f des Strafgesetzbuches trifft den Bund.

§ 25
(aufgehoben)

SECHSTER ABSCHNITT
Übergangs- und Schlußvorschriften

§ 26
Vor Inkrafttreten des Gesetzes erteilte Genehmigungen

Genehmigungen, die im vorläufigen Genehmigungsverfahren auf Grund des Artikels 26 Abs. 2 des Grundgesetzes erteilt worden sind, gelten als nach diesem Gesetz erteilt.

§ 26 a

Anzeige der Ausübung der tatsächlichen Gewalt

Wer am Tage des Wirksamwerdens des Beitritts in dem in Artikel 3 des Einigungsvertrages genannten Gebiet die tatsächliche Gewalt über Kriegswaffen ausübt, die er zuvor erlangt hat, hat dies dem Bundesamt für Wirtschaft unter Angabe von Waffenart, Stückzahl, Waffennummer oder sonstiger Kennzeichnung binnen zwei Monate nach dem Wirksamwerden des Beitritts anzuzeigen, sofern er nicht von dem Genehmigungserfordernis für den Erwerb der tatsächlichen Gewalt freigestellt oder nach § 26 b angewiesen ist. Nach Ablauf dieser Frist darf die tatsächliche Gewalt über anmeldepflichtige, jedoch nicht angemeldete Kriegswaffen nicht mehr ausgeübt werden.

§ 26 b

Übergangsregelungen für das in Artikel 3 des Einigungsvertrages genannte Gebiet

(1) Eine vor dem Tage des Wirksamwerdens des Beitritts in dem in Artikel 3 des Einigungsvertrages genannten Gebiet begonnene oder in Aussicht genommene und nicht aufschiebbare Handlung, die nach diesem Gesetz der Genehmigung bedarf, kann vorläufig genehmigt werden. In diesen Fällen ist die erforderliche Genehmigung binnen eines Monats nach Erteilung der vorläufigen Genehmigung zu beantragen. Wird die Genehmigung versagt, so kann dem Antragsteller in entsprechender Anwendung des § 9 eine angemessene Entschädigung gewährt werden, wenn es auch im Hinblick auf ein schutzwürdiges Vertrauen auf die bisherige Rechtslage eine unbillige Härte wäre, die Entschädigung zu versagen.

(2) Für völkerrechtliche Vereinbarungen der Deutschen Demokratischen Republik, soweit sie die Lieferung oder die Instandhaltung von Kriegswaffen zum Gegenstand haben, gilt abweichend von § 27 folgendes:

1. Soweit vor dem Tage des Wirksamwerdens des Beitritts staatliche Aufträge zur Herstellung oder zur Ausfuhr in oder zur Einfuhr aus Mitgliedstaaten des Warschauer Vertrages für das Jahr 1990 angewiesen sind, gelten die zur Durchführung dieser Anweisungen erforderlichen, nach § 2 oder § 3 genehmigungsbedürftigen Handlungen als genehmigt.

2. Bei Anweisungen im Sinne der Nummer 1 in bezug auf Staaten, die nicht Mitgliedstaaten des Warschauer Vertrages sind, können genehmigungsbedürftige, aber unaufschiebbare Handlungen vorläufig genehmigt werden; Absatz 1 Satz 2 und 3 gilt entsprechend.

(3) Für den Fall, daß die Deutsche Demokratische Republik ein Gesetz zur Inkraftsetzung dieses Gesetzes erläßt, wird der Bundesminister für Wirtschaft ermächtigt, durch Rechtsverordnung ohne Zustimmung des Bundesrates die Maßgaben der Absätze 1 und 2 und des § 26 a so zu ändern, daß deren Ziele unter Berücksichtigung der neuen Rechtslage erreicht werden.

§ 27

Zwischenstaatliche Verträge

Verpflichtungen der Bundesrepublik auf Grund zwischenstaatlicher Verträge bleiben unberührt. Insoweit gelten die nach Artikel 26 Abs. 2 des Grundgesetzes und die nach diesem Gesetz erforderlichen Genehmigungen als erteilt.

§ 28

Berlin-Klausel

(gegenstandslos)

§ 29

(Inkrafttreten)

Anlage
(zu § 1 Abs. 1)

Kriegswaffenliste
Teil A

Kriegswaffen,
auf deren Herstellung die Bundesrepublik Deutschland verzichtet hat
(Atomwaffen, biologische und chemische Waffen)

Von der Begriffsbestimmung der Waffen ausgenommen sind alle Vorrichtungen, Teile, Geräte, Einrichtungen, Substanzen und Organismen, die zivilen Zwecken oder der wissenschaftlichen, medizinischen oder industriellen Forschung auf den Gebieten der reinen und angewandten Wissenschaft dienen. Ausgenommen sind auch die Substanzen und Organismen der Nummern 3 und 5, soweit sie zu Vorbeugungs-, Schutz- oder Nachweiszwecken dienen.

I. Atomwaffen

1. Waffen aller Art, die Kernbrennstoffe oder radioaktive Isotope enthalten oder eigens dazu bestimmt sind, solche aufzunehmen oder zu verwenden, und Massenzerstörungen, Massenschäden oder Massenvergiftungen hervorrufen können

2. Teile, Vorrichtungen, Baugruppen oder Substanzen, die eigens für eine in Nummer 1 genannte Waffe bestimmt sind oder die für sie wesentlich sind, soweit keine atomrechtlichen Genehmigungen erteilt sind

Begriffsbestimmung:

Als Kernbrennstoff gilt Plutonium, Uran 233, Uran 235 (einschließlich Uran 235, welches in Uran enthalten ist, das mit mehr als 2,1 Gewichtsprozent Uran 235 angereichert wurde) sowie jede andere Substanz, welche geeignet ist, beträchtliche Mengen Atomenergie durch Kernspaltung oder -vereinigung oder eine andere Kernreaktion der Substanz freizumachen. Die vorstehenden Substanzen werden als Kernbrennstoff angesehen, einerlei in welchem chemischen oder physikalischen Zustand sie sich befinden.

II. Biologische Waffen

3. Biologische Kampfmittel

    a) schädliche Insekten und deren toxische Produkte

    b) biologische Agenzien (Mikroorganismen, Viren sowie Toxine), gleich welchen Ursprungs und welcher Herstellungsmethode, die ihrer Art nach geeignet sind, als Mittel der Gewaltanwendung bei bewaffneten Auseinandersetzungen zwischen Staaten eingesetzt zu werden, um bei Menschen, Tieren oder Pflanzen Krankheit oder Tod zu verursachen oder um Material zu zerstören

    aa) ihrer Art nach als Kampfmittel geeignet sind
    (1) Krankheitserreger bei Vorliegen mehrerer der folgenden Eigenschaften:
    – Eintritt eines schweren Krankheitszustandes oder einer schweren Schädigung
    – hohe Erkrankungsrate nach Infektion
    – Beständigkeit gegenüber Umwelteinflüssen
    – Verwendbarkeit in den in Nummer 4 genannten Einrichtungen und Geräten

(2) Toxine von hoher Giftigkeit und hoher Beständigkeit gegenüber Umwelteinflüssen einschließlich der zu ihrer Bildung geeigneten Mikroorganismen

bb) ihrer Art nach als Kampfmittel geeignet sind insbesondere die Erreger folgender Krankheiten:

Mikroorganismen (Bakterien):

Rotz	Pseudomonas mallei
Pseudorotz	Pseudomonas pseudomallei
Milzbrand	Bacillus anthracis
Brucellose	Brucella spp.
Tularämie	Francisella tularensis
Pest	Yersinia pestis
Typhus	Salmonella typhi
Cholera	Vibrio chloerae
Q-Fieber	Coxiella burnetii
Psittakose	Chlamydia psittaci
Rocky Mountains-Fleckfieber	Rickettsia rickettsii
Fleckfieber	Rickettsia prowazekii
Legionärskrankheit	Legionella pneumophila

Viren:

Pocken	Variola major
	Variola minor
Ebolainfektion	Ebola-V.
Marburgfieber	Marburg-V.
Junin-V.-Infektion	Junin-V.
Lassafieber	Lassa-V.
Machupo-V.-Infektion	Machupo-V.
Afrikan. Schweinepest	afrik. Schweinepest-V.
Maul- und Klauenseuche	Maul- u. Klauenseuche-V.
Rinderpest	Rinderpest-V.
Denguefieber	Dengue-V.
Gelbfieber	Gelbfieber-V.
Amerik. Pferdeenzephalitis	amerik. Pferdeenzephalitis-V. (Typ Ost, West, Venezuela)
Affenpocken	Affenpocken-V.
R.V.-Fieber	Rift Valley-Fieber-V.
Ch.-Hämorrhagisches Fieber	Chikungunya-V.
Influenza	Influenza-V.

cc) ihrer Art nach als Kampfmittel geeignet sind insbesondere folgende Toxine einschließlich der zu ihrer Bildung geeigneten Mikroorganismen:

bakterielle Toxine:
Botulinustoxine
Staphylokokkentoxine

Mykotoxine:
T_2-Toxin
Satratoxin
Verrucologen

Algentoxine:
Saxitoxin
Cyanogenosin

pflanzliche oder tierische Toxine:
Ricin
Tetrodotoxin

4. Einrichtungen oder Geräte, die eigens dazu bestimmt sind, die in Nummer 3 genannten biologischen Kampfmittel für militärische Zwecke zu verwenden, sowie Teile oder Baugruppen, die eigens zur Verwendung in einer solchen Waffe bestimmt sind.

III. Chemische Waffen

5. Chemische Kampfstoffe

    a) Alkylphosphonsäure-alkylester-fluoride (insbesondere Sarin) der Formel

$$R_1 - \underset{\underset{F}{\|}}{P} \overset{O}{\underset{}{\diagup}} OR_2$$

R_1 bedeutet eine geradkettige oder verzweigte Alkylgruppe mit 1 bis 3 Kohlenstoffatomen

R_2 bedeutet eine beliebige Alkylgruppe, die geradkettig oder verzweigt sein kann, einschließlich Cycloalkylgruppen

   b) Phosphorsäure-dialkylamid-cyanid-alkylester (insbesondere Tabun) der Formel

$$\begin{array}{c} R_1 \\ \diagdown \\ N - P \\ \diagup \diagdown \\ R_2 CN \end{array} \overset{O}{\underset{}{\|}} OR_3$$

R_1, R_2 bedeuten eine geradkettige oder verzweigte Alkylgruppe mit 1 bis 3 Kohlenstoffatomen

R_3 bedeutet eine beliebige Alkylgruppe, die geradkettig oder verzweigt sein kann, einschließlich Cycloalkylgruppen

   c) Alkylthiolphosphonsäure-S-(2-dialkylaminoethyl)-alkylester (insbesondere VX) der Formel

$$\begin{array}{c} R_1 \diagdown \overset{O}{\underset{}{\|}} \\ P - S - CH_2 - CH_2 - N \\ \diagup \\ R_2 O \end{array} \begin{array}{c} \diagup R_3 \\ \diagdown R_4 \end{array}$$

R_1 bedeutet eine geradkettige oder verzweigte Alkylgruppe mit 1 bis 3 Kohlenstoffatomen

R_2, R_3, R_4 bedeuten Alkyl- einschließlich Cycloalkylgruppen; R_3 und R_4 können zu einem cycloaliphatischen Ring geschlossen sein

Die das Schwefel- mit dem Stickstoff-Atom verbindende Ethylengruppe kann methylsubstituiert sein.

d) Schwefelloste
2,2'-Dichlordiethylsulfid (Yperit) der Formel

$$S\begin{matrix} \nearrow CH_2-CH_2Cl \\ \searrow CH_2-CH_2Cl \end{matrix}$$

2-Chlorethylchlormethylsulfid der Formel

$$S\begin{matrix} \nearrow CH_2-Cl \\ \searrow CH_2-CH_2Cl \end{matrix}$$

1,n-Bis-(2-chlorethylthio)-alkane (insbesondere Sesquiyperit) der Formel

$$\begin{matrix} S-CH_2-CH_2Cl \\ | \\ (CH_2)_n \qquad n=1-5 \\ | \\ S-CH_2-CH_2Cl \end{matrix}$$

2,2'-Bis-(2-chlorethylthio-)-diethylether (Sauerstoffyperit) der Formel

$$O\begin{matrix} \nearrow CH_2-CH_2-S-CH_2-CH_2Cl \\ \searrow CH_2-CH_2-S-CH_2-CH_2Cl \end{matrix}$$

e) Stickstoffloste
N-Ethyl-bis-(2-chlorethyl)-amin (HN 1) der Formel

$$C_2H_5-N\begin{matrix} \nearrow CH_2-CH_2Cl \\ \searrow CH_2-CH_2Cl \end{matrix}$$

N-Methyl-bis-(2-chlorethyl)-amin (HN 2) der Formel

$$CH_3-N\begin{matrix} \nearrow CH_2-CH_2Cl \\ \searrow CH_2-CH_2Cl \end{matrix}$$

Tris-(2-chlorethyl)-amin (HN 3) der Formel

$$N\begin{cases} CH_2-CH_2Cl \\ CH_2-CH_2Cl \\ CH_2-CH_2Cl \end{cases}$$

f) Lewisite
2-Chlorethenyldichlorarsin (Lewisit 1) der Formel

$$ClCH=CH-AsCl_2$$

Bis-(2-chlorethenyl)-chlorarsin (Lewisit 2) der Formel

$$\begin{matrix} ClCH=CH \\ \end{matrix} AsCl \begin{matrix} \\ ClCH=CH \end{matrix}$$

Tris-(2-chlorethenyl)-arsin (Lewisit 3) der Formel

$$\begin{matrix} ClCH=CH \\ \end{matrix} As-CH=CHCl \begin{matrix} \\ ClCH=CH \end{matrix}$$

g) 3-Chinuclidinylbenzilat (BZ) der Formel

$$\begin{matrix} & CH_2 & & O & C_6H_5 \\ & /|\backslash & & \| & | \\ CH_2 & CH_2 & CH-O-C-C-OH \\ | & | & | & & | \\ | & CH_2 & | & & C_6H_5 \\ CH_2 & | & CH_2 \\ \backslash & | & / \\ & N \end{matrix}$$

h) Alkylphosphonyldifluoride (insbesondere DF) der Formel

$$R_1-P\begin{matrix} O \\ \| \\ \end{matrix}\begin{matrix} F \\ \\ F \end{matrix}$$

R_1 bedeutet eine geradkettige oder verzweigte Alkylgruppe mit 1 bis 3 Kohlenstoffatomen

i) Alkylphosphonigsäure-O-(2-dialkylaminoethyl)-alkylester (insbesondere QL) der

$$\begin{array}{c} R_1 \\ \diagdown \\ R_2O \diagup \end{array} P - O - CH_2 - CH_2 - N \begin{array}{c} \diagup R_3 \\ \diagdown R_4 \end{array}$$

R_1 bedeutet eine geradkettige oder verzweigte Alkylgruppe mit 1 bis 3 Kohlenstoffatomen

R_2, R_3, R_4 bedeuten Alkyl- einschließlich Cycloalkylgruppen; R_3 und R_4 können zu einem cycloaliphatischen Ring geschlossen sein

Die das Sauerstoff- mit dem Stickstoff-Atom verbindende Ethylengruppe kann methylsubstituiert sein.

6. Einrichtungen oder Geräte, die eigens dazu bestimmt sind, die in Nummer 5 genannten chemischen Kampfstoffe für militärische Zwecke zu verwenden, sowie Teile oder Baugruppen, die eigens zur Verwendung in einer solchen Waffe bestimmt sind.

Teil B

Sonstige Kriegswaffen

I. Flugkörper

7. Lenkflugkörper
8. ungelenkte Flugkörper (Raketen)
9. sonstige Flugkörper
10. Abfeuereinrichtungen (Startanlagen und Startgeräte) für die Waffen der Nummern 7 und 9 einschließlich der tragbaren Abfeuereinrichtungen für Lenkflugkörper zur Panzer- und Fliegerabwehr
11. Abfeuereinrichtungen für die Waffen der Nummer 8 einschließlich der tragbaren Abfeuereinrichtungen sowie der Raketenwerfer
12. Triebwerke für die Waffen der Nummern 7 bis 9

II. Kampfflugzeuge und -hubschrauber

13. Kampfflugzeuge, wenn sie mindestens eines der folgenden Merkmale besitzen:
    1. integriertes Waffensystem, das insbesondere über Zielauffassung, Feuerleitung und entsprechende Schnittstellen zur Avionik verfügt,
    2. integrierte elektronische Kampfmittel,
    3. integriertes elektronisches Kampfführungssystem
14. Kampfhubschrauber, wenn sie mindestens eines der folgenden Merkmale besitzen:
    1. integriertes Waffensystem, das insbesondere über Zielauffassung, Feuerleitung und entsprechende Schnittstellen zur Avionik verfügt,
    2. integrierte elektronische Kampfmittel,
    3. integriertes elektronisches Kampfführungssystem
15. Zellen für die Waffen der Nummern 13 und 14
16. Strahl-, Propellerturbinen- und Raketentriebwerke für die Waffen der Nummer 13

III. Kriegsschiffe
und schwimmende Unterstützungsfahrzeuge

17. Kriegsschiffe einschließlich solcher, die für die Ausbildung verwendet werden
18. Unterseeboote
19. kleine Wasserfahrzeuge mit einer Geschwindigkeit von mehr als 30 Knoten, die mit Angriffswaffen ausgerüstet sind
20. Minenräumboote, Minenjagdboote, Minenlager, Sperrbrecher sowie sonstige Minenkampfboote
21. Landungsboote, Landungsschiffe
22. Tender, Munitionstransporter
23. Rümpfe für die Waffen der Nummern 17 bis 22

IV. Kampffahrzeuge

24. Kampfpanzer
25. sonstige gepanzerte Kampffahrzeuge einschließlich der gepanzerten kampfunterstützenden Fahrzeuge
26. Spezialfahrzeuge aller Art, die ausschließlich für den Einsatz der Waffen der Nummern 1 bis 6 entwickelt sind
27. Fahrgestelle für die Waffen der Nummern 24 und 25
28. Türme für Kampfpanzer

V. Rohrwaffen

29. a) Maschinengewehre, ausgenommen solche mit Wasserkühlung*),

   b) Maschinenpistolen, ausgenommen solche, die als Modell vor dem 1. September 1939 bei einer militärischen Streitkraft eingeführt worden sind,*)

   c) vollautomatische Gewehre, ausgenommen solche, die als Modell vor dem 2. September 1945 bei einer militärischen Streitkraft eingeführt worden sind,*)

   d) halbautomatische Gewehre mit Ausnahme derjenigen, die als Modell vor dem 2. September 1945 bei einer militärischen Streitkraft eingeführt worden sind, und der Jagd- und Sportgewehre*)

30. Granatmaschinenwaffen, Granatgewehre, Granatpistolen
31. Kanonen, Haubitzen, Mörser jeder Art
32. Maschinenkanonen
33. gepanzerte Selbstfahrlafetten für die Waffen der Nummern 31 und 32
34. Rohre für die Waffen der Nummern 29, 31 und 32
35. Verschlüsse für die Waffen der Nummern 29, 31 und 32
36. Trommeln für Maschinenkanonen

---

*) Wassergekühlte Maschinengewehre (Buchstabe a), Maschinenpistolen, die als Modell vor dem 1. September 1939 bei einer militärischen Streitkraft eingeführt worden sind (Buchstabe b), vollautomatische und halbautomatische Gewehre, die als Modell vor dem 2. September 1945 bei einer militärischen Streitkraft eingeführt worden sind (Buchstaben c und d), werden erst an dem Tage aus der Kriegswaffenliste ausgenommen, an dem das Dritte Gesetz zur Änderung des Waffengesetzes gemäß dessen Artikel 5 Satz 1 in Kraft tritt.

VI. Leichte Panzerabwehrwaffen, Flammenwerfer, Minenleg- und Minenwurfsysteme

37. rückstoßarme, ungelenkte, tragbare Panzerabwehrwaffen
38. Flammenwerfer
39. Minenleg- und Minenwurfsysteme für Landminen

VII. Torpedos, Minen, Bomben, eigenständige Munition

40. Torpedos
41. Torpedos ohne Gefechtskopf (Sprengstoffteil)
42. Rumpftorpedos (Torpedos ohne Gefechtskopf – Sprengstoffteil – und ohne Zielsuchkopf)
43. Minen aller Art
44. Bomben aller Art einschließlich der Wasserbomben
45. Handflammpatronen
46. Handgranaten
47. Pioniersprengkörper, Hohl- und Haftladungen sowie sprengtechnische Minenräummittel
48. Sprengladungen für die Waffen der Nummer 43

VIII. Sonstige Munition

49. Munition für die Waffen der Nummern 31 und 32
50. Munition für die Waffen der Nummer 29 Buchstaben a, c und d, ausgenommen Patronenmunition mit Vollmantelweichkerngeschoß, sofern das Geschoß keine Zusätze, insbesondere einen Lichtspur-, Brand- oder Sprengsatz, enthält und sofern Patronenmunition gleichen Kalibers für Jagd- oder Sportzwecke verwendet wird
51. Munition für die Waffen der Nummer 30
52. Munition für die Waffen der Nummern 37 und 39
53. Gewehrgranaten
54. Geschosse für die Waffen der Nummern 49 und 52
55. Treibladungen für die Waffen der Nummern 49 und 52

IX. Sonstige wesentliche Bestandteile

56. Gefechtsköpfe für die Waffen der Nummern 7 bis 9 und 40
57. Zünder für die Waffen der Nummern 7 bis 9, 40, 43, 44, 46, 47, 49, 51 bis 53 und 59, ausgenommen Treibladungsanzünder
58. Zielsuchköpfe für die Waffen der Nummern 7, 9, 40, 44, 49, 59 und 60
59. Submunition für die Waffen der Nummern 7 bis 9, 44, 49 und 61
60. Submunition ohne Zünder für die Waffen der Nummern 7 bis 9, 44, 49 und 61

X. Dispenser

61. Dispenser zur systematischen Verteilung von Submunition

Erste Verordnung
zur Durchführung des Gesetzes über die Kontrolle von Kriegswaffen
Vom 1. Juni 1961
(BGBl. I S. 649, zuletzt geändert durch Gesetz vom 28. Februar 1992, BGBl. I S. 376)

Auf Grund des § 11 Abs. 2 und 3 des Gesetzes über die Kontrolle von Kriegswaffen vom 20. April 1961 (Bundesgesetzbl. I S. 444) wird von der Bundesregierung

und auf Grund des § 14 Abs. 8 dieses Gesetzes wird vom Bundesminister für Wirtschaft verordnet:

§ 1

(1) Die Befugnis zur Erteilung und zum Widerruf der Genehmigung in den Fällen der §§ 2, 3 Abs. 1 und 2 und des § 4a des Gesetzes wird

1. für den Bereich der Bundeswehr auf den Bundesminister für Verteidigung,

2. für den Bereich des Zollgrenzdienstes auf den Bundesminister der Finanzen,

3. für den Bereich der für die Aufrechterhaltung der öffentlichen Sicherheit zuständigen Behörden oder Dienststellen sowie der Behörden des Strafvollzugs auf den Bundesminister des Innern,

4. für alle übrigen Bereiche auf den Bundesminister für Wirtschaft

übertragen.

(2) Die Befugnis zur Erteilung und zum Widerruf der Genehmigung in den Fällen des § 4 Abs. 1 des Gesetzes wird auf den Bundesminister für Verkehr übertragen. Er übt seine Befugnis im Einvernehmen mit dem Bundesminister des Auswärtigen aus.

§ 2

Die dem Bundesminister für Wirtschaft nach § 14 Abs. 1 Nr. 1 des Gesetzes zustehenden Überwachungsbefugnisse werden auf das Bundesausfuhramt übertragen.

§ 3

Diese Verordnung tritt am Tage nach ihrer Verkündung in Kraft.[1]

---

1. Die Verordnung ist am 4. Juni 1961 in Kraft getreten.

Zweite Verordnung zur Durchführung des Gesetzes über die Kontrolle von Kriegswaffen

Vom 1. Juni 1961
(BGBl. I S. 649, zuletzt geändert durch Artikel 18 des Gesetzes vom 21. Dezember 1992, BGBl. I S. 2150)

Auf Grund des § 11 Abs. 4, § 12 Abs. 7 und § 14 Abs. 7 des Gesetzes über die Kontrolle von Kriegswaffen vom 20. April 1961 (Bundesgesetzbl. I S. 444) verordnet die Bundesregierung mit Zustimmung des Bundesrates:

§ 1
Antrag auf Erteilung einer Herstellungsgenehmigung

(1) Der Antrag auf Erteilung einer Genehmigung zur Herstellung von Kriegswaffen muß folgende Angaben enthalten:

1. Name und Anschrift des Antragstellers
2. Name und Anschrift des Erwerbers
3. Name und Anschrift des Auftraggebers
4. Bezeichnung der Kriegswaffen
5. Nummer der Kriegswaffenliste
6. Stückzahl oder Gewicht
7. Zweck der Herstellung
8. Endverbleib der Kriegswaffen.

(2) Mit dem Antrag ist ferner anzugeben und auf Verlangen nachzuweisen,

1. ob die in § 6 Abs. 2 Nr. 2 des Gesetzes genannten Personen Deutsche im Sinne des Artikels 116 des Grundgesetzes sind und den Wohnsitz oder gewöhnlichen Aufenthalt im Bundesgebiet haben,
2. ob die im Zusammenhang mit der genehmigungsbedürftigen Handlung nach anderen Vorschriften erforderlichen Genehmigungen vorliegen,
3. welche Sicherheits- und Geheimschutzmaßnahmen im Sinne des § 12 Abs. 1 des Gesetzes getroffen oder beabsichtigt sind.

§ 2
Antrag auf Erteilung einer Überlassungsgenehmigung

(1) Der Antrag auf Erteilung einer Genehmigung zur Überlassung der tatsächlichen Gewalt über Kriegswaffen an einen anderen muß folgende Angaben enthalten:

1. Name und Anschrift des Antragstellers
2. Name und Anschrift desjenigen, dem der Antragsteller die tatsächliche Gewalt überlassen will (Erwerber)
3. Name und Anschrift des Herstellers
4. Bezeichnung der Kriegswaffen
5. Nummer der Kriegswaffenliste
6. Stückzahl oder Gewicht
7. Zweck der Überlassung.

(2) § 1 Abs. 2 gilt entsprechend.

§ 3
Antrag auf Erteilung einer Erwerbsgenehmigung

(1) Der Antrag auf Erteilung einer Genehmigung zum Erwerb der tatsächlichen Gewalt über Kriegswaffen von einem anderen muß folgende Angaben enthalten:

1. Name und Anschrift des Antragstellers
2. Name und Anschrift desjenigen, von dem der Antragsteller die tatsächliche Gewalt erwerben will
3. Name und Anschrift des Auftraggebers
4. Name und Anschrift des Herstellers
5. Bezeichnung der Kriegswaffen
6. Nummer der Kriegswaffenliste
7. Stückzahl oder Gewicht
8. Zweck des Erwerbs
9. Endverbleib der Kriegswaffen.

(2) § 1 Abs. 2 gilt entsprechend.

§ 4
Antrag auf Erteilung einer Genehmigung zur Beförderung innerhalb des Bundesgebietes

(1) Der Antrag auf Erteilung einer Genehmigung zur Beförderung von Kriegswaffen innerhalb des Bundesgebietes (§ 3 Abs. 1 und 2 des Gesetzes) muß folgende Angaben enthalten:

1. Name und Anschrift des Antragstellers
2. Name und Anschrift des Absenders
3. Name und Anschrift des Empfängers
4. Bezeichnung der Kriegswaffen
5. Nummer der Kriegswaffenliste
6. Stückzahl oder Gewicht
7. Name und Anschrift des Beförderers
8. Zweck der Beförderung
9. Beförderungsmittel
10. Versand- und Zielort
11. Zeitraum der Beförderung.

(2) In den Fällen der Beförderung von Kriegswaffen zum Zwecke der Ausfuhr oder der Durchfuhr (§ 3 Abs. 3 des Gesetzes) muß der Antrag außerdem Angaben über den Endverbleib der Kriegswaffen enthalten. Die Angaben sind glaubhaft zu machen.

(3) § 1 Abs. 2 gilt entsprechend.

§ 5
Antrag auf Erteilung einer Genehmigung zur Beförderung außerhalb des Bundesgebietes

(1) Der Antrag auf Erteilung einer Genehmigung zur Beförderung von Kriegswaffen außerhalb des Bundesgebietes muß folgende Angaben enthalten:

1. Name und Anschrift des Antragstellers,
2. Bezeichnung der Kriegswaffen,
3. Nummer der Kriegswaffenliste,
4. Stückzahl oder Gewicht,
5. Endverbleib der Kriegswaffen oder Name und Anschrift des Empfängers,
6. Beförderungsmittel,
7. Versand- und Zielort,
8. Fahrt- oder Flugstrecke,
9. Zeitraum der Beförderung.

(2) § 1 Abs. 2 gilt entsprechend.

§ 5 a
Antrag auf Erteilung einer Genehmigung für Auslandsgeschäfte

(1) Der Antrag auf Erteilung einer Genehmigung für Auslandsgeschäfte muß folgende Angaben enthalten:

1. Name und Anschrift des Antragstellers,
2. Name und Anschrift derjenigen, zwischen denen der Vertrag über den Erwerb oder das Überlassen von Kriegswaffen geschlossen werden soll,
3. Bezeichnung der Kriegswaffen,
4. Nummer der Kriegswaffenliste,
5. Stückzahl oder Gewicht,
6. Bezeichnung des Landes, in dem sich die Kriegswaffen befinden.

(2) Wird eine Genehmigung nach § 4 a Abs. 2 des Gesetzes beantragt, ist anstelle der in Absatz 1 Nr. 2 genannten Angaben Name und Anschrift desjenigen anzugeben, dem die Kriegswaffen überlassen werden sollen.

(3) Die Genehmigungsbehörde kann weitere Angaben verlangen, die für die Beurteilung des Antrags erforderlich sind. Dazu gehören insbesondere Angaben über

1. den voraussichtlichen Verwendungszweck,
2. das voraussichtliche Bestimmungsland,
3. den voraussichtlichen Endverbleib.

Unterlagen, die sich auf diese Angaben beziehen, hat der Antragsteller auf Verlangen vorzulegen.

(4) § 1 Abs. 2 gilt entsprechend.

§ 6
Antragsform

(1) Der Antrag auf Erteilung einer Genehmigung ist schriftlich zu stellen. Die Genehmigungsbehörde kann in Einzelfällen Ausnahmen zulassen.

(2) Ist mit der Durchführung eines Beschaffungs- oder Instandsetzungsauftrages, den ein in § 11 Abs. 2 Nr. 1, 2 und 3 des Gesetzes genannter Bundesminister oder eine ihm nachgeordnete Behörde vergibt, eine genehmigungsbedürftige Handlung verbunden, so gilt das schriftliche Angebot des Auftragnehmers als Antrag auf Erteilung der erforderlichen

Genehmigung. Liegt kein schriftliches Angebot vor, so findet Satz 1 entsprechende Anwendung, wenn der Auftragnehmer den Auftrag schriftlich annimmt.

§ 7
Gleichzeitige Antragstellung

(1) Liegen die Voraussetzungen für den Wegfall der Überlassungs- und Erwerbsgenehmigung nicht vor, so sollen

a) in den Fällen der Beförderung von Kriegswaffen innerhalb des Bundesgebietes der Antrag des Absenders nach § 2 und der Antrag des Empfängers nach § 3,

b) in den Fällen der Beförderung von Kriegswaffen zum Zwecke der Einfuhr der Antrag des Empfängers nach § 3,

c) in den Fällen der Beförderung von Kriegswaffen zum Zwecke der Ausfuhr der Antrag des Absenders nach § 2

spätestens mit dem Antrag auf Genehmigung der Beförderung nach § 4 gestellt werden.

(2) In den Fällen der Überlassung und des Erwerbs der tatsächlichen Gewalt über Kriegswaffen sollen der Antrag desjenigen, der die tatsächliche Gewalt überlassen will, und der Antrag desjenigen, der die tatsächliche Gewalt erwerben will, gleichzeitig gestellt werden.

§ 8
Dauergenehmigung

(1) Die Genehmigung kann einem Antragsteller ohne Beschränkung auf die Vornahme einer einzelnen Handlung für eine bestimmte Zeitdauer erteilt werden (Dauergenehmigung), wenn es wegen der mehrfachen Wiederholung von Handlungen der gleichen Art zweckmäßig ist und öffentliche Interessen nicht gefährdet werden.

(2) Die Dauergenehmigung zur Herstellung der in Teil B der Kriegswaffenliste genannten Kriegswaffen kann ohne Beschränkung auf eine bestimmte Menge, die Dauergenehmigung zur Beförderung von Kriegswaffen kann ohne Beschränkung auf eine bestimmte Art und Menge erteilt werden. Andere Dauergenehmigungen können nur für eine bestimmte Art und Menge erteilt werden.

§ 9
Führung und Inhalt des Kriegswaffenbuches

(1) Wer zur Führung eines Kriegswaffenbuches verpflichtet ist, hat den Anfangsbestand (§ 10 Abs. 1), jede Bestandsveränderung und den Bestand an den Meldestichtagen (§ 10 Abs. 2) in das Kriegswaffenbuch einzutragen. Die Eintragungen sind unverzüglich vorzunehmen. In dem Buch darf nicht radiert und keine Eintragung unleserlich gemacht werden. Änderungen, deren Beschaffenheit es ungewiß läßt, ob sie bei der ursprünglichen Eintragung oder später gemacht worden sind, dürfen nicht vorgenommen werden.

(2) Für jeden Waffentyp ist ein besonderes Blatt mit der Nummer der Kriegswaffenliste anzulegen.

(3) Bei der Eintragung des Anfangsbestandes sind folgende Angaben zu machen:

1. Stückzahl oder Gewicht
2. Waffennummer
3. Nummer der Genehmigungsurkunde
4. Name und Anschrift des Herstellers.

(4) Bei der Eintragung der Bestandsveränderung sind folgende Angaben zu machen:
1. Laufende Nummer und Tag der Eintragung
2. Stückzahl oder Gewicht
3. Waffennummer
4. Nummer der Genehmigungsurkunde
5. Grund des Zugangs:
    a) Herstellung einschließlich Umbau und Wiedergewinnung
    b) Dauernder, vorübergehender oder genehmigungsfreier Erwerb
    c) Einfuhr
    d) Lagerungswechsel
    e) Sonstige Gründe
6. Grund des Abgangs:
    a) Zerlegung oder Umbau
    b) Dauernde, vorübergehende oder genehmigungsfreie Überlassung
    c) Ausfuhr
    d) Lagerungswechsel
    e) Verschuß
    f) Verlust
    g) Sonstige Gründe
7. Name und Anschrift des Herstellers
8. Name und Anschrift desjenigen, der die tatsächliche Gewalt überlassen oder erworben hat
9. Beförderungsmittel
10. Tag des Zugangs oder Abgangs oder Tag der Beförderung
11. Name und Anschrift des Beförderers.

(5) Bei der Eintragung des Bestandes an den Meldestichtagen sind folgende Angaben zu machen:
1. Laufende Nummer und Tag der Eintragung
2. Stückzahl oder Gewicht
3. *(gestrichen)*

(6) An Stellen, die der Anlage des Buches nach zu beschreiben sind, dürfen keine leeren Zwischenräume gelassen werden. Sofern bei den Eintragungen einzelne Angaben nicht gemacht werden können, ist dies unter Angabe der Gründe zu vermerken.

(7) Wird das Kriegswaffenbuch mit Hilfe der automatischen Datenverarbeitung geführt, so sind die Datensätze mit den für das Kriegswaffenbuch erforderlichen Angaben unverzüglich zu speichern, fortlaufend zu numerieren und nach Ablauf eines jeden Monats in Klarschrift auszudrucken. Der Ausdruck ist in Karteiform vorzunehmen. Angaben ohne Zahlen dürfen verschlüsselt werden, wenn dem Ausdruck ein Verzeichnis zur Entschlüsselung beigegeben wird. Bestände sind auf den nächsten Monat vorzutragen. Das Bundesamt für Wirtschaft ist

berechtigt, abweichend von Satz 1 den Ausdruck der im laufenden Monat gespeicherten Angaben und die Vorlage der Klarschrift jederzeit zu verlangen.

(8) Werden zum Zwecke des Erwerbs der tatsächlichen Gewalt über Schußwaffen an Stelle von Genehmigungen nach § 2 Abs. 2 des Kriegswaffenkontrollgesetzes auf Grund zwischenstaatlicher Verträge Erlaubnisse oder Anmeldebescheinigungen der Behörden der Stationierungsstreitkräfte vorgelegt, so sind die Zweitschriften der Erlaubnisse oder der Anmeldebescheinigungen als Anlage zum Kriegswaffenbuch zu nehmen.

(9) Wer Kriegswaffen innerhalb des Bundesgebietes für einen anderen befördert oder Kriegswaffen außerhalb des Bundesgebietes mit deutschen Seeschiffen oder Luftfahrzeugen befördert oder im Geltungsbereich des Gesetzes keinen Wohnsitz und keine gewerbliche Niederlassung hat, ist nicht verpflichtet, ein Kriegswaffenbuch zu führen.

§ 10
Meldung der Kriegswaffenbestände

(1) Der am 1. Juni 1961 vorhandene Kriegswaffenbestand (Anfangsbestand) ist dem Bundesausfuhramt nach Waffentypen getrennt und mit folgenden Angaben bis zum 31. Juli 1961 zu melden:

1. Stückzahl oder Gewicht
2. Nummer der Genehmigungsurkunde.

(2) Jede Bestandsveränderung und die am 31. März und 30. September eines jeden Jahres (Meldestichtage) vorhandenen Kriegswaffenbestände sind dem Bundesausfuhramt nach Waffentypen getrennt und mit den in § 9 Abs. 4 und 5 vorgeschriebenen Angaben binnen zwei Wochen nach den Meldestichtagen zu melden. Dieser Meldepflicht genügt, wer eine Durchschrift oder Ablichtung der einzelnen Blätter des Kriegswaffenbuches übersendet oder gegebenenfalls mitteilt, daß seit dem letzten Meldestichtag keine Bestandsveränderung eingetreten ist.

(3) § 9 Abs. 9 gilt entsprechend.

§ 11
Aufbewahrungsfristen

(1) Der zur Führung eines Kriegswaffenbuches Verpflichtete hat das Kriegswaffenbuch so lange aufzubewahren, wie er die tatsächliche Gewalt über Kriegswaffen innehat, mindestens jedoch zehn Jahre vom Tage der zuletzt vorgenommenen Eintragung an gerechnet.

(2) Der Inhaber einer Genehmigung hat die Genehmigungsurkunde so lange aufzubewahren, wie er die tatsächliche Gewalt über die in der Urkunde genannten Kriegswaffen innehat, mindestens jedoch zehn Jahre vom Tage der Ausstellung an gerechnet.

§ 12
Nicht ausgenutzte Genehmigung

(1) Wird die genehmigte Handlung nicht oder nur teilweise ausgeführt, so hat der Inhaber der Genehmigung dies dem Bundesausfuhramt spätestens zwei Wochen nach Ablauf einer in der Genehmigungsurkunde für die Ausführung der Handlung festgesetzten Frist mitzuteilen.

(2) Absatz 1 gilt nicht in den Fällen der Beförderung von Kriegswaffen außerhalb des Bundesgebietes mit deutschen Seeschiffen oder Luftfahrzeugen.

§ 13
Kennzeichnungspflicht

(1) Kriegswaffen, die im Bundesgebiet hergestellt, in das Bundesgebiet eingeführt oder sonst in das Bundesgebiet verbracht werden, müssen ein Zeichen des Herstellers oder des Einführers tragen. Das Zeichen ist an sichtbarer Stelle anzubringen und muß dauerhaft sein.

(2) Kriegswaffen, die im Bundesgebiet hergestellt, in das Bundesgebiet eingeführt oder sonst in das Bundesgebiet verbracht werden, ausgenommen Waffen der Nummern 9, 14, 15, 31, 36, 40 bis 43 und 46 bis 50 der Kriegswaffenliste, sollen außerdem eine fortlaufende Herstellungsnummer tragen.

§ 14
Gestellungs-, Anmelde- und Vorführungspflicht

(1) Kriegswaffen sind, soweit sie nicht schon nach den Zollvorschriften zu gestellen sind, bei der Einfuhr, Ausfuhr und Durchfuhr den vom Bundesminister der Finanzen bestimmten Zollstellen zu gestellen.

(2) Beim sonstigen Verbringen von Kriegswaffen in das Bundesgebiet oder aus dem Bundesgebiet sind die Kriegswaffen den für die Überwachung dieses Verkehrs zuständigen Zolldienststellen vorzuführen.

§ 15
Inkrafttreten

Diese Verordnung tritt am Tage nach ihrer Verkündung in Kraft.[1]

---

1. Die Verordnung ist am 4. Juni 1961 in Kraft getreten.

Dritte Verordnung
zur Durchführung des Gesetzes über die Kontrolle von Kriegswaffen

Vom 11. Juli 1969
(BGBl. I S. 841, geändert durch Gesetz vom 28. Februar 1992, BGBl. I S. 376)

Auf Grund des § 23 des Gesetzes über die Kontrolle von Kriegswaffen vom 20. April 1961 (Bundesgesetzbl. I S. 444), geändert durch das Einführungsgesetz zum Gesetz über Ordnungswidrigkeiten vom 24. Mai 1968 (Bundesgesetzbl. I S. 503), in Verbindung mit § 36 Abs. 3 des Gesetzes über Ordnungswidrigkeiten vom 24. Mai 1968 (Bundesgesetzbl. I S. 481) wird verordnet:

§ 1

(1) Die Zuständigkeit des Bundesministers für Wirtschaft zur Verfolgung und Ahndung von Ordnungswidrigkeiten nach § 18 des Gesetzes über die Kontrolle von Kriegswaffen wird dem Bundesausfuhramt übertragen.

(2) Die Zuständigkeit des Bundesministers der Finanzen zur Verfolgung und Ahndung von Ordnungswidrigkeiten nach § 18 des Gesetzes über die Kontrolle von Kriegswaffen wird den örtlich zuständigen Hauptzollämtern übertragen.

§ 2

Diese Verordnung tritt am Tage nach ihrer Verkündung in Kraft.[1]

---

1. Die Verordnung ist am 24. Juli 1969 in Kraft getreten.

Erste Verordnung
über Allgemeine Genehmigungen nach dem Gesetz über die Kontrolle von Kriegswaffen

Vom 30. Juli 1961

(Bundesanzeiger Nr. 150 vom 8. 8. 1961)

Auf Grund des § 3 Abs. 4, § 4 Abs. 2 und § 8 Abs. 1 und 4 des Gesetzes über die Kontrolle von Kriegswaffen vom 20. April 1961 (Bundesgesetzbl. I S. 444) verordnet die Bundesregierung:

§ 1

Die Beförderung von Kriegswaffen mit Eisenbahnen des öffentlichen Verkehrs wird allgemein genehmigt, soweit die Kriegswaffen außerhalb des Bundesgebietes eingeladen, unter zollamtlicher Überwachung ohne Wechsel des Frachtführers durch das Bundesgebiet durchgeführt und in Belgien, Dänemark, Frankreich, Griechenland, Großbritannien, Italien, Luxemburg, den Niederlanden, Norwegen, Österreich, Portugal, Schweden, der Schweiz, Spanien oder der Türkei ausgeladen werden.

§ 2

(1) Die Beförderung von Kriegswaffen mit Seeschiffen, die die Bundesflagge führen, wird allgemein genehmigt, soweit

a) die Kriegswaffen außerhalb des Bundesgebietes eingeladen, auf dem Seewege ein- und ausgehend ohne Wechsel des Verfrachters durch das Bundesgebiet durchgeführt werden und

b) die Seeschiffe im Bundesgebiet außer zur Abwendung unmittelbarer Gefahr für Besatzung, Schiff oder Ladung nur an Zollandungsplätzen oder in Freihäfen mit anderen Fahrzeugen oder mit dem Land in Verbindung treten und

c) die Kriegswaffen in einem der in § 1 genannten Staaten oder den Vereinigten Staaten von Amerika ausgeladen werden.

(2) Die Beförderung von Kriegswaffen mit Seeschiffen fremder Flagge wird allgemein genehmigt, soweit die Voraussetzungen des Absatzes 1 Buchstaben a und b vorliegen und die Kriegswaffen außerhalb des Bundesgebietes ausgeladen werden.

§ 3

Die Beförderung von Kriegswaffen mit Seeschiffen, die die Bundesflagge führen, oder mit Luftfahrzeugen, die in die Luftfahrzeugrolle der Bundesrepublik eingetragen sind, wird allgemein genehmigt, soweit die Kriegswaffen außerhalb des Bundesgebietes eingeladen, durch das Bundesgebiet nicht durchgeführt und in einem der in §§ 1 oder 2 Abs. 1 Buchstabe c genannten Staaten ausgeladen werden.

§ 4

Diese Verordnung tritt am Tage nach ihrer Verkündung in Kraft.

Zweite Verordnung über eine Allgemeine Genehmigung nach dem Gesetz über die Kontrolle von Kriegswaffen

Vom 29. Januar 1975

(BGBl. I S. 421)

Auf Grund des § 3 Abs. 4 und § 8 Abs. 1 und 4 des Gesetzes über die Kontrolle von Kriegswaffen vom 20. April 1961 (Bundesgesetzbl. I S. 444),
zuletzt geändert durch Artikel 35 des Einführungsgesetzes zum Strafgesetzbuch vom 2. März 1974 (Bundesgesetzbl. I S. 469), verordnet die Bundesregierung:

§ 1

Die Beförderung von Kriegswaffen im Durchgangsverkehr auf den Durchgangsstrecken nach dem deutsch-schweizerischen Abkommen vom 5. Februar 1958 über den Grenz- und Durchgangsverkehr (Bundesgesetzbl. 1960 II S. 2161 und 1971 II S. 1117) wird allgemein genehmigt, soweit Schweizerbürger die Kriegswaffen als Ordonnanzwaffen mitführen und das im II. Abschnitt des Abkommens vorgeschriebene Verfahren eingehalten wird.

§ 2

Diese Verordnung tritt am Tage nach ihrer Verkündung in Kraft.

Politische Grundsätze der Bundesregierung

für den Export von Kriegswaffen und sonstigen Rüstungsgütern

Beschluß der Bundesregierung vom 28. April 1982
(Bulletin vom 5. Mai 1982)

In dem Bestreben,

- im Rahmen der internationalen und gesetzlichen Verpflichtungen der Bundesrepublik Deutschland, den Export von Rüstungsgütern am Sicherheitsbedürfnis und außenpolitischen Interesse der Bundesrepublik Deutschland zu orientieren,
- durch seine Begrenzung und Kontrolle einen Beitrag zur Sicherung des Friedens in der Welt zu leisten
- und dementsprechend auch die Beschlüsse internationaler Institutionen zu berücksichtigen, die eine Beschränkung des internationalen Waffenhandels unter Abrüstungsgesichtspunkten anstreben,

und in Fortsetzung ihrer bewährten restriktiven Rüstungsexportpolitik

hat die Bundesregierung folgende Grundsätze für den Export von Kriegswaffen und sonstigen Rüstungsgütern beschlossen:

I. NATO-Länder
(Geltungsbereich des NATO-Vertrags, Artikel 6)

1. Der Export von Kriegswaffen[1] und sonstigen Rüstungsgütern[2] hat sich an der Erhaltung der Verteidigungskraft des Bündnisses und damit an dem Verteidigungsinteresse der Bundesrepublik Deutschland zu orientieren.

   Er ist grundsätzlich nicht zu beschränken, es sei denn, daß aus besonderen politischen Gründen in Einzelfällen eine Beschränkung geboten ist.

2. Der Endverbleib der Rüstungsgüter im NATO-Bereich ist glaubhaft zu machen. Dies setzt in der Regel die Zusicherung des Exporteurs und ein von ihm beigebrachtes Importzertifikat voraus. Soweit besondere Umstände des Einzelfalls dies nahelegen, sind zusätzliche Nachweise zu verlangen.

   Bei Kriegswaffen ist darauf hinzuwirken, daß diese nur mit dem schriftlichen Einverständnis der Bundesregierung aus dem NATO-Vertragsgebiet verbracht werden dürfen, wenn konkrete Hinweise bestehen, daß sie in Länder weiterexportiert werden, gegen deren Belieferung mit diesen Kriegswaffen sicherheits- oder außenpolitische Bedenken bestehen. Das gleiche gilt für kriegswaffennahe sonstige Rüstungsgüter[3].

3. Kooperationen sollen im bündnispolitischen Interesse liegen.

   Bei Koproduktionen mit NATO-Partnern, die Gegenstand von Regierungsvereinbarungen sind, sollen unter Beachtung unserer Kooperationsfähigkeit im Bündnis unsere rüstungsexportpolitischen Grundsätze soweit wie möglich verwirklicht werden. Dabei wird die Bundesregierung wie bisher dem Kooperationsinteresse grundsätzlich Vorrang einräumen, ohne auf Einwirkungsmöglichkeiten bei Exportvorhaben von Kooperationspartnern zu verzichten (Nr. 5).

4. Für deutsche Zulieferungen von Teilen (Einzelteilen oder Baugruppen), die Kriegswaffen oder sonstige Rüstungsgüter sind, ist das Kooperationspartnerland ausfuhrrechtlich Käufer- und Verbrauchsland und, soweit es sich um als Kriegswaffen eingestufte Teile handelt, auch Endverbleibsland. Wenn diese Teile durch festen Einbau in das Waffensystem integriert werden, begründet die Verarbeitung im Partnerland ausfuhrrechtlich einen neuen Warenursprung.

   Solchen Zulieferungen stehen keine zwingenden Versagungsgründe entgegen.

5. Die exportpolitischen Konsequenzen einer Kooperation sind rechtzeitig vor Vereinbarung gemeinsam zu prüfen.

   In jedem Fall behält sich die Bundesregierung zur Durchsetzung ihrer rüstungsexportpolitischen Ziele vor, bestimmten Exportvorhaben des Kooperationspartners im Konsultationswege entgegenzutreten. Deshalb ist bei allen neu abzuschließenden Kooperationsvereinbarungen für den Fall des Exports durch das Partnerland grundsätzlich ein Konsultationsverfahren zu vereinbaren, das der Bundesregierung die Möglichkeit gibt, Einwendungen geltend zu machen.

---

1. In der Kriegswaffenliste (Anlage zum KWKG) aufgeführte Waffen (komplette Waffen sowie als Waffen gesondert erfaßte Teile).
2. Waren des Abschnitts A in Teil I der Ausfuhrliste – Anlage zur AWV – mit Ausnahme der Kriegswaffen.
3. Anlagen und Unterlagen zur Herstellung von Kriegswaffen.

6. Vor Exporten von Kriegswaffen und sonstigen Rüstungsgütern, bei denen deutsche Zulieferungen Verwendung finden, prüfen AA, BMWi und BMVg unter Beteiligung des ChBK, ob im konkreten Einzelfall die Voraussetzungen für die Einleitung von Konsultationen vorliegen.

Einwendungen der Bundesregierung gegen die Verwendung deutscher Zulieferungen kommen – nach BSR-Befassung – vor allem in folgenden Fällen in Betracht:

- Exporte in Länder, die in bewaffnete Auseinandersetzungen verwickelt sind,
- Exporte in Länder, in denen ein Ausbruch bewaffneter Auseinandersetzungen unmittelbar bevorsteht,
- Exporte, durch die unverzichtbare Sicherheitsinteressen der Bundesrepublik Deutschland gefährdet werden,
- Exporte, welche die auswärtigen Beziehungen zu Drittländern so erheblich belasten würden, daß selbst das eigene Interesse an der Kooperation und an der Aufrechterhaltung guter Beziehungen zum Kooperationspartner zurückstehen muß.

Einwendungen werden nicht erhoben, wenn direkte Exporte im Hinblick auf die unter Nr. 13 angestellten Erwägungen voraussichtlich genehmigt würden.

7. Für die Zusammenarbeit zwischen Rüstungsfirmen in verschiedenen NATO-Ländern, die nicht Gegenstand von Regierungsvereinbarungen ist, sind Zulieferungen, entsprechend der Direktlieferung in diese Länder, grundsätzlich nicht zu beschränken. Die Bundesregierung wird jedoch in gleicher Weise wie bei Kooperationen, die Gegenstand von Regierungsvereinbarungen sind, auf Exporte aus industriellen Kooperationen Einfluß nehmen.

Zu diesem Zweck wird sie darauf hinwirken, daß sich der deutsche Kooperationspartner bei Zulieferung von Teilen, die nach Umfang oder Bedeutung für eine Kriegswaffe wesentlich sind, vertraglich in die Lage versetzt, der Bundesregierung rechtzeitig die nötigen Informationen über Exportabsichten seiner Partner geben zu können.

Bei Vergabe von Lizenzen, bei Exporten von Fertigungsunterlagen oder Anlagen zur Herstellung von Kriegswaffen sind Endverbleibsregelungen für die damit hergestellten Kriegswaffen anzustreben.

II. Nicht-NATO-Länder

8. Der Export von Kriegswaffen und kriegswaffennahen sonstigen Rüstungsgütern in Länder außerhalb des Atlantischen Verteidigungsbündnisses bleibt eingeschränkt. Er darf insbesondere nicht zum Aufbau zusätzlicher, exportspezifischer Kapazitäten führen.

9. Der Export von Kriegswaffen (nach KWKG und AWG genehmigungspflichtig) wird nicht genehmigt, es sei denn, daß auf Grund besonderer politischer Erwägungen Ausnahmen allgemeiner Art festgelegt werden oder im Einzelfall vitale Interessen der Bundesrepublik Deutschland für eine ausnahmsweise Genehmigung sprechen. Vitale Interessen sind außen- und sicherheitspolitische Interessen der Bundesrepublik Deutschland unter Berücksichtigung der Bündnisinteressen. Beschäftigungspolitische Gründe dürfen keine ausschlaggebende Rolle spielen.

10. Für den Export kriegswaffennaher sonstiger Rüstungsgüter (nur nach AWG genehmigungspflichtig) werden Genehmigungen nur erteilt, soweit die im Rahmen der Vorschriften des Außenwirtschaftsrechts zu schützenden Belange der Sicherheit, des friedlichen Zusammenlebens der Völker oder der auswärtigen Beziehungen nicht gefährdet sind.

Es ist davon auszugehen, daß diese Schutzzwecke das volkswirtschaftliche Interesse im Sinne von § 3 Abs. 1 AWG überwiegen.

11. Für den Export der übrigen sonstigen Rüstungsgüter (ebenfalls nach AWG genehmigungspflichtig) werden Genehmigungen erteilt, soweit die Vorschriften des Außenwirtschaftsrechts nicht entgegenstehen.

12. Eine ausnahmsweise Genehmigung kommt nicht in Betracht, wenn die innere Lage des betreffenden Landes dem entgegensteht.

13. Die Lieferung von Kriegswaffen und kriegswaffennahen sonstigen Rüstungsgütern darf nicht zu einer Erhöhung bestehender Spannungen beitragen. Lieferungen an Länder, bei denen eine Gefahr für den Ausbruch bewaffneter Auseinandersetzungen besteht, scheiden deshalb grundsätzlich aus.

Es muß hinreichende Sicherheit bestehen, daß die Kriegswaffen und kriegswaffennahen sonstigen Rüstungsgüter nur zur Verteidigung des Empfängerlandes oder der betreffenden Region bestimmt sind.

14. Lieferungen von Kriegswaffen dürfen nur bei Vorliegen von amtlichen Endverbleibserklärungen genehmigt werden. Auch bei der Sicherung des Endverbleibs von kriegswaffennahen sonstigen Rüstungsgütern sind strenge Maßstäbe anzulegen.

Bei Vergabe von Lizenzen, bei Exporten von Fertigungsunterlagen oder Anlagen zur Herstellung von Kriegswaffen sind Endverbleibsregelungen für die damit hergestellten Kriegswaffen anzustreben.

III. Länder der Länderliste C

15. Exporte von Kriegswaffen und sonstigen Rüstungsgütern in Länder der Länderliste C (Abschnitt II der Anlage zum Außenwirtschaftsgesetz) werden nicht genehmigt. Ausnahmen sind nur mit Zustimmung aller COCOM-Mitglieder möglich.

Grundsätze der Bundesregierung zur Prüfung der Zuverlässigkeit von Exporteuren von Kriegswaffen und rüstungsrelevanten Gütern

In dem Bestreben,

- unzuverlässige Personen und Unternehmen vom Umgang mit Kriegswaffen und der Ausfuhr rüstungsrelevanter Güter fernzuhalten,
- zu vermeiden, daß durch illegale Ausfuhren in diesem Bereich
  - die Sicherheit der Bundesrepublik Deutschland beeinträchtigt,
  - das friedliche Zusammenleben der Völker gestört oder
  - die auswärtigen Beziehungen der Bundesrepublik Deutschland belastet werden,
- die restriktive Rüstungsexportpolitik der Bundesregierung und die entsprechende Genehmigungspraxis in diesem sensitiven Bereich zu verdeutlichen,

hat die Bundesregierung folgende Grundsätze für die Prüfung der Zuverlässigkeit im Rahmen des § 6 Abs. 3 Nr. 3 des Gesetzes über die Kontrolle von Kriegswaffen (KWKG) und des § 3 Abs. 2 des Außenwirtschaftsgesetzes (AWG) beschlossen:

1. Die Grundsätze gelten für Anträge auf Genehmigungen zum Zwecke der Ausfuhr nach dem KWKG oder auf Genehmigung nach dem AWG bei Ausfuhren von Waren des Teils I, Abschnitte A (Waffen, Munition und Rüstungsmaterial), B (Kernenergie), D (Chemieanlagen) und E (Anlagen zur Erzeugung biologischer Stoffe) der Ausfuhrliste sowie Ausfuhren von Waren des Abschnitts C (Sonstige Waren und Technologien von strategischer Bedeutung) der Ausfuhrliste, wenn das Bestimmungsland bei Waren des Abschnitts C ein Land der Länderliste H (Anlage L zur Außenwirtschaftsverordnung) ist.

2. In derartigen Anträgen muß je nach der Rechtsform des Antragstellers ein für die Durchführung der Ausfuhr verantwortliches Mitglied des Vorstandes, ein Geschäftsführer oder ein vertretungsberechtigter Gesellschafter als „Ausfuhrverantwortlicher" benannt werden. Zeichnet der Ausfuhrverantwortliche ausnahmsweise den Antrag nicht selbst, muß eine schriftliche Bestätigung, mit der der Ausfuhrverantwortliche die Verantwortung für den Antrag übernimmt, beigefügt werden. Bei Anträgen nach dem AWG kann eine jährlich einmal gegenüber dem Bundesamt für Wirtschaft schriftlich abgegebene Bestätigung als ausreichend angesehen werden, sofern im Antrag hierauf Bezug genommen wird.

3. Bestehen tatsächliche Anhaltspunkte dafür, daß der Ausfuhrverantwortliche oder – bei Kriegswaffen – eine der in § 6 Abs. 2 Nr. 2a KWKG genannten Personen
   - im Falle eines Antrags nach dem KWKG gegen Vorschriften des KWKG, des AWG oder sonstige einschlägige Vorschriften z. B. des Gewerbe-, Waffen- oder Strafrechts und
   - im Falle eines Antrags nach dem AWG gegen die Genehmigungsvorschriften bei den in Nummer 1 erfaßten Ausfuhren

   verstoßen haben könnte, so ist grundsätzlich von der Entscheidung über den Antrag abzusehen, bis der Sachverhalt aufgeklärt ist. Dies gilt jedoch nur dann, wenn die vermutete Rechtsverletzung im Falle ihrer Bestätigung die Annahme begründen würde, der Antragsteller sei nicht willens oder in der Lage, den ihm obliegenden kriegswaffen- oder außenwirtschaftsrechtlichen Verpflichtungen nachzukommen. Von der Entscheidung ist unabhängig davon abzusehen, ob ein staatsanwaltschaftliches Ermittlungsverfahren eingeleitet ist oder nicht.

4. Ergibt bei einem Antrag nach dem KWKG die Ermittlung des Sachverhalts, daß die gegen den Ausfuhrverantwortlichen oder eine andere der in § 6 Abs. 2 Nr. 2a KWKG genannten Personen erhobenen Vorwürfe tatsächlich Grund zur Annahme der Unzuverlässigkeit bieten, so ist der Antrag wegen mangelnder Zuverlässigkeit des Antragstellers abzulehnen.

Bei einem Antrag nach dem AWG soll in diesem Fall die Genehmigung grundsätzlich versagt werden; bei der Entscheidung sind die Schwere des Verstoßes und die daraus zu ziehenden Rückschlüsse auf die Zuverlässigkeit bei künftigen Ausfuhren sowie Art und Menge der auszuführenden Waren und die Verhältnisse des Ausführers im Einzelfall zu berücksichtigen.

5. Von Maßnahmen nach Nummern 3 und 4 kann abgesehen werden, wenn das betroffene Unternehmen Schritte ergreift, durch die die zukünftige Einhaltung der ausfuhrrechtlichen Bestimmungen sichergestellt erscheint.

Der Austausch des Ausfuhrverantwortlichen – und bei Kriegswaffen der weiteren in § 6 KWKG genannten Personen – reicht nur aus, wenn

– gegen die neuverantwortlichen Personen keine Zuverlässigkeitsbedenken bestehen und

– durch organisatorische Maßnahmen sichergestellt ist, daß der ausgetauschte Personenkreis keinerlei Verbindungen zu Kriegswaffen bzw. genehmigungspflichtigen Ausfuhren im Sinne der Nummer 1 hat.

Eine Umverteilung der Zuständigkeiten im Vorstand oder in der Geschäftsführung reicht in Anbetracht der Gesamtverantwortlichkeit der geschäftsführenden Organe für grundsätzliche Fragen der Unternehmenspolitik in der Regel nicht aus, Zweifel an der Zuverlässigkeit auszuräumen.

6. Sind in den Fällen der Nummer 4 Genehmigungen bereits erteilt, so sind sie gemäß § 7 Abs. 2 KWKG zu widerrufen; bei einer Genehmigung nach dem AWG kommt ihr Widerruf gemäß § 49 Abs. 2 Nr. 3 Verwaltungsverfahrensgesetz in Betracht.

Hat ein Antragsteller auf Genehmigung nach dem AWG bei anderen als den in Nummer 1 erfaßten Ausfuhren gegen die Genehmigungspflicht verstoßen und besteht die Gefahr weiterer Verstöße, so sollen in der Regel die Genehmigungen mit besonderen Nebenbestimmungen nach § 30 AWG versehen werden, die den Nachweis des Endverbleibs und der Endnutzung in geeigneter Form sicherstellen. Im übrigen kann auch hier die Erteilung der Genehmigung von sachlichen und persönlichen Voraussetzungen abhängig gemacht werden.

Die Unternehmen sollen bis zum 1. März 1991 in den Vorständen und Aufsichtsräten die entsprechenden organisatorischen Beschlüsse treffen.

Bekanntmachung des Bundesamtes für Wirtschaft[1] über die Benennung des Ausfuhrverantwortlichen und die Beantragung von Ausfuhrgenehmigungen nach den Bestimmungen des Außenwirtschaftsgesetzes (AWG) gemäß den Grundsätzen der Bundesregierung zur Prüfung der Zuverlässigkeit von Exporteuren von Kriegswaffen und rüstungsrelevanten Gütern

Vom 30. Januar 1991

I.

1 Der Bundesminister für Wirtschaft hat die Grundsätze der Bundesregierung zur Prüfung der Zuverlässigkeit von Exporteuren von Kriegswaffen und rüstungsrelevanten Gütern durch Bekanntmachung vom 29. November 1990 (BAnz. S. 6406), ergänzt am 30. Januar 1991 (BAnz. S. 545) veröffentlicht.

Diese Grundsätze stellen Regeln für das Genehmigungsverfahren bei der Ausfuhr u. a. von Kriegswaffen und rüstungsrelevanten Gütern dar, die sowohl von den Genehmigungsbehörden als auch von den antragstellenden Exporteuren zu beachten sind und sollen dazu beitragen, illegale Ausfuhren zu verhindern.

1.1 Die Grundsätze der Bundesregierung finden sowohl bei Anträgen zur Ausfuhr nach dem Gesetz über die Kontrolle von Kriegswaffen (KWKG) als auch grundsätzlich bei Ausfuhranträgen nach den Bestimmungen des Außenwirtschaftsgesetzes (AWG) Anwendung.

1.2 Bei Anträgen auf Ausfuhrgenehmigung nach dem AWG sind die Grundsätze der Bundesregierung anzuwenden, wenn es sich um Waren (Fertigungsunterlagen, Technologien usw.) handelt, die erfaßt sind von Teil I der Ausfuhrliste (Anlage AL zur Außenwirtschaftsverordnung – AWV)

- Abschnitt A
  (Liste für Waffen, Munition und Rüstungsmaterial),
- Abschnitt B
  (Kernenergieliste: Materialien, Anlagen, Ausrüstung),
- Abschnitt D
  (Liste für Chemieanlagen und Chemikalien),
- Abschnitt E
  (Liste für Anlagen zur Erzeugung biologischer Stoffe)

  sowie

- Abschnitt C (Liste für sonstige Waren und Technologien von strategischer Bedeutung), sofern die Waren des Abschnitts C in ein Bestimmungsland geliefert werden sollen, das in der Länderliste H (Anlage L zur AWV) genannt ist.

2 Neben den detaillierten Verfahrensregelungen für die Einleitung und Durchführung der Zuverlässigkeitsprüfung und deren Auswirkungen auf das Genehmigungsverfahren (Nummern 3 ff. der o. g. Grundsätze) ist die Benennung des Ausfuhrverantwortlichen wesentliches Element der Grundsätze der Bundesregierung über die Prüfung der Zuverlässigkeit von Exporteuren von Kriegswaffen und rüstungsrelevanten Gütern.

---

1. ab 1. April 1992: Bundesausfuhramt.

2.1 Je nach Rechtsform des antragstellenden Unternehmens ist ein für die Durchführung der Ausfuhr verantwortliches Mitglied des Vorstandes, ein Geschäftsführer oder ein vertretungsberechtigter Gesellschafter als Ausfuhrverantwortlicher zu bestellen und gegenüber der Genehmigungsbehörde zu benennen.

2.2 Grundsätzlich sind Anträge vom Ausfuhrverantwortlichen selbst zu unterzeichnen. Zeichnet der Ausfuhrverantwortliche den Antrag nicht selbst, muß eine schriftliche Erklärung beigefügt werden, mit der der Ausfuhrverantwortliche die Verantwortung für den Antrag übernimmt.

Bei Ausfuhranträgen nach dem AWG kann eine jährlich einmal gegenüber dem Bundesamt für Wirtschaft (BAW) schriftlich abgegebene Erklärung als ausreichend angesehen werden. Im Antrag ist auf diese Erklärung Bezug zu nehmen (Nummer 2 der o. g. Grundsätze).

II.

Mit Wirkung vom 1. März 1991 können Anträge auf Ausfuhrgenehmigung nach den Bestimmungen des AWG, die sich auf die in Abschnitt I Nr. 1.2 genannten Waren (usw.) beziehen, nur noch dann bearbeitet werden, wenn zusätzlich zu den üblichen Anforderungen an die Antragstellung (z.B. richtiger Vordruck, Beifügung der erforderlichen Antragsunterlagen usw.) folgende Voraussetzungen gegeben sind:

1 Dem BAW ist ein im Einklang mit den Grundsätzen der Bundesregierung zur Prüfung der Zuverlässigkeit von Exporteuren von Kriegswaffen und rüstungsrelevanten Gütern vom 29. November 1990 bestellter Ausfuhrverantwortlicher zu benennen.

1.1 Die Benennung des Ausfuhrverantwortlichen muß unter Verwendung des als Anlage 1 abgedruckten Mustervordrucks erfolgen, der an das Referat VIA2 zu adressieren ist.

1.1.1 Die Benennungserklärung ist von den vertretungsberechtigten Organen des Unternehmens und vom Ausfuhrverantwortlichen zu unterzeichnen.

1.1.2 Die Benennung bleibt bis zu ihrem schriftlichen Widerruf gegenüber dem BAW gültig.

1.2 Ist ein Wechsel in der Person des Ausfuhrverantwortlichen gegeben, sind die vertretungsberechtigten Organe des Unternehmens verpflichtet, dem BAW diesen Wechsel unverzüglich unter Benennung eines neuen Ausfuhrverantwortlichen anzuzeigen.

1.3 Die Benennung des Ausfuhrverantwortlichen kann unabhängig von der Beantragung einer Ausfuhrgenehmigung erfolgen.

1.4 Die Verpflichtung zur Benennung des Ausfuhrverantwortlichen erstreckt sich auch auf Firmen, die im Besitz einer vor dem 1. März 1991 erteilten und noch gültigen Sammelausfuhrgenehmigung (SAG) sind. (Hinweis: Bei Firmen, die ausschließlich unter Verwendung der Allgemeinen Genehmigung für den Intra-COCOM-Handel [GIC] ausführen, ist die Benennung eines Ausfuhrverantwortlichen nicht erforderlich, es sei denn, sie werden hierzu vom BAW aufgefordert.)

2 Der Ausfuhrverantwortliche des Unternehmens hat gegenüber dem BAW einmal jährlich seine Verantwortungsübernahme für die Richtigkeit aller von Dritten in seinem Namen für das Unternehmen unterzeichneten Anträge auf Ausfuhrgenehmigung zu erklären, sofern er die Ausfuhranträge nicht eigenhändig unterschreibt.

2.1 Die Erklärung des Ausfuhrverantwortlichen zur Verantwortungsübernahme muß unter Verwendung des als Anlage 2 abgedruckten Mustervordrucks erfolgen, der an das Referat VIA2 zu adressieren ist.

2.2 Die Erklärung des Ausfuhrverantwortlichen zur Verantwortungsübernahme kann unabhängig von der Beantragung einer Ausfuhrgenehmigung abgegeben werden, spätestens jedoch zusammen mit dem ersten Ausfuhrantrag, der vom Ausfuhrverantwortlichen nicht eigenhändig unterschrieben wird.

2.3 Die jährliche Erneuerung der Erklärung ist dem BAW unaufgefordert zuzusenden; maßgeblicher Zeitpunkt für die Fristberechnung ist der Eingang beim BAW.

3 Jedem einzelnen Antrag auf Ausfuhrgenehmigung (jeweils gültiger Antragsvordruck nach Anlage A 5 bzw. Anlage A 5a zur AWV) ist eine Erklärung über die Zeichnungsberechtigung im Rahmen der Verantwortungsübernahme des Ausfuhrverantwortlichen beizufügen.

3.1 Diese Erklärung ist unter Verwendung des als Anlage 3 abgedruckten Mustervordrucks („Antragsblatt A 5a/3") abzugeben.

3.2 In dieser Erklärung muß auf die Erklärungen nach Anlage 1 und Anlage 2 Bezug genommen werden.

III.

Hinweis:

Die Einhaltung der außenwirtschaftsrechtlichen Bestimmungen sowie der besonderen Verpflichtungen, die mit dem Export von genehmigungspflichtigen Waren, insbesondere von Kriegswaffen und rüstungsrelevanten Gütern verbunden sind, macht es in vielen Fällen erforderlich, neben den im Einklang mit den Grundsätzen der Bundesregierung zur Prüfung der Zuverlässigkeit von Exporteuren von Kriegswaffen und rüstungsrelevanten Gütern zu treffenden Maßnahmen, insbesondere der Bestellung eines Ausfuhrverantwortlichen, zusätzliche innerbetriebliche Vorkehrungen organisatorischer Art zu treffen, um den gestiegenen Anforderungen Rechnung tragen zu können.

Als Hilfe für diese notwendigen Überlegungen hat das BAW einen Katalog mit den Empfehlungen an die betriebliche Behandlung genehmigungspflichtiger Exporte entwickelt, der als Anlage 4 nachrichtlich abgedruckt wird.

Dieser sog. „Pflichtenkatalog" will selbstverständlich nicht verbindlich vorschreiben, welche Maßnahmen im einzelnen zu treffen sind. Es handelt sich hierbei vielmehr um eine Empfehlung für verschiedene Maßnahmen, durch deren Umsetzung weitgehend sichergestellt sein dürfte, daß insbesondere bei der Ausfuhr von sensiblen Waren Verstöße gegen die einschlägigen Bestimmungen und die damit verbundenen unangenehmen Folgen für das Unternehmen vermieden werden.

An das
Bundesamt für Wirtschaft
Referat VI A 2
Frankfurter Straße 29–31
65760 Eschborn/Ts.

Anlage 1

Benennung des „Ausfuhrverantwortlichen"

(gemäß Nummer 2 der Grundsätze der Bundesregierung zur Prüfung der Zuverlässigkeit von Exporteuren von Kriegswaffen und rüstungsrelevanten Gütern vom 29. November 1990 [BAnz. S. 6406], ergänzt am 30. Januar 1991 [BAnz. S. 545])

Unter Bezugnahme auf die o. g. Grundsätze der Bundesregierung erklärt das

....
Unternehmen

....
Zoll-Nr.

....
vertreten durch ihre Organe

....
hiermit, daß am

....
Herr/Frau in seiner/ihrer Funktion als

....
zur(m) „Ausfuhrverantwortlichen" bestimmt worden ist.

Der/Die Ausfuhrverantwortliche ist Mitglied der Unternehmensleitung. Er/Sie ist über die wesentlichen Pflichten des Exporteurs unterrichtet, die im Zusammenhang mit der Abwicklung von Ausfuhrgeschäften, insbesondere bei genehmigungsbedürftigen Waren, bestehen und ist sich der Bedeutung der o.g. Grundsätze der Bundesregierung bewußt. Der/die Benannte ist bestrebt, die einschlägigen Regelungen des Außenwirtschaftsgesetzes (AWG), der Verordnung zur Durchführung des Außenwirtschaftsgesetzes (AWV), der Ausfuhrliste (AL), des Gesetzes über die Kontrolle von Kriegswaffen (KWKG) und des Zollgesetzes (in den jeweils geltenden Fassungen) zu beachten und wird alle ggf. erforderlichen Vorkehrungen treffen, damit diese Bestimmungen im Unternehmen eingehalten werden.

Die Unterzeichner sind sich bewußt, daß es ihnen im Falle einer möglicherweise einzuleitenden Zuverlässigkeitsüberprüfung verwehrt ist, sich auf Nichtwissen oder Mißverstehen der außenwirtschaftsrechtlichen Bestimmungen zu berufen.

Die Unterzeichner wissen, daß in den Fällen, in denen der/die Ausfuhrverantwortliche nicht selbst den Antrag auf Ausfuhrgenehmigung unterzeichnet, diesem Antrag eine schriftliche Bestätigung beigefügt werden muß, in der der/die Ausfuhrverantwortliche die Verantwortung für den Antrag übernimmt. Hierbei ist bekannt, daß die Erklärung zur Verantwortungsübernahme bei Anträgen nach dem AWG mindestens einmal jährlich gegenüber dem BAW abgegeben und auf diese Erklärungen im Antrag Bezug genommen werden muß. Die dadurch bestätigte Delegierung der Befugnis zur Zeichnung der Anträge auf Ausfuhrgenehmigung berührt nicht die grundsätzliche Verantwortlichkeit des/der Ausfuhrverantwortlichen und schließt eine Exkulpation durch Verweisung auf die Person des Vertreters aus.

Den Unterzeichnern ist bekannt, daß ein Zweifel an der Zuverlässigkeit des/der Ausfuhrverantwortlichen zu den in Nummern 3 ff. der o. g. Grundsätze der Bundesregierung aufgezeigten Folgen führen kann. Insbesondere ist bekannt, daß das BAW bei begründeten Anhaltspunkten für einen erheblichen Rechtsverstoß u. a. von einer Bescheidung des Antrags auf Ausfuhrgenehmigung absehen kann, es sei denn, daß durch personelle und organisatorische Maßnahmen Zweifel an der Zuverlässigkeit des Unternehmens ausgeräumt werden.

Diese Benennungserklärung bleibt bis zu ihrem schriftlichen Widerruf gegenüber dem BAW gültig. Ist ein Wechsel in der Person des Ausfuhrverantwortlichen gegeben, sind die vertretungsberechtigten Organe des o. g. Unternehmens verpflichtet, unverzüglich dem BAW diesen Wechsel unter der Benennung einer(s) neuen Ausfuhrverantwortlichen anzuzeigen.

Datum ....

....
(vertretungsberechtigte Organe des Unternehmens)   (Ausfuhrverantwortliche[r])

....
(s. o.)

Anlage 2

An das
Bundesamt für Wirtschaft
Referat VI A 2
Frankfurter Straße 29–31
65760 Eschborn/Ts.

**Erklärung des „Ausfuhrverantwortlichen"
zur Verantwortungsübernahme**

....
Unternehmen

....
Zoll-Nr.

....
Ausfuhrverantwortliche(r)

....
gemäß der Nennung gegenüber dem BAW vom

....

In Kenntnis der Grundsätze der Bundesregierung zur Prüfung der Zuverlässigkeit von Exporteuren von Kriegswaffen und rüstungsrelevanten Gütern vom 29. November 1990 (BAnz. S. 6406), ergänzt am 30. Januar 1991 (BAnz. S. 545) und unter Bezugnahme auf die Benennung als „Ausfuhrverantwortliche(r)" gemäß Nummer 2 der o. g. Grundsätze erklärt der/die Unterzeichner(in) die Übernahme der Verantwortung für die Richtigkeit aller in seinem/ihrem Namen für das o. g. Unternehmen unterzeichneten Anträge auf Ausfuhrgenehmigung. Im Antrag muß hierauf Bezug genommen werden.

Der/die Unterzeichner(in) ist sich bewußt, daß er/sie bei Verletzung der außenwirtschaftsrechtlichen Pflichten – insbesondere bei unrichtigen oder unvollständigen Angaben gegenüber dem BAW – nicht mit dem Hinweis auf die Person des Antragsunterzeichners eine Verantwortlichkeit im Sinne der o. g. Grundsätze ablehnen kann.

Diese Delegierung der Zeichnungsberechtigung bezüglich der Anträge auf Ausfuhrgenehmigung nach dem AWG wird nach Ablauf eines Jahres rechtsunwirksam, wenn nicht zuvor gegenüber dem BAW schriftlich diese Bestätigung in gleicher Form erneuert wird.

Datum ....

....
Ausfuhrverantwortliche(r)

An das
Bundesamt für Wirtschaft
Referat VI A 2

Frankfurter Straße 29–31

65760 Eschborn/Ts.

Anlage 3
Antragsvordruck A 5 a/3

**Erklärung über die Zeichnungsberechtigung
im Rahmen der Verantwortungsübernahme des „Ausfuhrverantwortlichen"
gemäß den Grundsätzen der Bundesregierung
vom 29. November 1990, ergänzt am 30. Januar 1991**

....
Unternehmen/Antragsteller

....
Zoll-Nr.

....
Ausfuhrverantwortliche(r) – gemäß Benennung vom

....
Antragsdatum

....
Antrags-Nr./Aktenzeichen des Antragstellers

....

Die Benennung des/der Ausfuhrverantwortlichen liegt dem BAW bereits vor ☐ / ist beigefügt ☐.

☐ Der/die gemäß den Grundsätzen der Bundesregierung zur Prüfung der Zuverlässigkeit von Exporteuren von Kriegswaffen und rüstungsrelevanten Gütern vom 29. November 1990 (BAnz. S. 6406), ergänzt am 30. Januar 1991 (BAnz. S. 545), gegenüber dem BAW benannte Ausfuhrverantwortliche hat vorliegenden Antrag auf Ausfuhrgenehmigung eigenhändig unterzeichnet.

Die Erklärung über die Verantwortungsübernahme des/der Ausfuhrverantwortliche(n) vom .... *)
liegt dem BAW bereits vor ☐ / ist beigefügt ☐.

☐ Der vorliegende Antrag auf Ausfuhrgenehmigung wurde von einer von dem o. g. Antragsteller berechtigten Person unterzeichnet. Der/die gegenüber dem BAW benannte Ausfuhrverantwortliche übernimmt für die Richtigkeit und Vollständigkeit dieses Antrags die Verantwortung in dem Bewußtsein, nicht mit dem Hinweis auf die Person des Antragsunterzeichners eine Verantwortlichkeit im Sinne der o. g. Grundsätze ablehnen zu können.

Datum ....
(Bitte Zutreffendes ankreuzen)   zur Zeichnung Berechtigter

*) Hinweis: Das Datum dieser Erklärung muß innerhalb der letzten 12 Monate vor Antragstellung liegen.

Erläuterungen zur Anlage 1–3

Die Erklärungen nach Anlage 1–3 sind unter Beachtung der nachfolgenden Erläuterungen vollständig und in Maschinenschrift auszufüllen.

Zu Unternehmen:

Hier ist die vollständige Firmenbezeichnung anzugeben in der Form, in der sie im Handelsregister eingetragen ist.

Zu Zoll-Nr.:

In Anlage 1 und 2 sollten hier alle Zoll-Nummern (erforderlichenfalls auf einem Beiblatt) aufgeführt werden. In Anlage 3 nur die Zoll-Nummer bezüglich des konkreten Ausfuhrgeschäfts.

Zum Datum der Benennung bzw. der Zeichnungsdelegierung:

Bei der nach Anlage 2 jährlich gegenüber dem BAW abzugebenden Erklärung über die Delegierung der Zeichnungsberechtigung ist zur Fristeinhaltung das Eingangsdatum beim BAW ausschlaggebend. Das Datum der Erklärung nach Anlage 2 muß innerhalb der letzten 12 Monate vor Antragstellung liegen.

Zu Antrags-Nr./Aktenzeichen des Antragstellers:

Eine Antrags-Nr. muß nur angegeben werden, wenn der Antrag unter Verwendung der Antragsformulare A 5 a, A 5 a/2 und A 5 a/W (ab 1. Juli 1991 vorgeschrieben) gestellt wird.

Die Nennung des Aktenzeichens des Antragstellers sollte gewährleisten, daß bei Nachfragen schnellstmöglich ein mit dem Antrag vertrauter Ansprechpartner erreichbar ist.

Anlage 4

Bundesamt für Wirtschaft
Abteilung VI
Ausfuhrkontrolle

Stand: 1. Januar 1991
Telefon: 0 61 96/404–415

Empfehlungen für die betriebliche Behandlung genehmigungspflichtiger Exporte

Rechtsgrundlagen in der jeweils geltenden Fassung sind:

- das Außenwirtschaftsgesetz (AWG) vom 28. April 1961 (BGBl. I S. 481),
- die Verordnung zur Durchführung des Außenwirtschaftsgesetzes – Außenwirtschaftsverordnung (AWV) vom 18. Dezember 1986 (BGBl. I S. 2671),
- die Ausfuhrliste (AL) als Anlage zur Außenwirtschaftsverordnung,
- das Kriegswaffenkontrollgesetz (KWKG),
- das Zollgesetz,
- die Grundsätze der Bundesregierung zur Prüfung der Zuverlässigkeit von Exporteuren von Kriegswaffen und rüstungsrelevanten Gütern vom 29. November 1990 (BAnz. S. 6406), ergänzt am 30. Januar 1991 (BAnz. S. 545).

Diese Regelungen erfordern umfangreiche Sachkenntnisse, da es sich um einen besonders sensiblen Bereich handelt, der mit großem Risiko verbunden ist. Jeder, der am Außenwirtschaftsverkehr teilnimmt, ist verpflichtet, sich mit den geltenden Bestimmungen vertraut zu machen.

Innerbetriebliche Organisation

Verantwortlich für die Einhaltung der Bestimmungen ist die Geschäftsleitung.

Für Anträge auf Genehmigung zum Zwecke der Ausfuhr nach KWKG oder auf Genehmigung nach AWG bei Ausfuhren von Waren des Teils I, Abschnitte A (Waffen, Munition und Rüstungsmaterial), B (Kernenergieliste: Materialien, Ausrüstungen, Anlagen), D (Chemieanlagen und Chemikalien) und E (Anlagen zur Erzeugung biologischer Stoffe) der Ausfuhrliste sowie Ausfuhren von Waren des Abschnittes C (sonstige Waren und Technologien von strategischer Bedeutung) der Ausfuhrliste, wenn das Bestimmungsland bei Waren des Abschnitts C ein Land der Länderliste H (Anlage L zur AWV) ist, muß je nach Rechtsform des Antragstellers ein für die Durchführung der Ausfuhr verantwortliches Mitglied des Vorstandes, ein Geschäftsführer oder ein vertretungsberechtigter Gesellschafter als „Ausfuhrverantwortlicher" benannt werden.

Die Geschäftsleitung hat dafür Sorge zu tragen, daß die entsprechenden organisatorischen Beschlüsse und verfahrensmäßigen Voraussetzungen für die Benenunng eines Ausfuhrverantwortlichen bis zum 1. März 1991 umgesetzt sind.

Die notwendigen Erklärungen sind in der vom BAW im Bundesanzeiger vorgegebenen Weise ab dem 1. März 1991 bei Anträgen auf Ausfuhrgenehmigung nach dem AWG einzureichen.

Für die Fallgruppen bzw. Vorbereitungshandlungen, bei denen eine Delegation möglich ist, wird empfohlen, folgende organisatorische und persönliche Voraussetzungen zu gewährleisten.

Dazu gehören:
- sachgerechte Auswahl der Mitarbeiter mit entsprechender Kompetenz;
- permanente Unterrichtung der Mitarbeiter, ggf. Schulungsprogramme;
- Organisation der Ausfuhrstelle und des Betriebsablaufs (Ablaufschema);
- ständige Aufsicht durch die Geschäftsleitung.

Eine klare betriebliche Abgrenzung – verbunden mit eindeutiger Weisungsbefugnis – ist sicherzustellen. Zur Unterstützung des „Ausfuhrverantwortlichen" wird innerbetrieblich eine Koordinierungsstelle empfohlen, die sowohl innerbetriebliche Probleme löst als auch die Exportmitarbeiter ständig über Änderungen und Ergänzungen im Ausfuhrbereich schnellstens informiert.

Es empfiehlt sich, ein Ablaufprogramm zu erstellen, bei dem folgende organisatorische Punkte berücksichtigt werden sollten:

- Benennung eines „Ausfuhrverantwortlichen" (spätestens bis zum 1. März 1991);
- Verantwortung nach außen, Weisungsbefugnis nach innen;
- Einhaltung der Ausfuhrbestimmungen, ggf. Koordinierungsstelle;
- Weiterbildung;
- EDV-unterstützende Maßnahmen;
- Erfassung und Tarifierung der Ware/Einstufung genehmigungspflichtiger Artikel;
- Prüfung der Genehmigungspflicht (auch im Hinblick auf GIC-Fähigkeit);
- Prüfung des Empfängerkreises auf Zuverlässigkeit (z.B. Umgehungsausfuhr);
- Beantragung der Ausfuhrgenehmigungen; Zeichnung des Antrages durch den „Ausfuhrverantwortlichen" (Grundsatz);
- Überwachung der Ausfuhrgenehmigungen (z.B. Auflagenkontrolle, Weiterveräußerung);
- Ausfuhrüberwachung;
- Endkontrolle hinsichtlich Waren/Empfänger/Ausfuhr;
- Datensicherung.

Behandlung der Anträge:

Prüfung der Ausfuhrgenehmigungsanträge

a) genehmigungsfreie Ware
- Ware, die nicht auf der Ausfuhrliste verzeichnet ist;
- Freigrenze – nach § 5 Abs. 3 AWV (Warenwert unter 4000,– DM und Ware des Teils I Abschnitt C der AL – mit einigen Ausnahmen – und Bestimmungsland ein Land der Länderliste A/B);
- ggf. Negativbescheinigung beantragen.

b) genehmigungspflichtige Ware
- Ausfuhrart (z.B. passive Veredelung, vorübergehende Ausfuhr, Rückführung nach Reparatur);

- Sonderverfahren (z. B. Allgemeine Genehmigung für den Intra-COCOM-Handel – GIC, Sammelausfuhrgenehmigung – SAG). Merkblätter für Sonderverfahren sind beim BAW erhältlich.

Anträge sind sorgfältig und zutreffend auszufüllen und grundsätzlich durch den „Ausfuhrverantwortlichen" zu unterzeichnen. Zeichnet der Ausfuhrverantwortliche ausnahmsweise den Antrag nicht selbst, muß eine schriftliche Bestätigung, mit der der Ausfuhrverantwortliche die Verantwortung für den Antrag übernimmt, beigefügt werden. Bei Anträgen nach dem AWG kann eine jährlich einmal gegenüber dem Bundesamt für Wirtschaft schriftlich abgegebene Bestätigung als ausreichend angesehen werden, sofern im Antrag hierauf Bezug genommen wird. Anträge, bei denen die Person des Ausfuhrverantwortlichen nicht benannt ist, können nicht bearbeitet werden (gilt ab 1. März 1991). Die Form und der Inhalt der vorgenannten Bestätigungen sind vom BAW im BAnz veröffentlicht. Beschreibungen sind zu präzisieren unter Hinzufügung technischer Datenblätter. Unterlagen, auf die im Antrag Bezug genommen wird, sind unbedingt 3fach beizufügen.

Mit jedem Antrag sind die erforderlichen Papiere im Original (Importzertifikat = IC, Endverbleibserklärung = EVE, Zusatzerklärung des Antragstellers) einzureichen.

Wertgrenzen für IC bzw. EVE sind im Abschnitt A und B der AL ab 10 000,– DM, beim Abschnitt C der AL ab 20 000,– DM. Diese Wertgrenzen sind jedoch nicht verbindlich!

Als Grenzübergangswert ist immer der tatsächliche Wert der Ware mit allen Vertriebskosten anzugeben (näheres s. Erläuterungen zum Antrag). Angaben wie „Muster ohne Wert" oder „ohne, da nur leihweise Überlassung" werden nicht akzeptiert. Nachlässe bzw. Rabatte dürfen nicht berücksichtigt werden.

Ist der Endverwender bekannt, so ist dieser auf jeden Fall anzugeben.

Beachten Sie:

Jedem Antrag muß zumindest eine schriftliche Bestätigung beigefügt werden, mit der der „Ausfuhrverantwortliche" die Verantwortung für den Antrag übernimmt (gilt ab 1. März 1991).

Bevor der Antrag abgeschickt wird, ist zu prüfen:

Sind alle Angaben vollständig?

Sind die erforderlichen Dokumente im Original beigefügt?

Sind technisch zutreffende Unterlagen und ggf. erläuternde Unterlagen (Kaufvertrag, Einfuhrverzollungspapiere in Fotokopien etc.) beigefügt?

Unvollständige Angaben und fehlende Unterlagen führen zu Rückfragen und Verzögerungen!

Auflagenkontrolle

Ist die Ausfuhrgenehmigung mit einer Nebenbestimmung versehen, so ist die Überwachung der Auflage und der gesetzten Fristen sicherzustellen.

Beachten Sie bitte:

Die Nichtbeachtung von Auflagen kann – abgesehen von der möglichen Einleitung eines Ordnungswidrigkeitsverfahrens – zu einem Vertrauensverlust, auch im Hinblick auf andere Genehmigungsverfahren, führen. Die Zuverlässigkeitsprüfung nach § 3 Abs. 2 Satz 1 AWG kann dadurch negativ beeinflußt werden.

Exportabwicklung

Vor der Ausfuhr ist zu prüfen:
- Handelt es sich um die richtige Ware?
- Sind alle Papiere vorhanden?
- Ist die Genehmigung zutreffend?
- Handelt es sich um den korrekten Empfänger?

Können alle vorstehenden Kriterien bejaht werden, kann die Ausfuhr erfolgen.

Durchschrift und Original der Ausfuhrgenehmigung sind dem Zollamt vorzulegen. Das Original ist für die betrieblichen Unterlagen bestimmt und nach § 3a AWV für die Dauer von 5 Jahren nach Ablauf der Gültigkeit aufzubewahren. Eine nicht benutzte Genehmigung ist unter den Voraussetzungen des § 3 AWV im Original und Durchschrift unverzüglich dem BAW zurückzugeben.

Die Verantwortung für das Ausfuhrgeschäft endet nicht mit der abgeschlossenen Ausfuhr. Viele Empfänger möchten die Ware weiterveräußern. Deshalb sind die Empfänger eindringlich darauf hinzuweisen, daß es sich um „Embargoware" handelt. Besonders bei der Wiederausfuhr in Nicht-COCOM-Staaten bedarf es der Zustimmung durch das BAW.

Zusammenfassung

Das Außenwirtschaftsrecht erfordert umfangreiche Sachkenntnisse, da besonders sensibler Bereich.

Die Verantwortung für die Einhaltung der Bestimmungen trägt der „Ausfuhrverantwortliche" bzw. die Geschäftsleitung.

- Bei Anhaltspunkten für Verstöße gegen einschlägige Vorschriften kann bis zur Klärung des Sachverhalts von einer Entscheidung über Exportanträge abgesehen werden.
- Bei festgestellter Unzuverlässigkeit wird der Antrag abgelehnt, es sei denn, der „Ausfuhrverantwortliche" wird abgelöst und es werden durch personelle und organisatorische Maßnahmen Zweifel an der Zuverlässigkeit des Unternehmens ausgeräumt.

In den Fällen, in denen eine Delegation möglich ist, sind bestimmte organisatorische und persönliche Voraussetzungen zu gewährleisten:
- geschulte Mitarbeiter mit entsprechender Kompetenz;
- verantwortungsbewußte Aufsicht;
- funktionierender Ablauf mit entsprechenden Prüfkriterien und Eingriffsmöglichkeiten;
- sachgerechte Behandlung der Anträge;
- zutreffende Exportabwicklung;
- Überwachung (z.B. Auflagenerfüllung, Aufbewahrungspflicht).

Weitere Auskünfte erteilen – neben dem BAW – die Verbände und ihr Zollamt. Merkblätter sind beim BAW erhältlich.

Bundesanzeiger vom 27. Februar 1993 Seite 1593

Bekanntmachung
über die Erteilung einer

I.
Allgemeinen Genehmigung für die Ausfuhr
von bestimmten in Teil I Abschnitt C
der Ausfuhrliste
(Anlage AL zur Außenwirtschaftsverordnung)
genannten Waren und Unterlagen
zur Fertigung dieser Waren im Rahmen
des Intra-COCOM-Handels
nach bestimmten Ländern
(GIC)
(Allgemeine Genehmigung Nr. 1)

II.
Allgemeinen Genehmigung für die Ausfuhr
von bestimmten in Teil I Abschnitt C
der Ausfuhrliste
genannten Waren und von Unterlagen
zur Fertigung dieser Waren im Rahmen
des Intra-Schengen-Handels
nach bestimmten Ländern
(ASG)
(Allgemeine Genehmigung Nr. 6)

III.
Allgemeinen Genehmigung für die Ausfuhr
von bestimmten in Teil I Abschnitt B und C
der Ausfuhrliste
genannten Waren und Unterlagen
zur Fertigung dieser Waren im Rahmen
des Intra-Europäischen Handels
(EGG)
(Allgemeine Genehmigung Nr. 8)

Vom 26. Februar 1993

Vorbemerkungen

1. Vor dem Hintergrund der intensiven Bemühungen um eine möglichst breitgefächerte Harmonisierung der Exportkontrollen und dem Bestreben, die Überwachung des Warenverkehrs mit strategischen Industriegütern weitgehend auf sensible Ausfuhren zu konzentrieren, können eine Vielzahl von Verfahrenserleichterungen in Anspruch genommen werden.
Im Vorgriff auf eine kommende Verordnung des Rates der Europäischen Gemeinschaft über die Kontrolle hinsichtlich der Ausfuhr bestimmter dual-use-Güter inkl. einer EG-

Warenliste und anläßlich des Inkrafttretens der Ausfuhrliste in ihrer neuen Struktur zum 1. März 1993 (83. VO zur Änderung der Ausfuhrliste vom 3. Dezember 1992, BAnz. Nr. 242a vom 24. Dezember 1993) wurden die bereits bestehenden vereinfachten Verfahren überprüft und weiter ausgebaut.

Nachfolgend werden drei Allgemeine Genehmigungen für die Ausfuhr bestimmter Waren in einen jeweils festgelegten Länderkreis bekanntgemacht, welche eine einheitliche Grundstruktur aufweisen und sich in Aufbau und Handhabung an bestehenden Verfahren orientieren. Die jeweiligen Unterschiede ergeben sich aus den unterschiedlichen exportkontrollpolitischen Ansätzen, die den einzelnen Allgemeinen Genehmigungen zugrunde liegen.

2. Die Allgemeinen Genehmigungen können wie folgt charakterisiert werden:

   a) Allen Regelungen ist gemeinsam, daß hierdurch der Ausführer vom Einzelantragsverfahren entbunden ist. Die Allgemeinen Genehmigungen definieren jeweils den Länder- und Warenkreis, in welchen die Ausfuhr vorab genehmigt ist. Sie können auch für vorübergehende (temporäre) Ausfuhren in Anspruch genommen werden.

   b) Die Allgemeine Genehmigung für den Intra-COCOM-Handel (GIC) übernimmt die in diesem Bereich bislang bestehende Allgemeine Genehmigung und weist Änderungen lediglich bezüglich des Länderkreises auf (Hinzunahme von Schweden, Wegfall der Türkei; vgl. Anlage 1 zur GIC) bzw. beinhaltet eine überarbeitete Liste von Waren, welche nicht unter Inanspruchnahme dieses Verfahrens exportiert werden können (vgl. Anlage 2 zur GIC).

   c) Die Allgemeine Genehmigung für den Intra-Schengen-Handel (ASG) übernimmt ebenfalls die in diesem Bereich bereits bestehende Allgemeine Genehmigung und beinhaltet lediglich eine angepaßte Fassung der Liste der Waren, welche nicht unter Ausnutzung dieses Verfahrens exportiert werden können (vgl. Anlage 2 zur ASG).

   d) Die Allgemeine Genehmigung für den Intra-Europäischen Handel (EGG) ist neu geschaffen worden und betrifft die Ausfuhr von bestimmten, in Teil I Abschnitt B und C der Ausfuhrliste genannten Waren und Fertigungsunterlagen in EG-Mitgliedstaaten. Diese Allgemeine Genehmigung wird einer erneuten Überprüfung unterzogen, sobald eine entsprechende Regelung des Rates der Europäischen Gemeinschaft ergeht.

3. Bei der Wahl, welche Verfahrenserleichterung in Anspruch genommen werden soll, muß folgendes bedacht werden:

   a) Die GIC betrifft den größten Länderkreis (vgl. Anlage 1 zur GIC). Sie trifft eine Regelung bezüglich des Teils I Abschnitt C der Ausfuhrliste und ist an die Zuteilung einer GIC-Anmeldenummer bzw. an eine Meldepflicht bezüglich der getätigten Ausfuhren im nachhinein gekoppelt.

   b) Die ASG betrifft den kleinsten Länderkreis (vgl. Anlage 1 zur ASG). Sie trifft ebenfalls eine Regelung bezüglich des Teils I Abschnitt C der Ausfuhrliste, hat hierbei jedoch die kleinste Ausnahmeliste (vgl. Anlage 2 zur ASG). Sie ist ebenso wie die GIC an die Vergabe einer ASG-Anmeldenummer und an eine Meldepflicht im nachhinein gekoppelt.

   c) Die EGG betrifft mehr Empfängerländer als die ASG, jedoch weniger als die GIC (vgl. Anlage 1 zur EGG). Vor allem aber trifft sie eine Regelung nicht nur bezüglich des Teils I Abschnitt C der Ausfuhrliste, sondern auch bezüglich des Teils I Abschnitt B und ist nicht an die Vergabe einer EGG-Anmeldenummer oder eine Meldepflicht gekoppelt.

Die nachfolgenden Allgemeinen Genehmigungen beziehen sich auf die Ausfuhrliste in der Fassung der 83. VO zur Änderung der Ausfuhrliste vom 3. Dezember 1992. Werden die jeweils betroffenen Abschnitte geändert (z. B. durch die Aufnahme neuer oder die Erweiterung bestehender Listenpositionen), so erstrecken sich die Allgemeinen Genehmigungen auch auf diese Waren und Fertigungsunterlagen, es sei denn, sie werden durch eine Bekanntmachung von den Verfahrenserleichterungen ausgenommen.

Eine zollamtliche Abschreibung der Ausfuhren erfolgt nicht. Die Einreichung einer Endverbleibserklärung für die jeweiligen Ausfuhren ist nicht erforderlich.

Um eine klare und übersichtliche Regelung zu gewährleisten, werden alle drei Allgemeinen Genehmigungen neu und vollständig veröffentlicht. Die neugefaßten GIC und ASG treten an die Stelle der GIC-Genehmigung vom 27. September 1990 bzw. ASG-Genehmigung vom 27. Mai 1992.

I.
Allgemeine Genehmigung für den Intra-COCOM-Handel
(GIC)
vom 26. Februar 1993
(Allgemeine Genehmigung Nr. 1)

Für die Ausfuhr von Waren und Fertigungsunterlagen, die nach § 5 Absatz 1 der Außenwirtschaftsverordnung (AWV) der Genehmigung bedarf, wird gemäß § 1 Absatz 2 AWV folgende Allgemeine Genehmigung für den Intra-COCOM-Handel (GIC) erteilt und hiermit gemäß § 41 Abs. 3 Satz 2 des Verwaltungsverfahrensgesetzes öffentlich bekanntgemacht:

1 Die Ausfuhr von in Teil I Abschnitt C der Ausfuhrliste genannten Waren und Unterlagen zur Fertigung dieser Waren durch Gebietsansässige in die in der Anlage 1 genannten Länder wird allgemein genehmigt, soweit es sich nicht um in der Anlage 2 genannte Waren oder Fertigungsunterlagen hierfür handelt.

2 Diese Genehmigung gilt nur, wenn der Ausführer bei der einzelnen Ausfuhr keine Anhaltspunkte dafür hat, daß

2.1 die Waren oder die Fertigungsunterlagen ohne Exportgenehmigung der jeweils zuständigen nationalen Behörde in ein anderes als das Land des Empfängers verbracht werden sollen,

2.2 die Waren oder die Fertigungsunterlagen aus einer Freizone, einem Freilager oder einem Zollager in ein anderes als das Land des Empfängers verbracht werden sollen oder

2.3 die Waren oder die Fertigungsunterlagen außerhalb der in Anlage 1 genannten Länder für militärische oder nukleare Zwecke oder für Zwecke des Raketenbaus verwendet werden sollen.

3 Diese Allgemeine Genehmigung gilt nur,

3.1 wenn der Ausführer vor der Ausfuhr gegenüber dem Empfänger schriftlich eine der in Anlage 3 aufgeführten Erklärungen in einer der jeweils üblichen Handelssprachen abgibt und er eine Kopie dieser Erklärung in die von ihm erstellten Handelspapiere (Rechnung- und Transportunterlagen), die die Ware begleiten, aufnimmt. Hierbei ist auch ein Stempelaufdruck oder ein Abdruck des Textes in die erstellten Handelspapiere ausreichend.
Wird eine bestimmte Ware wiederholt einem Empfänger geliefert, so genügt es, wenn die Erklärung gegenüber dem Empfänger einmal vor der erstmaligen Ausfuhr abgege-

ben wird. Eine Kopie der Erklärung, ein Stempelaufdruck oder ein Textabdruck ist auch in diesen Fällen bei jeder Ausfuhrsendung in die begleitenden Handelspapiere aufzunehmen.

Bei einer vorübergehenden Ausfuhr, bei der die Ware unter Aufsicht des Ausführers bleibt (z. B. Messen), ist dieser schriftliche Hinweis auf die Inanspruchnahme der GIC nicht notwendig. Eine Mitteilung wird allerdings dann erforderlich, wenn der Ausführer die Ware einem Dritten überläßt, d. h. seine Re-Importabsicht aufgibt.

3.2 wenn vom Ausführer eine Aufbewahrung der Unterlagen über die vollzogenen Ausfuhren einschließlich der Unterlagen über die damit zusammenhängenden Auftragserteilungen sichergestellt ist.

4 Wenn der Ausführer beabsichtigt, die Ausfuhren vor dem 1. April 1993 durchzuführen, so muß er zeitgleich mit der Ausfuhr dem Bundesausfuhramt eine schriftliche Erklärung gemäß dem Muster in Anlage 4 über die Inanspruchnahme der GIC einreichen.

Wenn der Ausführer beabsichtigt, die Ausfuhren nach dem 1. April 1993 durchzuführen, so muß er spätestens 14 Tage vor der ersten Ausfuhr, bei der er von der GIC Gebrauch macht, dies dem Bundesausfuhramt durch eine schriftliche Erklärung gemäß dem Muster in Anlage 4 anzeigen.

Dabei sind Name, Adresse sowie Zoll-Nr. des Ausführers anzugeben. Das Bundesausfuhramt teilt dem Ausführer eine GIC-Nummer zu.

5 Wird von dieser Genehmigung Gebrauch gemacht, hat der Ausführer folgende Auflagen zu erfüllen:

5.1 Die auf der Grundlage dieser Allgemeinen Genehmigung durchgeführten Ausfuhren sind vom Ausführer gegliedert nach Waren und genauer Warenbezeichnung, Menge, Wert, Käufer- und Bestimmungsland, Käufer und Empfänger, Nummer und Unternummer der Ausfuhrliste (Anlage AL zur AWV), Warennummer nach dem Warenverzeichnis der Außenhandelsstatistik sowie der GIC-Nummer (vgl. Ziffer 4) zu melden. Dabei können Lieferungen mehrerer gleichartiger Waren oder Fertigungsunterlagen an einen Empfänger zusammengefaßt werden.

Die Meldungen sind jeweils im Januar, April, Juli und Oktober eines Jahres für die vorangegangenen drei Monate dem Bundesausfuhramt auf einem im Format und Datensatzaufbau definierten Datenträger oder auf einem Vordruck zu erstatten.

Für die Ausfuhren des Jahres 1993 ist eine erstmalige Meldung bis spätestens 31. Juli 1993 dem Bundesausfuhramt vorzulegen.

Im übrigen gelten die Regeln in den Anlagen 5 bis 8.

5.2 Sollen auf Grund dieser Allgemeinen Genehmigung ausgeführte Waren oder Fertigungsunterlagen, solange sie der Verfügungsbefugnis des Ausführers unterliegen, in ein anderes Land als eines der in Anlage 1 genannten Länder umgeleitet werden, hat der Ausführer vorher die Zustimmung des Bundesausfuhramts einzuholen, falls die Ausfuhr an den neuen Empfänger nicht bereits anderweitig durch das Bundesausfuhramt genehmigt ist.

5.3 Der Ausführer hat diese Nebenbestimmungen (Auflagen und Bedingungen) auch dann zu erfüllen, wenn durch einen Versender gemäß § 13 AWV geliefert wird.

5.4 Soweit der Ausführer eine Ausfuhranmeldung abgeben muß, hat er in Feld 44 zu vermerken: „Allgemeine Genehmigung Nr. 1 vom 1. März 1993".

6 Die Genehmigung setzt im übrigen voraus, daß kein Tatbestand der fahrlässigen, leichtfertigen oder vorsätzlichen Begehung von Straftaten nach den §§ 19 und 20 des Kriegswaffenkontrollgesetzes vorliegt.

Der Widerruf dieser Allgemeinen Genehmigung und die nachträgliche Aufnahme, Änderung oder Ergänzung von Nebenbestimmungen – insgesamt oder gegenüber einzelnen – bleibt vorbehalten, soweit die in § 7 AWG genannten Zwecke dies erfordern, insbesondere bei Verstößen gegen die Ausfuhrvorschriften einschließlich der Bestimmungen dieser Allgemeinen Genehmigung.

Die vorgenannte Allgemeine Genehmigung tritt am 1. März 1993 in Kraft und ist bis zum 28. Februar 1994 gültig.

Vorstehende Allgemeinverfügung sowie eine Rechtsbehelfsbelehrung können gemäß § 41 Abs. 4 Satz 2 des Verwaltungsverfahrensgesetzes im Bundesausfuhramt, 65760 Eschborn/Ts., Frankfurter Str. 29–31, während der üblichen Dienstzeiten eingesehen werden.

Eschborn, den 26. Februar 1993
II, II A, II A 1

Bundesausfuhramt
Im Auftrag
Simonsen

II.
Allgemeine Genehmigung
für den Intra-Schengen-Handel
(ASG)
vom 26. Februar 1993
(Allgemeine Genehmigung Nr. 6)

Für die Ausfuhr von Waren und Fertigungsunterlagen, die nach § 5 Absatz 1 der Außenwirtschaftsverordnung (AWV) der Genehmigung bedarf, wird gemäß § 1 Absatz 2 AWV folgende Allgemeine Genehmigung für den Intra-Schengen-Handel (ASG) erteilt und hiermit gemäß § 41 Abs. 3 Satz 2 des Verwaltungsverfahrensgesetzes öffentlich bekanntgemacht:

1   Die Ausfuhr von in Teil I Abschnitt C der Ausfuhrliste genannten Waren und Unterlagen zur Fertigung dieser Waren durch Gebietsansässige in die in der Anlage 1 genannten Länder wird allgemein genehmigt, soweit es sich nicht um in der Anlage 2 genannte Waren oder Fertigungsunterlagen hierfür handelt.

2   Diese Allgemeine Genehmigung gilt nicht, wenn der Ausführer im Zeitpunkt der Ausfuhr in ein in Anlage 1 genanntes Land Kenntnis davon hat, daß die Waren oder Fertigungsunterlagen für ein Empfängerland, das nicht Mitglied der OECD ist, oder für die Türkei bestimmt sind.

3   Diese Allgemeine Genehmigung gilt nur,

3.1 wenn der Ausführer vor der Ausfuhr gegenüber dem Empfänger schriftlich eine der in Anlage 3 aufgeführten Erklärungen in einer der jeweils üblichen Handelssprachen abgibt und er eine Kopie dieser Erklärung in die von ihm erstellten Handelspapiere (Rechnung- und Transportunterlagen), die die Ware begleiten, aufnimmt. Hierbei ist auch ein Stempelaufdruck oder ein Abdruck des Textes in die erstellten Handelspapiere ausreichend.

Wird eine bestimmte Ware wiederholt einem Empfänger geliefert, so genügt es, wenn die Erklärung gegenüber dem Empfänger einmal vor der erstmaligen Ausfuhr abgegeben wird. Eine Kopie der Erklärung, ein Stempelaufdruck oder ein Textabdruck ist auch in diesen Fällen bei jeder Ausfuhrsendung in die begleitenden Handelspapiere aufzunehmen.

Bei einer vorübergehenden Ausfuhr, bei der die Ware unter Aufsicht des Ausführers bleibt (z. B. Messen), ist dieser schriftliche Hinweis auf die Inanspruchnahme der ASG nicht notwendig. Eine Mitteilung wird allerdings dann erforderlich, wenn der Ausführer die Ware einem Dritten überläßt, d. h. seine Re-Importabsicht aufgibt.

3.2 wenn vom Ausführer eine Aufbewahrung der Unterlagen über die vollzogenen Ausfuhren einschließlich der Unterlagen über die damit zusammenhängenden Auftragserteilungen sichergestellt ist.

4   Wenn der Ausführer beabsichtigt, die Ausfuhren vor dem 1. April 1993 durchzuführen, so muß er zeitgleich mit der Ausfuhr dem Bundesausfuhramt eine schriftliche Erklärung gemäß dem Muster in Anlage 4 über die Inanspruchnahme der ASG einreichen.
Wenn der Ausführer beabsichtigt, die Ausfuhren nach dem 1. April 1993 durchzuführen, so muß er spätestens 14 Tage vor der ersten Ausfuhr, bei der er von der ASG Gebrauch macht, dies dem Bundesausfuhramt durch eine schriftliche Erklärung gemäß dem Muster in Anlage 4 anzeigen.
Dabei sind Name, Adresse sowie Zollnummer des Ausführers anzugeben. Das Bundesausfuhramt teilt dem Ausführer eine ASG-Nummer mit.

5   Wird von dieser Genehmigung Gebrauch gemacht, hat der Ausführer folgende Auflagen zu erfüllen:

5.1 Die auf der Grundlage dieser Allgemeinen Genehmigung durchgeführten Ausfuhren sind vom Ausführer gegliedert nach Waren und genauer Warenbezeichnung, Menge, Wert, Käufer- und Bestimmungsland, Käufer und Empfänger, Nummer und Unternummer der Ausfuhrliste (Anlage AL zur AWV), Warennummer nach dem Warenverzeichnis der Außenhandelsstatistik sowie der ASG-Nummer (vgl. Ziffer 4) zu melden. Dabei können Lieferungen mehrerer gleichartiger Waren oder Fertigungsunterlagen an einen Empfänger zusammengefaßt werden.
Die Meldungen sind jeweils im Januar, April, Juli und Oktober eines Jahres für die vorangegangenen drei Monate dem Bundesausfuhramt auf einem im Format und Datensatzaufbau definierten Datenträger oder auf einem Vordruck zu erstatten.
Für die Ausfuhren des Jahres 1993 ist eine erstmalige Meldung bis spätestens 31. Juli 1993 dem Bundesausfuhramt vorzulegen.
Im übrigen gelten die Regeln in den Anlagen 5 bis 8.

5.2 Sollen auf Grund dieser Allgemeinen Genehmigung ausgeführte Waren oder Fertigungsunterlagen, solange sie der Verfügungsbefugnis des Ausführers unterliegen, in ein anderes Land als eines der in Anlage 1 genannten Länder umgeleitet werden, hat der Ausführer vorher die Zustimmung des Bundesausfuhramtes einzuholen, falls die Ausfuhr an den neuen Empfänger nicht bereits anderweitig durch das Bundesausfuhramt genehmigt ist.

5.3 Der Ausführer hat diese Nebenbestimmungen (Auflagen und Bedingungen) auch dann zu erfüllen, wenn durch einen Versender gemäß § 13 AWV geliefert wird.

6   Die Genehmigung setzt im übrigen voraus, daß kein Tatbestand der fahrlässigen, leichtfertigen oder vorsätzlichen Begehung von Straftaten nach den §§ 19 und 20 des Kriegswaffenkontrollgesetzes vorliegt.
Der Widerruf dieser Allgemeinen Genehmigung und die nachträgliche Aufnahme, Änderung oder Ergänzung von Nebenbedingungen – insgesamt oder gegenüber einzelnen – bleibt vorbehalten, soweit die in § 7 AWG genannten Zwecke dies erfordern, insbesondere bei Verstößen gegen die Ausfuhrvorschriften einschließlich der Bestimmungen dieser Allgemeinen Genehmigung.
Die vorgenannte Allgemeine Genehmigung tritt am 1. März 1993 in Kraft und ist bis zum 28. Februar 1994 gültig.
Vorstehende Allgemeinverfügung sowie eine Rechtsbehelfsbelehrung können gemäß § 41 Abs. 4 Satz 2 des Verwaltungsverfahrensgesetzes im Bundesausfuhramt, 65760

Eschborn/Ts., Frankfurter Str. 29–31, während der üblichen Dienstzeiten eingesehen werden.

Eschborn, den 26. Februar 1993
II, II A, II A 1

Bundesausfuhramt
Im Auftrag
Simonsen

III.
Allgemeine Genehmigung für den Intra-Europäischen-Handel
(EGG)
vom 26. Februar 1993
(Allgemeine Genehmigung Nr. 8)

Für die Ausfuhr von Waren und Fertigungsunterlagen, die

nach § 5 Absatz 1 der Außenwirtschaftsverordnung (AWV) der Genehmigung bedarf, wird gemäß § 1 Abs. 2 AWV folgende Allgemeine Genehmigung für den Intra-Europäischen Handel (EGG) erteilt und hiermit gemäß § 41 Abs. 3 Satz 2 des Verwaltungsverfahrensgesetzes öffentlich bekanntgemacht:

1   Die Ausfuhr von in Teil I Abschnitt B und C der Ausfuhrliste genannten Waren und Unterlagen zur Fertigung dieser Waren durch Gebietsansässige in die in der Anlage 1 genannten Länder wird allgemein genehmigt, soweit es sich nicht um in der Anlage 2 genannte Waren oder Fertigungsunterlagen hierfür handelt.

2   Diese Allgemeine Genehmigung gilt nicht, wenn der Ausführer im Zeitpunkt der Ausfuhr in ein in Anlage 1 genanntes Land Kenntnis davon hat, daß die Waren oder Fertigungsunterlagen für ein Empfängerland, das nicht Mitglied der OECD ist, oder für die Türkei bestimmt sind.

3   Diese Allgemeine Genehmigung gilt nur,

3.1 wenn der Ausführer schriftlich eine der in Anlage 3 aufgeführten Erklärung in einer der jeweils üblichen Handelssprachen in die von ihm erstellten Handelspapiere (Rechnung- und Transportunterlagen), die die Ware begleiten, aufnimmt. Hierbei ist auch ein Stempelaufdruck ausreichend.
Bei einer vorübergehenden Ausfuhr, bei der die Ware unter Aufsicht des Ausführers bleibt (z. B. Messen) ist dieser schriftliche Hinweis auf die Inanspruchnahme der EGG nicht notwendig. Eine Mitteilung wird allerdings dann erforderlich, wenn der Ausführer die Waren einem Dritten überläßt, d. h. seine Re-Exportabsicht aufgibt.

3.2 wenn vom Ausführer eine Aufbewahrung der Unterlagen über die vollzogenen Ausfuhren einschließlich der Unterlagen über die damit zusammenhängenden Auftragserteilungen sichergestellt ist.

4   Diese Genehmigung setzt im übrigen voraus, daß kein Tatbestand der fahrlässigen, leichtfertigen oder vorsätzlichen Begehung von Straftaten nach den §§ 19 und 20 des Kriegswaffenkontrollgesetz vorliegt.

5   Wenn der Ausführer beabsichtigt, die Ausfuhren vor dem 1. April 1993 durchzuführen, so muß er zeitgleich mit der Ausfuhr dem Bundesausfuhramt eine schriftliche Erklärung gemäß dem Muster in Anlage 4 über die Inanspruchnahme der EGG einreichen. Wenn der Ausführer beabsichtigt, die Ausfuhren nach dem 1. April 1993 durchzuführen, so muß er spätestens 14 Tage vor der ersten Ausfuhr, bei der er von der EGG

Gebrauch macht, dies dem Bundesausfuhramt durch eine schriftliche Erklärung gemäß dem Muster in Anlage 4 anzeigen.

Dabei sind in jedem Fall Name, Adresse sowie Firmenzollnummer anzugeben.

Der Widerruf dieser Allgemeinen Genehmigung und die nachträgliche Aufnahme, Änderung oder Ergänzung von Nebenbestimmungen – insgesamt oder gegenüber einzelnen – bleibt vorbehalten, soweit die in § 7 AWG genannten Zwecke dies erfordern, insbesondere bei Verstößen gegen die Ausfuhrvorschriften einschließlich der Bestimmungen dieser Allgemeinen Genehmigung.

Die vorgenannte Allgemeine Genehmigung tritt am 1. März 1993 in Kraft und ist bis zum 28. Februar 1994 gültig.

Vorstehende Allgemeinverfügung sowie eine Rechtsbehelfsbelehrung können gemäß § 41 Abs. 4 Satz 2 des Verwaltungsverfahrensgesetzes im Bundesausfuhramt, 65760 Eschborn/Ts., Frankfurter Str. 29–31, während der üblichen Dienstzeiten eingesehen werden.

Eschborn, den 26. Februar 1993
II, II A, II A 1

Bundesausfuhramt
Im Auftrag
Simonsen

GIC-Anlage 1

Australien
Belgien
Dänemark
Finnland
Frankreich
Griechenland
Großbritannien
Irland
Italien
Japan
Kanada
Luxemburg
Niederlande
Norwegen
Österreich
Portugal
Schweden
Schweiz
Spanien
Vereinigte Staaten von Amerika

GIC-Anlage 2

Waren und Unterlagen zur Fertigung dieser Waren, deren Ausfuhr in die in Anlage 1 genannten Länder nicht allgemein genehmigt sind. (Die Nummern und Buchstaben beziehen sich auf die Ausfuhrliste in der Fassung der 83. Verordnung zur Änderung der Ausfuhrliste vom 3. Dezember 1992.)

Unterwasser-Akustik-Systeme und zugehörige Software:
6A001
6D003.a.

Supercomputer und dazugehörige Software:
4A003.c., wenn die zusammengesetzte theoretische Verarbeitungsrate (CTP) 195 Mio. theoretische Operationen je Sekunde beträgt oder übersteigt.
4D001

Atomfrequenznormale:
3A002.g.

Ausrüstung für die Informationssicherheit und dazugehörige Software:
5A01
5B01
5D01
4D003.3.

Aus diesen AL-Positionen sind die folgenden Kryptoeinrichtungen und dazugehörige Software nicht betroffen, sofern gewährleistet ist, daß sie für zivile Zwecke eingesetzt werden. Eine Ausfuhr unter Inanspruchnahme der GIC ist insoweit möglich:

1. Tragbare (persönliche) oder mobile Funktelefone, z.B. für den Einsatz in kommerziellen, zivilen, zellularen Mobilfunksystemen, die eine Verschlüsselung enthalten.
2. Einrichtungen für Zugangskontrollen, z.B. Geld-Ein-/Auszahlungsautomaten, selbstbediente Kontoauszugsdrucker oder Kassenautomaten, die durch Paßwort, persönliche Identifikationsnummer (PIN) oder ähnliches geschützt werden, um unzulässigen Zugang

zu verhindern. Sie dürfen aber nicht die Verschlüsselung von Dateien oder Texten ermöglichen, mit Ausnahme der im direkten Zusammenhang mit dem Schutz des Paßwortes oder der persönlichen Identifikationsnummer stehenden.

3. Datensicherungseinrichtungen (data authentication equipment), die einen Datensicherungscode (message authentication code – MAC –) oder ähnliches erstellen oder auswerten, um abzusichern, daß keine Textverfälschung stattgefunden hat, oder um die Echtheit der Zugangsberechtigung zu überprüfen. Sie dürfen aber nicht die Verschlüsselung anderer Daten, Texte oder sonstiger Informationen erlauben, als die für die Übermittlung der Echtheit (authentication) nötigen.

4. Kryptoeinrichtungen besonders entwickelt oder geändert für Bankgeräte oder Geldtransaktionen, z.B. Geld-Ein-/Auszahlungsautomaten, selbstbediente Kontoauszugsdrucker, Kassenautomaten oder Geräte zur Verschlüsselung von Interbank-Transaktionen, soweit die Geräte nur für diese Anwendung vorgesehen sind.

Separatoren zur Isotopentrennung:
1B226
Lithium:
1C233
Tritium:
1C235
1C935
Rotormontage und Rotorrichtausrüstung:
2B228
Mehrebenenauswuchtmaschinen:
2B229
Sprengstoffe:
1C239
Schaltelemente:
3A228
Vorrichtungen für gesteuerte Detonatoren:
3A229
Neutronengeneratorsysteme:
3A231
Detonatoren und Mehrfachzündersysteme:
3A232

GIC-Anlage 3

Adresse des Empfängers

Folgende an Sie zu versendenden Waren/Fertigungsunterlagen (genaue Beschreibung oder Identifizierung durch Bezugnahme auf Handelsdokumente) unterliegen der Exportkontrolle. Sie werden aufgrund einer Allgemeinen Genehmigung ausgeführt, die Lieferungen nach... (Land des Empfängers) zuläßt. Ich gehe bei der Lieferung davon aus, daß die Waren/Fertigungsunterlagen nach Land... (Land des Empfängers) eingeführt werden, und daß im Falle einer Wiederausfuhr eine Genehmigung dieses Landes vorliegt.

Address of the consignee

The following goods/production documents (an exact description or identification with reference to the commercial documents) to be shipped to you are subject to export controls. They are exported pursuant to a general licence which allows exports to... (country of the consignee). I presume that the consigned goods/production documents will be imported into... (country of the consignee), and that in the case of a re-export a licence has been granted by that country.

Adresse du destinataire

Les biens/documents de production suivants (description détaillée ou identification se référant aux documents commerciaux) qui vous doivent être expédiés sont l'objet d'un contrôle à l'exportation. Ils sont exportés au titre d'une autorisation générale permettant l'exportation vers... (pays du destinataire). Je présume que les biens/documents de production sont exportés vers... (pays du destinataire), et qu'en cas de reexportation il y a autorisation du pays respectif.

GIC-Anlage 4

An das
Bundesausfuhramt
Referat II A 6
Frankfurter Str. 29–31
65760 Eschborn/Ts.

Betr.: Anmeldung zur Inanspruchnahme der Allgemein-Genehmigung für den Intra-COCOM-Handel (GIC) vom 1. März 1993
  Firmenname: ....
  Zollnummer: ....

Hiermit wird angezeigt, daß beabsichtigt ist, ab... die Allgemeine Genehmigung für den Intra-COCOM-Handel (GIC) in Anspruch zu nehmen. Die damit verbundenen Rechte und Pflichten sind bekannt.

Unterschrift/Firmenstempel ....

GIC-Anlagen 5 bis 8 enthalten umfangreiche Meldevorschriften, auf deren Abdruck hier verzichtet wurde.

ASG – Anlage 1

Belgien
Frankreich
Italien
Luxemburg
Niederlande
Portugal
Spanien

ASG – Anlage 2

Waren und Unterlagen zur Fertigung dieser Waren, deren Ausfuhr in die in Anlage 1 genannten Länder nicht allgemein genehmigt sind. (Die Nummern und Buchstaben beziehen sich auf die Ausfuhrliste in der Fassung der 83. Verordnung zur Änderung der Ausfuhrliste vom 3. Dezember 1992.)

Unterwasser-Akustik-Systeme und zugehörige Software:
6A001
6D003.a.

Supercomputer und dazugehörige Software:
4A003.c., wenn die zusammengesetzte theoretische Verarbeitungsrate (CTP) 195 Mio. theoretische Operationen je Sekunde beträgt oder übersteigt.
4D001

Atomfrequenznormale:
3A002.g.

Ausrüstung für die Informationssicherheit und dazugehörige Software:
5A01
5B01
5D01
4D003.e.

Aus diesen AL-Positionen sind die folgenden Kryptoeinrichtungen und dazugehörige Software nicht betroffen, sofern gewährleistet ist, daß sie für zivile Zwecke eingesetzt werden. Eine Ausfuhr unter Inanspruchnahme der ASG ist insoweit nicht möglich:

1. Tragbare (persönliche) oder mobile Funktelefone, z.B. für den Einsatz in kommerziellen, zivilen, zellularen Mobilfunksystemen, die eine Verschlüsselung enthalten.

2. Einrichtungen für Zugangskontrollen, z.B. Geld-Ein-/Auszahlungsautomaten, selbstbediente Kontoauszugsdrucker oder Kassenautomaten, die durch Paßwort, persönliche Identifikationsnummer (PIN) oder ähnliches geschützt werden, um unzulässigen Zugang zu verhindern. Sie dürfen aber nicht die Verschlüsselung von Dateien oder Texten ermöglichen, mit Ausnahme der im direkten Zusammenhang mit dem Schutz des Paßwortes oder der persönlichen Identifikationsnummer stehenden.

3. Datensicherungseinrichtungen (data authentication equipment), die einen Datensicherungscode (message authentication code - MAC -) oder ähnliches erstellen oder auswerten, um abzusichern, daß keine Textverfälschung stattgefunden hat, oder um die Echtheit der Zugangsberechtigung zu überprüfen. Sie dürfen aber nicht die Verschlüsselung anderer Daten, Texte oder sonstiger Informationen erlauben als die für die Übermittlung der Echtheit (authentication) nötigen.

4. Kryptoeinrichtungen, besonders entwickelt oder geändert für Bankgeräte oder Geldtransaktionen, z.B. Geld-Ein-/Auszahlungsautomaten, selbstbediente Kontoauszugsdrucker, Kassenautomaten oder Geräte zur Verschlüsselung von Interbank-Transaktionen, soweit die Geräte nur für diese Anwendungen vorgesehen sind.

ASG – Anlage 3

Adresse des Empfängers

Folgende an Sie zu versendenden Waren/Fertigungsunterlagen (genaue Beschreibung oder Identifizierung durch Bezugnahme auf Handelsdokumente) unterliegen der Exportkontrolle. Sie werden aufgrund einer Allgemeinen Genehmigung ausgeführt, die Lieferungen nach ... (Land des Empfängers) zuläßt. Ich gehe bei der Lieferung davon aus, daß die Waren/Fertigungsunterlagen nach Land ... (Land des Empfängers) eingeführt werden, und daß im Falle einer Wiederausfuhr eine Genehmigung dieses Landes vorliegt.

Address of the consignee

The following goods/production documents (an exact description or identification with reference to the commercial documents) to be shipped to you are subject to export controls. They are exported pursuant to a general licence which allows exports to ... (country of the consignee). I presume that the consigned goods/production documents will be imported into ... (country of the consignee), and that in the case of a re-export a licence has been granted by that country.

Adresse du destinataire

Les biens/documents de production suivants (description détaillée ou identification se référant aux documents commerciaux) qui vous doivent être expédiés sont l'objet d'un contrôle à l'exportation. Ils sont exportés au titre d'une autorisation générale permettant l'exportation vers... (pays du destinataire). Je présume que les biens/documents de production sont exportés vers... (pays du destinataire), et qu'en cas de reexportation il y a autorisation du pays respectif.

ASG – Anlage 4

An das
Bundesausfuhramt
Referat – II A 6 –
Frankfurter Str. 29–31
65760 Eschborn/Ts.

Betr.: Anmeldung zur Inanspruchnahme der Allgemeinen Genehmigung für den Intra-Schengen-Handel (ASG) vom 1. März 1993
   Firmenname: ....
   Zollnummer: ....

Hiermit wird angezeigt, daß beabsichtigt ist, ab... die Allgemeine Genehmigung für den Intra-Schengen-Handel (ASG) in Anspruch zu nehmen. Die damit verbundenen Rechte und Pflichten sind bekannt.

Unterschrift/Firmenstempel ....

ASG-Anlagen 5 bis 8 enthalten umfangreiche Meldevorschriften, auf deren Abdruck hier verzichtet wurde.

EGG-Anlage 1

Belgien
Dänemark
Frankreich
Griechenland
Großbritannien
Irland
Italien
Luxemburg
Niederlande
Portugal
Spanien

EGG-Anlage 2

Waren und Unterlagen zur Fertigung dieser Waren, deren Ausfuhr in die in Anlage 1 genannten Länder nicht allgemein genehmigt sind. (Die Nummern und Buchstaben beziehen sich auf die Ausfuhrliste in der Fassung der 83. Verordnung zur Änderung der Ausfuhrliste vom 3. Dezember 1992.)

Unterwasser-Akustik-Systeme und zugehörige Software:
6A001
6D003.a.

Supercomputer und dazugehörige Software:
4A003.c., wenn die zusammengesetzte theoretische Verarbeitungsrate (CTP) 195 Mio. theoretische Operationen je Sekunde beträgt oder übersteigt.
4D001

Atomfrequenznormale:
3A002.g.

Ausrüstung für die Informationssicherheit und dazugehörige Software:
5A01
5B01
5D01
4D003.e.

Aus diesen AL-Positionen sind die folgenden Kryptoeinrichtungen und dazugehörige Software nicht betroffen, sofern gewährleistet ist, daß sie für zivile Zwecke eingesetzt werden. Eine Ausfuhr unter Inanspruchnahme der EGG ist insoweit möglich:

1. Tragbare (persönliche) oder mobile Funktelefone, z. B. für den Einsatz in kommerziellen, zivilen, zellularen Mobilfunksystemen, die eine Verschlüsselung enthalten.

2. Einrichtungen für Zugangskontrollen, z. B. Geld-Ein-/Auszahlungsautomaten, selbstbediente Kontoauszugsdrucker oder Kassenautomaten, die durch Paßwort, persönliche Identifikationsnummer (PIN) oder ähnliches geschützt werden, um unzulässigen Zugang zu verhindern. Sie dürfen aber nicht die Verschlüsselung von Dateien oder Texten ermöglichen, mit Ausnahme der im direkten Zusammenhang mit dem Schutz des Paßwortes oder der persönlichen Identifikationsnummer stehenden.

3. Datensicherungseinrichtungen (data authentication equipment), die einen Datensicherungscode (message authentication code – MAC –) oder ähnliches erstellen oder auswerten, um abzusichern, daß keine Textverfälschung stattgefunden hat, oder um die Echtheit der Zugangsberechtigung zu überprüfen. Sie dürfen aber nicht die Verschlüsselung anderer Daten, Texte oder sonstiger Informationen erlauben, als die für die Übermittlung der Echtheit (authentication) nötigen.

4. Kryptoeinrichtungen, besonders entwickelt oder geändert für Bankgeräte oder Geldtransaktionen, z. B. Geld-Ein-/Auszahlungsautomaten, selbstbediente Kontoauszugsdrucker, Kassenautomaten oder Geräte zur Verschlüsselung von Interbank-Transaktionen, soweit die Geräte nur für diese Anwendungen vorgesehen sind.

Kernmaterial:
0101

Anreicherungsanlagen:
0201

Aufbereitungsanlagen:
0202

Schwerwasseranlagen:
0205

Krafterzeugungs- oder Antriebsausrüstung:
0302

Separatoren zur Isotopentrennung:
1B226

Lithium:
1C233
0107

Tritium:
1C235
1C935
0112

Rotormontage- und Rotorrichtausrüstung:
2B228

Mehrebenenauswuchtmaschinen:
2B229

Sprengstoffe:
1C239

Schaltelemente:
3A228

Vorrichtungen für gesteuerte Detonatoren:
3A229

Neutronengeneratorsysteme:
3A231
0301

Detonatoren und Mehrfachzündersysteme:
3A232

EGG-Anlage 3

Adresse des Empfängers

Folgende an Sie zu versendenden Waren/Fertigungsunterlagen (genaue Beschreibung oder Identifizierung durch Bezugnahme auf Handelsdokumente) unterliegen der Exportkontrolle. Sie werden aufgrund einer Allgemeinen Genehmigung ausgeführt, die Lieferungen nach... (Land des Empfängers) zuläßt. Ich gehe bei der Lieferung davon aus, daß die Waren/Fertigungsunterlagen nach Land... (Land des Empfängers) eingeführt werden, und daß im Falle einer Wiederausfuhr eine Genehmigung dieses Landes vorliegt.

Address of the consignee

The following goods/production documents (an exact description or identification with reference to the commercial documents) to be shipped to you are subject to export controls. They are exported pursuant to a general licence which allows exports to... (country of the consignee). I presume that the consigned goods/production documents will be imported into... (country of the consignee), and that in the case of a re-export a licence has been granted by that country.

Adresse du destinataire

Les biens/documents de production suivants (description détaillée ou identification se référant aux documents commerciaux) qui vous doivent être expédiés sont l'objet d'un contrôle à l'exportation. Ils sont exportés au titre d'une autorisation générale permettant l'exportation vers... (pays du destinataire). Je présume que les biens/documents de production sont exportés vers... (pays du destinataire), et qu'en cas de reexportation il y a autorisation du pays respectif.

EGG-Anlage 4

An das
Bundesausfuhramt
Referat – II A 6 –
Frankfurter Str. 29–31
65760 Eschborn/Ts.

Betr.: Anmeldung zur Inanspruchnahme der Allgemeinen Genehmigung für den Intra-Europäischen-Handel (EGG) vom 1. März 1993
    Firmenname: ....
    Zollnummer: ....

Hiermit wird angezeigt, daß beabsichtigt ist, ab... die Allgemeine Genehmigung für den Intra-Eurpäischen-Handel (EGG) in Anspruch zu nehmen. Die damit verbundenen Rechte und Pflichten sind bekannt.

Unterschrift/Firmenstempel ....

**Bekanntmachung
über die Neufassung der
Allgemeinen Genehmigung
I. für die Ausfuhr von Waren
und Fertigungsunterlagen, welche nach § 5 c
Außenwirtschaftsverordnung (AWV)
einer Genehmigungspflicht unterliegt,
II. für damit im Zusammenhang stehende
Dienstleistungen, soweit sie nach § 45 b AWV
einer Genehmigungspflicht unterliegen
Allgemeine Genehmigung nach § 1 Abs. 2
in Verbindung mit § 5 c Abs. 1 und § 45 b AWV
(Allgemeine Genehmigung Nr. 4)**

Vom 17. Januar 1992, berichtigt am 31. Januar 1992

Für die Ausfuhr von Waren und Unterlagen zur Fertigung dieser Waren, deren Ausfuhr nach Ländern der Länderliste H gemäß § 5 c Abs. 1 AWV[1] genehmigungspflichtig ist, und für damit im Zusammenhang stehende Dienstleistungen, soweit sie nach § 45 b AWV einer Genehmigungspflicht unterliegen, wird gemäß § 1 Abs. 2 AWV folgende Allgemeine Genehmigung erteilt und hiermit gemäß § 41 Abs. 3 Satz 2 Verwaltungsverfahrensgesetz (VwVfG) öffentlich bekanntgemacht.

I.

1   Die nach § 5 c AWV genehmigungspflichtige Ausfuhr von Waren und Unterlagen zur Fertigung dieser Waren wird nach Maßgabe der genannten Einschränkungen allgemein genehmigt.

2   Diese Genehmigung gilt nur bei der Ausfuhr von:

2.1 Waren zum Einbau in Schiffe wie folgt:

– mechanische und elektrische Teile für

  – den Betrieb: Antriebs- und Ruderanlage, Navigations- und Schiffführungssystem, Erzeugung/Verteilung der Bordnetzenergie

  – die Schiffssicherheit: Lösch- und Alarmanlagen, Seenotausrüstung

– Materialien für Reparatur und Wartung: Bleche, Dichtungsmaterial

– Hiervon ausgenommen sind Waren zum Einbau in die Waffen- und Feuerleitanlage, soweit diese nicht ohnehin schon nach der Ausfuhrliste in Verbindung mit § 5 AWV einer Ausfuhrgenehmigung bedürfen.

2.2 Vielzweckrohstoffen wie folgt:

– Stahl[2], Kunststoffe, Folien, Textilfasern, Kohle, Kunstharze, Wachse,

---

1. Außenwirtschaftsverordnung vom 18. Dezember 1986 (BGBl. I S. 2671), zuletzt geändert durch Verordnung vom 18. Juli 1991 (BAnz. S. 4741).
2. Hiervon wird ausschließlich der sog. Massenstahl in seinen Grundhandelsformen erfaßt, dessen waffentechnisch- oder rüstungsproduktionsbezogener Einsatz als Vielzweckrohstoff noch unbestimmt ist. Diese Allgemeine Genehmigung erstreckt sich mithin auf die im Warenverzeichnis für die Außenhandelsstatistik in Kapitel 72 aufgeführten Güter – mit Ausnahmen der „Profile" unter Nummer 7216, 722 240 und 722 870 – und auf die in Kapitel 73 unter Nummer 7312 und 7314 genannten Güter.

- NE-Metalle und NE-Metallegierungen auch in Halbzeugen, in allgemein genormten Lieferformen (nicht militärische Lieferformen).

2.3 Gebrauchs- und Verbrauchsstoffen wie folgt:

- Schmier- und Hilfsstoffe zur Aufrechterhaltung der Betriebsbereitschaft:
Fette, Öle und diesbezügliche Filter
- Werkzeuge mit anwendungsbedingtem schnellen Verschleiß:
Bohrer, Stufenbohrer, Meißel, Drehmeißel, Fräser, Schleifmaterial und -körper, Sägeblätter, Schneidplatten, Zentrierspitzen und -kegel, Abrichtwerkzeuge, Honwerkzeuge, Reibahlen, Senker

2.4 Materialien zum Oberflächenschutz wie folgt:

Lacke, Farben, Grundanstriche und Trockenmittelbeutel

2.5 Elektrische Installations- und Verbrauchsmaterialien sowie Meßgeräte wie folgt:

- Material für allgemeine Elektroinstallation wie folgt:
Stecker, Schalter, Sicherungen, Schütze, Relais, Stromschienen, Motorschutzschalter und Kabel
- elektrische Geräte und Verbrauchsmaterial wie folgt:
Zähler und Schaltuhren, Hausruf- und Meldegeräte, Normmotoren, Heiz- und Klimageräte zur Hausinstallation, Batterien, Glühlampen, Leuchten und Leuchtstoffröhren
- elektrische Meßgeräte wie folgt:
Stromzangen, Amper-, Volt- und Wattmeter

3 Diese Genehmigung gilt für Ausfuhren nach den in der Länderliste H genannten Bestimmungsländern, mit Ausnahme der folgenden Länder:

- China, Irak, Jugoslawien, Libyen, Myanmar, Südafrika, Syrien
- Iran, soweit eine Ausfuhr der unter Nummer 2.1 genannten Waren erfolgt.

4 Diese Genehmigung gilt nur, wenn der Ausführer im Zeitpunkt der Ausfuhr keine Kenntnis hat, daß die zu liefernden Waren oder Fertigungsunterlagen

4.1 für nukleare Zwecke, Zwecke des Raketenbaus oder zur Produktion von B- oder C-Waffen verwendet werden sollen,

4.2 zu einer technischen Verbesserung (upgrading) der Anlage im Sinne von Teil I Abschnitt A der AL oder der Gegenstände führen, für die sie bestimmt sind

4.3 ohne vorherige Zustimmung des BAW in ein nach Nummer 3 nicht zugelassenes Land der Länderliste H weitergeliefert werden sollen.

5 Die Genehmigung setzt im übrigen voraus, daß kein Tatbestand der fahrlässigen, leichtfertigen oder vorsätzlichen Begehung von Straftaten nach den §§ 19 und 20 des Kriegswaffenkontrollgesetzes (KWKG) vorliegt.

6 Der Ausführer hat in Feld 44 der Ausfuhrerklärung, der Versand-Ausfuhrerklärung oder der Ausfuhrkontrollmeldung zu vermerken: Allgemeine Genehmigung Nr. 4 vom 17. Januar 1992.

Der Ausführer hat diese Auflage auch dann zu erfüllen, wenn durch einen Versender gemäß § 13 AWV geliefert wird.

7 Auf die zollamtliche Abschreibung der Ausfuhrsendungen wird verzichtet.

II.

1.1 Die im unmittelbaren Zusammenhang mit der Ausfuhr der unter Teil I Nr. 2 genannten Waren stehenden Dienstleistungen werden, soweit sie nach § 45b AWV genehmigungspflichtig sind, unter den folgenden Einschränkungen ebenfalls allgemein genehmigt.

1.2 Diese Allgemeine Genehmigung gilt für die in unmittelbarem Zusammenhang mit der Ausfuhr der unter Teil I Nr. 2 genannten Waren stehenden Dienstleistungen
   - in Ländern der Länderliste H (soweit nicht durch Teil I Nr. 3 eingeschränkt)
   - in den übrigen Ländern der Länderliste A / B. Ausgenommen sind die Länder, die Mitglieder der Organisation für wirtschaftliche Zusammenarbeit und Entwicklung (OECD) sind[3].

2 Diese Genehmigung gilt nur, wenn der Gebietsansässige keine Anhaltspunkte dafür hat, daß die Waren des Teils I Abschnitt A der Ausfuhrliste, auf die sich diese Dienstleistungen beziehen, ohne Exportgenehmigung der jeweils zuständigen nationalen Behörde des Lieferlandes in das Bestimmungsland verbracht worden sind.

3 Diese Genehmigung gilt nur, wenn der Gebietsansässige keine Anhaltspunkte hat, daß die von ihm zu erbringenden Dienstleistungen sich auf Waren oder Fertigungsunterlagen

3.1 für nukleare Zwecke, Zwecke des Raketenbaus oder zur Produktion von B- oder C-Waffen beziehen

3.2 zu einer technischen Verbesserung („upgrading") der Anlage im Sinne von Teil I Abschnitt A der AL oder der Gegenstände führen, auf die sie sich beziehen.

4 Die Einschränkungen unter Teil I Nr. 3 und 5 gelten entsprechend.

III.

1 Diese Regelungen treten an die Stelle der Allgemeinen Genehmigung vom 20. September 1991; sie treten am 1. Februar 1992 in Kraft.

2 Auf die regelmäßige Meldung der im Rahmen dieser Allgemeinen Genehmigung getätigten Ausfuhren und Dienstleistungen wird verzichtet. Der Ausführer muß jedoch in der Lage sein, dem BAW auf entsprechende Aufforderung hin die getätigten Ausfuhren und Dienstleistungen in der üblichen Weise zu melden.

3 Es bleibt vorbehalten, diese Genehmigung ganz oder teilweise zu widerrufen, soweit die in § 7 des Außenwirtschaftsgesetzes (AWG) genannten Zwecke es erfordern. Ein solcher Widerruf wird im Bundesanzeiger bekanntgemacht. Dies gilt auch für die nachträgliche Aufnahme, Änderung oder Ergänzung einer Nebenbestimmung.

Vorstehende Allgemeinverfügung sowie eine Rechtsbehelfsbelehrung können gemäß § 41 Abs. 4 Satz 2 des Verwaltungsverfahrensgesetzes im Bundesamt für Wirtschaft, Frankfurter Straße 29-31, 6236 Eschborn/Ts. 1, während der üblichen Dienstzeiten eingesehen werden.

Hinweise:

Die Ausfuhr von Waren und Fertigungsunterlagen, die Gegenstand dieser Allgemeinen Genehmigung sind, nach Ländern, die nicht in der Länderliste H genannt sind, bedarf keiner Genehmigung.

---

3. In diesen Ländern besteht gemäß § 45b keine Genehmigungspflicht für Dienstleistungen.

Gegenstand dieser Allgemeinen Genehmigung sind nicht solche Waren und Fertigungsunterlagen, deren Ausfuhr nach §§ 5, 5a, 5b AWV in Verbindung mit der Ausfuhrliste genehmigungspflichtig sind oder welche einem Ausfuhrverbot unterliegen. Dies gilt insbesondere für das Irak-Embargo (vgl. §§ 69a bis 69e AWV).

Im übrigen befreit diese Allgemeine Genehmigung nur von den Ausfuhrbeschränkungen des Außenwirtschaftsgesetzes und der aufgrund dieses Gesetzes erlassenen Rechtsverordnungen. Andere Verbote und Beschränkungen bleiben unberührt. Unberührt bleiben insbesondere die Vorschriften des KWKG. Auf die Vorschriften der §§ 19 und 20 KWKG wird nochmals hingewiesen.

Für die Ausfuhr in solche Länder der Länderliste H, die gemäß Nummer 3 von dieser Allgemeinen Genehmigung ausgeschlossen sind, ist ein Antrag auf Ausfuhrgenehmigung auf einem Vordruck nach Anlage A 5a zur AWV (Stand: 1. Januar 1992) zu stellen.

Gemäß § 45b Abs. 4 AWV ist die erstmalige Herstellung der Betriebsbereitschaft einer Ware, deren Ausfuhr genehmigt wurde, nicht genehmigungspflichtig.

Zollkodex

Ab 1. Januar 1994

Einheitliches Zollrecht in den Mitgliedstaaten der Gemeinschaft

Mit der Beseitigung der Binnengrenzen zwischen den Mitgliedstaaten der Europäischen Gemeinschaften wurde es notwendig, das Zollrecht einheitlich zu regeln. Waren bisher die Zollvorschriften in vielen einzelnen Verordnungen und Richtlinien verstreut sowie in nationalen Vorschriften enthalten, so werden sie jetzt durch den Zollkodex mit seinen Durchführungsverordnungen abgelöst.

Die neuen Vorschriften sind ab 1. Januar 1994 anzuwenden.

Zollverwaltungen und die betroffenen Unternehmen werden sich auf die neue Situation einstellen müssen.

Nutzen Sie die Subskriptionsfrist!

Der EG-Zollkodex und ergänzende Vorschriften
Textausgabe mit Einführung und Erläuterungen
Bearbeitet von Udo Wolf, Oberamtsrat im Bundesministerium der Finanzen

ISBN 3-88784-443-2
Die Loseblattsammlung wird Zug um Zug aufgebaut, Grundwerk: 200 Seiten, A4, im Ordner. Subskriptionspreis bis 31. Dezember 1993 ca. DM 148,–
Ab 1. Januar 1994 ca. DM 178,–

Hilfe bei der Umstellung auf die neue rechtliche Situation bietet die neue Loseblattsammlung des Bundesanzeiger-Verlages.

Da der Zollkodex – als „Grundgesetz" der Zollunion – praktisch das gesamte Zollrecht betrifft, bleibt das Regelwerk weiterhin sehr umfangreich, wenig übersichtlich und ständig in Bewegung. Up to date und übersichtlich ist hier die Loseblattsammlung. Den jeweiligen Grundvorschriften des Zollkodex sind die entsprechenden Durchführungsvorschriften zugeordnet, hinzu kommen Hinweise auf das bis 1993 geltende Recht. Die Anhänge zu den Durchführungsverordnungen mit Listen, Formblättern usw. werden ebenfalls in das Werk aufgenommen. Ein Stichwortverzeichnis schafft schnellen Zugang zur jeweils zutreffenden Einzelvorschrift.

Bundesanzeiger • Postfach 10 05 34 • 50445 Köln